Técnicas de Costura

GUÍA COMPLETA PASO A PASO

Técnicas de Costura

GUÍA COMPLETA PASO A PASO

DOROTHY WOOD

LIBSA

© 2014, Editorial LIBSA
C/ San Rafael, 4
28108 Alcobendas. Madrid
Tel. (34) 91 657 25 80
Fax (34) 91 657 25 83
e-mail: libsa@libsa.es
www.libsa.es

ISBN: 978-84-662-2738-4

Derechos exclusivos de edición para todos
los países de habla española.

Traducción: Marina Ruíz Fernández

© MMXI, Anness Publishing Ltd.

Título original: *Sewing Techniques*

Créditos fotográficos: Salvo que se especifique lo contrario, todas las imágenes
de este libro son cortesía de Cody Images.

DL: M 15885-2013

AGRADECIMIENTOS

El editor agradece el trabajo realizado por las habilidosas costureras que han hecho posible este proyecto, prestándonos sus tesoros de bordado y patchwork para incluirlos en esta publicación: Daphne J Ashby, pág. 219 y 236; Josephine Bardsley, pág. 131; Gilda Baron, pág. 172; Marilyn Becker, pág. 205 centro; Samantha Bourne, pág. 197; Corynna Brigwood por el cojín de la pág. 6; Rosalina Brook Ross, págs. 189 y 195; Sara Campbell por el sombrero de fieltro, pág. 30; Constance Cole, pág. 145 (diseños por Patricia Cox); Kay Dennis, pág. 231; Diana Dolman, pág. 238; Greta Fitchett, pág. 141; Peggy Field, pág. 243; Joy Frey, pág. 241; Katharine Guerrier, pág. 127; Hilary Hollingworth, pág. 67; Diana Dolman, pág. 238; Shelagh Jarvis, pág. 58-9 (inspirado en un taller con Jenny Rayment); Heide Jenkins, pág. 223; Denise Jones, pág. 209; Helen Keenan, pág. 151; Barbara Laine, pág. 162 (izquierda); Ann Mockford, pág. 239; Sheena Norquay, pág. 158; Jenny Parks, pág. 109 (arriba a la izquierda); Doren Plumridge, pág. 99; Kath Poxon, pág. 121; Rosemary Richards, pág. 148; Jane Rodgers, pág. 247; Marie Roper, pág. 143; Samiah Faridi Saeed, pág. 244 y 246; Chris Slade, pág. 66; Lola Sotorres, pág. 129; Jean Spencer, págs. 113 y 163 (abajo a la izquierda); Judith Wilson, pág. 149; y Eiko Yamano, pág. 133 (arriba).

Muchas gracias a las siguientes personas por realizar los numerosos ejemplos que aparecen en la publicación: Sue Copeman, Barbara Lethbridge, Joyce Mallinson, Brenda Monk, Lynn Simms, Barbara Smith, Adele and Hayley Wainwright y Rita Whitehorn.

Gracias a las siguientes empresas por ayudar con la fotografía del libro: Bogod Machine Company por prestarnos la máquina de coser; Bradshaw & Bradshaw, y Derby House por la tela; Simplicity Ltd. Dor por prestarnos la chaqueta de las págs. 7 y 31, el vestido de dama de honor de las págs. 19 y 31, el vestido de la pág. 32, el top de la pág. 63, la chaqueta y pantalones de terciopelo de la pág. 70 y la ropa de niño de la pág. 79.

Gracias por darnos permiso para reproducir las siguientes imágenes: pág. 137 izquierda, con permido del Museo Americano en Inglaterra, Bath ©; pág. 102, Christies Images Ltd. 1999; pág. 115; pág. 133 abajo; págs. 165 y pág. 167 The Bridgeman Art Library, y pág. 106, pág. 182, pág. 203 V&A Picture Library.

CONTENIDO

INTRODUCCIÓN

Hoy en día podemos adquirir una enorme variedad de telas hermosas en todos los colores imaginables y prácticamente para cualquier propósito, desde tejidos fáciles de cuidar, para vestirnos informalmente durante nuestro tiempo libre, hasta los materiales más exquisitos destinados a las ocasiones especiales y las ceremonias. Por eso no sorprende que, con esta gran variedad de telas a nuestra disposición, mucha gente sienta la curiosidad de redescubrir técnicas que ya se daban por olvidadas.

Además de las habilidades más directamente relacionadas con el corte y la confección, existen muchas otras técnicas de costura decorativas (como el bordado, el patchwork, el acolchado o el appliqué) a las que podemos recurrir para crear labores bellas. Estas técnicas, muy fáciles de aprender, permiten dar un atractivo toque final a cualquier trabajo hecho a mano. Conociendo solo algunos de sus rudimentos, es posible conferir un aire completamente nuevo a cualquier prenda u objeto doméstico.

Esta guía abarca todos los aspectos de la costura y las labores relacionados con ella. En sus páginas podremos encontrar cualquier dato que necesitemos para elaborar prendas y objetos domésticos a nuestro gusto, o regalos exclusivos para familiares y amigos. Su contenido se divide en tres secciones: corte, confección y decoración de objetos domésticos; patchwork, appliqué y acolchado; y bordado a mano y a máquina. Cada una de estas secciones cubre las técnicas básicas y las avanzadas relacionadas con la disciplina

correspondiente, incluyendo instrucciones paso a paso y fotografías para una mayor comprensión del trabajo, tanto a mano como con la máquina de coser.

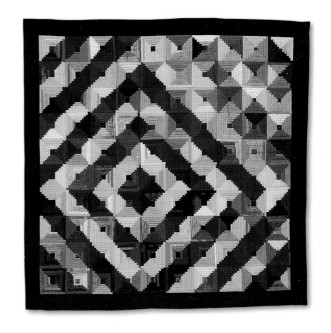

Los principiantes adquirirán habilidad y confianza a medida que vayan practicando las técnicas que aquí se proponen; los lectores más experimentados que quieran adquirir nuevos conocimientos y destrezas encontrarán muchísima información interesante para desarrollar sus proyectos.

Además de las explicaciones sobre cada técnica, se incluyen numerosas fotografías que permiten admirar la impecable ejecución de los trabajos de algunos diseñadores contemporáneos de enorme talento. Se han elegido estas creaciones para mostrar cómo se pueden aplicar las técnicas expuestas y para que nos sirvan de inspiración a la hora de idear nuestros propios diseños. A medida que dejemos de ser principiantes y nos vayamos convirtiendo en unos expertos, nos sorprenderá lo rápido que conseguimos resultados muy notables.

Una vez que se hayan aprendido algunas de las técnicas que se exponen a continuación, ya se dispondrá de la preparación suficiente para elaborar las propias creaciones con soltura y confianza. Tanto si se quiere hacer ropa sencilla, decorar objetos domésticos, elaborar una colcha de patchwork o añadir un detalle decorativo que realce una labor hecha a mano, este libro será el manual idóneo en cada paso que se realice en el amplio mundo de la costura.

COSTURA

Aprender a coser nos abre la puerta a un mundo nuevo lleno de posibilidades creativas. Elaborar nuestras propias prendas y complementos para el hogar no solo nos resultará más barato que adquirirlo en una tienda, sino que nos brindará la oportunidad de poseer labores muy personales, con las telas, las formas y los acabados que nosotros hayamos elegido. Gracias a la gran variedad de telas de las que disponemos actualmente, nada impide que las prendas hechas a mano estén a la altura de las mejores. Dominar las técnicas de costura lleva tiempo, aunque para encarar muchas labores (por ejemplo, unas cortinas) solo se necesitan unas destrezas básicas con las que realizar unas puntadas muy sencillas.

Equipo básico

¿Tienen nuestras agujas el tamaño correcto, evitamos que nuestros alfileres se oxiden, están nuestras tijeras convenientemente afiladas para cortar tela? Aunque en casi todos los hogares hay un equipo básico de costura, antes de comenzar a trabajar es recomendable comprobar si el material está en buenas condiciones y reemplazar lo que ya no nos sirve.

1. Agujas pasacinta

Son unas agujas grandes y con punta redondeada que se utilizan para enhebrar elásticos o cordones y ceñir vainas.

2. Rueda de marcar y papel carbón de modista

Se utilizan conjuntamente para transferir las líneas de un patrón a una tela. Seleccionaremos un papel carbón de un color similar al de la tela pero que se distinga de ella. Con telas blancas utilizaremos papel de color blanco (dejará una línea mate).

3. Utensilios para marcar

Existen lápices adecuados para las telas más rígidas; sus marcas se borran con un cepillo cuando ya no se necesitan. También podemos utilizar rotuladores lavables cuyos trazos se eliminan con agua o desaparecen en unos días. Utilizaremos bolígrafos de calco para transferir el dibujo de un papel encerado a una tela usando una plancha.

4. Entretela adhesiva-friselina

Es una malla adhesiva, disponible en diferentes medidas que permite pegar dos capas de tela. Las tiras más estrechas (como las que se muestran en la fotografía) son útiles para fijar dobladillos muy pesados; las más anchas se utilizan para hacer trabajos de appliqué.

5. Agujas

Utilizaremos agujas afiladas (medida mediana) para las labores de costura más habituales. Cuando queramos elaborar algún detalle más fino, emplearemos las agujas más cortas, que tienen la punta redondeada. Las agujas de coser a mano están numeradas del 1 al 10 según su grosor; la número 10 es la más fina.

6. Alfiletero o acerico

Los alfileteros son muy útiles para pinchar los alfileres y agujas que vayamos utilizando y tenerlos a mano. Existen alfileteros de muñeca que son muy prácticos cuando estamos midiendo o cosiendo alguna prenda.

7. Alfileres

Los hay de una gran variedad de tamaños y formas. Utilizaremos alfileres normales para la mayoría de los trabajos de costura, y alfileres más finos para trabajos más elaborados y tejidos delicados. Para tejidos de punto emplearemos alfileres con la punta redondeada. Los alfileres con cabeza de vidrio son fáciles de ver en la tela.

8. Cinta adhesiva

Esta cinta adhesiva permite marcar correctamente márgenes de costura de 5 mm.

9. Gancho de lengüeta

El gancho de lengüeta es una herramienta de alambre que facilita la tarea de volver del derecho cordones de tejidos.

10. Imperdibles

Utilizaremos imperdibles cuando necesitemos mantener unidas capas de tejido algo gruesas.

11. Tijeras

Necesitaremos un par de tijeras de modista; sus hojas forman un ángulo con el mango, facilitando el corte. También debemos disponer de un par de tijeras medianas para cortar costuras y pequeños trozos de tela. Asimismo, es conveniente tener unas tijeras pequeñas para bordado, con las cuales cortaremos hilos y repasaremos con precisión las zonas curvadas y de detalle. Nunca debemos cortar papel con las tijeras de modista porque las hojas se desafilan. Por último, utilizaremos unas tijeras dentadas para cortar los bordes sin rematar de tejidos que no se descosan con facilidad.

12. Descosedor de costuras

Este pequeño utensilio permite eliminar puntadas hechas con la máquina de coser; también sirve para abrir ojales.

13. Cinta métrica

La cinta métrica debería estar marcada tanto con centímetros como con pulgadas para facilitar el trabajo. Compraremos una cinta métrica de 1,50 m hecha de fibra de vidrio para asegurarnos de que no se dé de sí. Nos será útil también disponer de una pequeña regla metálica para calibrar medidas pequeñas y ajustar dobladillos, pliegues y ojales.

14. Tiza de modista

Esta tiza nos permite realizar marcas provisionales en la tela. Podemos afilarla con unas tijeras medianas. Antes de pintar sobre la tela es conveniente hacer una pequeña prueba sobre un retal para asegurarnos de que se lava bien.

15. Dedal

Debemos ajustarnos el dedal en el dedo corazón de la mano con la que cosemos. Al principio puede resultar algo incómodo, pero pronto nos acostumbraremos y nos ahorraremos así pequeños incidentes.

16. Hilo

Es recomendable que el hilo sea del mismo color que la tela, o de un tono más oscuro. Lógicamente, es necesario elegir un hilo que haga juego con la urdimbre del tejido con el que estemos trabajando. El hilo para hilvanar es barato y de peor calidad. Utilizaremos hilo de lino para confeccionar los ojales. Para coser o acolchar tejidos emplearemos un hilo resistente y de buena calidad.

17. Papel de seda

Cuando cosamos piezas de tejido delicado con la máquina de coser es recomendable hilvanar unas tiras de papel de seda a ambos lados de la zona donde vayamos a coser. Una vez hecho el trabajo, lo retiraremos. Este tipo de papel también es útil para dibujar y transferir diseños a la tela.

La máquina de coser

La máquina de coser es una de las herramientas más caras del equipo de costura. Por eso es importante que la elijamos con la misma atención que prestamos a la adquisición de una lavadora o un coche. Debemos pensar en el uso que haremos de ella, no solo en los próximos meses, sino durante los siguientes 20 años.

Tipos de máquinas

Todas las máquinas de coser pueden realizar costuras con puntadas rectas simples, pero la tecnología ha propiciado que dispongamos de una amplia oferta de este tipo de aparatos en el mercado.

Puntadas rectas y en zigzag
Las máquinas de coser que solo realizan puntadas rectas son modelos antiguos, aunque con ellas también se pueden hacer costuras muy hermosas. Las máquinas que cosen en zigzag desplazan la aguja de un lado a otro. Es posible ajustar tanto la anchura de las puntadas como el intervalo entre ellas.

Automáticas
Las máquinas de coser automáticas pueden mover la tela hacia delante y hacia atrás para realizar puntadas muy estrechas o sobrehilado. Tienen pequeños discos incorporados que sirven para hacer una gran variedad de puntadas con diferentes grados de complicación.

Electrónicas
El funcionamiento de las máquinas de coser electrónicas (arriba) es más suave y sofisticado que el de una máquina automática común. Su motor se controla electrónicamente y se detiene en cuanto levantamos el pie del pedal. Si es necesario, permite coser muy despacio con la misma potencia. Este tipo de máquinas pueden ser automáticas o computarizadas, por lo que disponen de discos u ordenadores para controlar las puntadas.

Computarizadas
Las máquinas de coser computarizadas (arriba) tienen chips de silicio en lugar de discos o levas y esto les permite realizar una enorme variedad de puntadas ornamentales. Pueden hacerse puntadas más complicadas porque permiten mover la tela en cualquier dirección. Las pantallas o paneles táctiles hacen que sean muy fáciles de usar; algunos modelos pueden coser pequeños detalles o nuestros propios diseños si se las conecta a un ordenador.

ESCOGER LA MÁQUINA DE COSER

La mayoría de la gente solo utiliza las puntadas recta y en zigzag, así que debemos pensarlo detenidamente antes de invertir demasiado dinero en una tecnología que no necesitaremos. Si nuestra intención es confeccionar ropa del hogar y cortinas, una máquina de coser de cuerpo horizontal, robusta y de segunda mano puede ser la mejor opción. Las máquinas de coser con brazo libre cuentan con una estrecha superficie que se extiende sobre la base y permite mover la tela, por lo que son idóneas para los trabajos de corte y confección.

Para comprobar si la máquina nos interesa cortaremos varios retales de distintos tejidos, como punto, seda o tela vaquera, y los coseremos a máquina doblándolos por la mitad. Comprobaremos que es sencillo colocar el hilo y manejar el dispositivo de bobinado de la canilla, y que tanto los sistemas eléctricos como las conexiones están en buen estado. Revisaremos también los accesorios y complementos y nos cercioraremos de que sus piezas son fáciles de recambiar. Por último, nos aseguraremos de que la máquina se recoja fácilmente y no pese demasiado. Al fin y al cabo, se dice de ellas que son portátiles.

Dedicaremos algún tiempo a leer y repasar el manual para familiarizarnos con los diferentes mecanismos y componentes. Si nunca hemos tenido una máquina de coser, practicaremos primero cosiendo sin hilo sobre papel. Colocaremos a cero todos los mandos, excepto la longitud de la puntada, que situaremos entre los niveles 2 y 3. Utilizando papel rayado, coseremos subiendo y bajando por las líneas. Después, muy despacio, intentaremos coser hacia atrás y trazar curvas y círculos. Una vez que nos sintamos cómodos y seguros, practicaremos la misma técnica sobre una doble capa de tela.

Conozcamos nuestra máquina

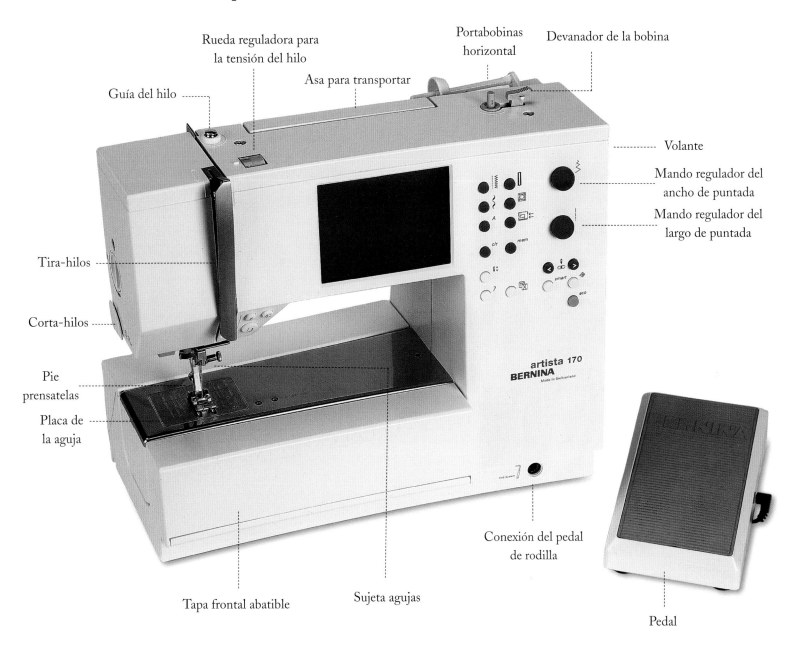

Rueda reguladora para la tensión del hilo

Guía del hilo

Asa para transportar

Portabobinas horizontal

Devanador de la bobina

Volante

Mando regulador del ancho de puntada

Mando regulador del largo de puntada

Tira-hilos

Corta-hilos

Pie prensatelas

Placa de la aguja

Conexión del pedal de rodilla

Pedal

Tapa frontal abatible

Sujeta agujas

Corta-hilos
Sirve para cortar los hilos.

Devanador de la bobina
Este mecanismo permite rellenar la bobina de hilo de manera fácil y uniforme.

Mando regulador del ancho de puntada
Controla el movimiento lateral de la aguja. Utilizaremos un pie prensatelas adecuado para evitar que la aguja se parta.

Mando regulador del largo de puntada
Utilizaremos este botón para controlar la longitud de las puntadas rectas y la densidad del las que hagamos en zigzag.

Pedal de pie y de rodilla
Arrancan y detienen la máquina de coser y regulan su velocidad.

Pie prensatelas
Sujeta la tela de manera firme sobre la placa para poder realizar las puntadas de manera uniforme.

Placa de la aguja
Esta placa tapa la canilla y tiene un agujero en medio por el que pasa la aguja.

Portabobinas horizontal
Este eje sujeta el carrete de hilo mientras rellenamos la camilla o durante el proceso de costura.

Rueda reguladora para la tensión del hilo
Este dial modifica y controla la tensión del hilo superior.

Sujeta agujas
El sujeta agujas mantiene el eje de la aguja sujeto a la máquina.

Tira-hilos
El tira-hilos regula el flujo de hilo desde el carrete a la aguja.

Volante
El volante controla la máquina de coser. En las máquinas de coser manuales giraremos el volante para bajar la aguja.

Enhebrar la máquina de coser

Para que la máquina de coser funcione debe estar enhebrada correctamente. Cada máquina tiene una secuencia de enhebrado ligeramente distinta, pero en todas ellas el hilo se sitúa entre los discos de tensión y vuelve hacia arriba a través del tira-hilos antes de enhebrarse en la aguja.

Es importante que el tira-hilos esté subido antes de enhebrar el hilo. Esto hace que la aguja ascienda y alinee los mecanismos internos de la máquina, preparándola para el enhebrado. El manual de nuestra máquina de coser debe incluir un diagrama que explique claramente la forma de enhebrarla.

Los portabobinas horizontales situados sobre la máquina de coser suelen tener una presilla para sujetar el carrete en la posición adecuada. El hilo se desenrolla siempre hacia un lado del carrete. Los portabobinas verticales tienen un disco de fieltro para facilitar el giro del carrete cuando la máquina está funcionando.

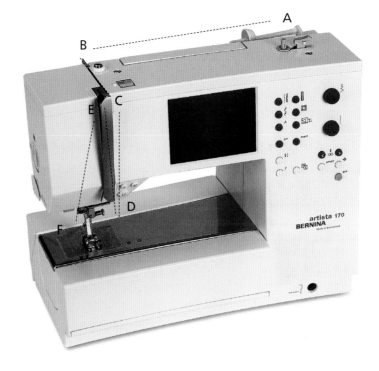

1 Colocamos el carrete del hilo en el portabobinas (A), asegurándonos de que el hilo puede se desenrolla con facilidad. Llevamos el hilo alrededor del punto B, lo bajamos por los discos de tensión (C) y por debajo de la primera guía del hilo (D).

2 Subimos el hilo por el tira-hilos (E) y después por las guías del hilo (F) bajándolo hasta la aguja (G). Enhebramos el hilo de delante hacia atrás.

Rellenar la canilla

1 Rellenamos la canilla utilizando el devanador de la máquina. Para comenzar, pasamos el extremo del hilo a través de uno de los pequeños orificios de los laterales y colocamos la canilla en el eje.

2 Colocamos el devanador en la posición correcta. Esto debería hacer que la máquina deje de coser automáticamente; de no ser así, lo colocamos manualmente. La canilla encajará automáticamente en el nivel adecuado.

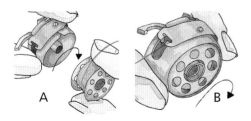

3 Insertamos la canilla en su funda (A) para que el hilo se enrolle correctamente al girar (B).

4 Colocamos la funda de la canilla en su sitio, con la palanca hacia abajo. La palanca de apertura sujetará la canilla en su sitio.

El hilo de la canilla

1 Para sacar el hilo de la canilla por la placa de aguja, enhebramos la aguja y sujetamos el hilo superior tirando ligeramente de él hacia un lado. Algunas máquinas disponen de un sistema automático para ayudarnos en esta operación. De no ser así, giramos el volante hacia delante hasta que la aguja haya bajado y vuelto a subir una vez. Tiramos del hilo superior para sacar el hilo de la bobina hacia fuera. Pasamos ambos hilos a través de la muesca del pie prensatelas y tiramos de ellos hacia fuera.

Escoger una aguja

Debemos escoger siempre una aguja que sea adecuada para el tipo de hilo y de tela con los que vayamos a trabajar; de esta forma será más difícil que la aguja se parta.

1. Agujas universales

Podemos obtener agujas universales de una gran variedad de tamaños, desde el número 70/9 para tejidos más finos, hasta un 110/18 para tejidos gruesos. El tamaño 80/12 es muy adecuado para telas de un grosor y peso medianos. Es recomendable tener una pequeña colección de agujas para poder cambiarlas a la hora de usar diferentes tejidos. Una aguja muy fina se partirá si la utilizamos para tejer un tejido muy grueso y una aguja demasiado gruesa estropeará un tejido delicado.

2. Agujas de punta de bola

Se utilizan para tejidos sintéticos, de punto y elásticos. Su punta redondeada se desliza entre las fibras en lugar de perforarlas. Este tipo de aguja también se puede emplear en sedas finas y tejidos delicados que puedan engancharse.

3. Agujas gemelas

Se componen de dos agujas fijadas en un solo cuerpo. Se utilizan para realizar costuras paralelas muy próximas entre sí o, si modificamos la tensión de la máquina, para hacer jaretas. También existen agujas gemelas especiales para tejidos de punto. Cuando utilicemos estas agujas en la máquina de coser, necesitaremos dos carretes de hilo. Para obtener los mejores resultados, bajaremos un hilo por cada lado del disco de tensión central.

4. Aguja de ala

Las agujas de ala (o vainicas) tienen una aleta a cada lado de la hendidura que dibuja formas decorativas en la tela a medida que cosemos.

5. Agujas de muelle

Una aguja de muelle permite bordar sin necesidad de un pie prensatelas para zurcir o bordar porque evita que la tela se mueva hacia los lados.

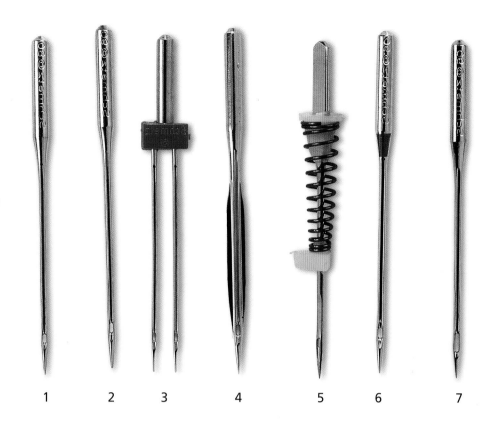

1   2   3   4   5   6   7

6. Agujas de bordar

Las agujas de bordar tienen el ojo más grande de lo habitual, lo que permite coser con una gran variedad de hilos decorativos. Algunas agujas de bordar tienen los ojos extraordinariamente grandes para poder coser los hilos muy gruesos.

7. Agujas para pespuntear

Esta agujas cuentan con un ojo grande para que quepa un hilo decorativo grueso. Las agujas para denim o mezclilla son muy resistentes y disponen de una punta lo suficientemente afilada como para atravesar telas vaqueras muy gruesas y tejidos de lienzo.

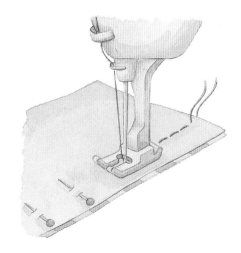

COLOCAR LA AGUJA

Las agujas para coser a máquina solo pueden colocarse de una determinada manera porque tienen una superficie lisa en uno de sus lados (el cuerpo) y una muesca a lo largo del otro lado (la hendidura). Cuando insertemos la aguja, esta ranura debe alinearse con la última guía para el hilo. Cuando la máquina esté en funcionamiento, el hilo bajará a lo largo de la ranura y marcará un canal único en el metal. Por lo tanto, en el momento en que cambiemos de hilo tendremos que cambiar de aguja también.

Pies prensatelas

Todas las máquinas de coser disponen de varios pies prensatelas para realizar diferentes clases de costuras. Los que se detallan a continuación son los más habituales, pero existen muchos tipos diferentes que están diseñados para funciones específicas, como coser una cremallera o guiar un hilo, un cordoncillo o una tela mientras cosemos.

De dedo abierto

Es muy similar al pie para puntadas rectas, pero ofrece una buena visibilidad que permite controlar dónde estamos cosiendo. Puede estar abierto o hecho con plástico transparente. También cabe utilizarlo para realizar una gran cantidad de puntos de satén sin que se amontonen, pues hay una ranura debajo del pie para evitar que las costuras se aplanen. Utilizaremos este pie cuando trabajemos con telas gruesas.

Para dobladillos enrollados

El pie prensatelas para dobladillos tiene una pequeña pieza de metal que realiza un pequeño dobladillo en la tela y lo coloca debajo de la aguja. Podemos coser el dobladillo con puntadas rectas o decorativas.

Para cordoncillos

Este pie tiene una pequeña ranura en su parte inferior que sirve para guiar un cordoncillo, un elástico o un lazo debajo de la aguja mientras cosemos.

Para dobladillos invisibles

Presenta una guía metálica ajustable, que va introduciendo la cantidad necesaria de tejido doblado debajo de la aguja. Es posible ajustar la posición de la aguja para regular los hilos mientras se cose.

Modelo estándar

Este pie prensatelas metálico es el más utilizado. Sirve para coser telas normales, realizando puntadas rectas o en zigzag.

Para zurcir

Utilizaremos este pie para zurcir o acolchar a máquina, y también para bordar. Bajaremos el arrastre que hay sobre la placa de aguja y extenderemos la tela directamente sobre esta, lisa, utilizando un bastidor con aro para bordado poniéndolo boca abajo. Colocaremos el mando de longitud de puntada a cero y realizaremos unas pocas puntadas rectas o en zigzag.

Para cremalleras

Este pie nos permite realizar puntadas muy próximas al borde del pie para colocar la cremallera correctamente. Podemos ajustar la aguja para que cosa a un lado u otro de la cremallera. Existe un pie especial para guiar los dientes de las cremalleras invisibles.

Para ojales

El pie prensatelas para ojales tiene dos ranuras debajo del pie para guiar dos filas de punto de satén hacia delante y hacia atrás, dejando un pequeño hueco entre ellas para realizar el corte.

Guía de costura

Podemos utilizar este accesorio junto con una gran variedad de pies prensatelas, siempre y cuando encaje bien con ellos. Ajustándola debidamente es posible hacer puntadas con gran precisión. Esta guía es muy útil para coser curvas y para acolchar a máquina.

Tensión de la puntada

Para comprobar que la tensión es la adecuada realizaremos unas cuantas puntadas sobre un retal de la tela con la que vayamos a trabajar. Para revisar la tensión situaremos a cero todos los indicadores de patrones y zigzag, y fijaremos la longitud de puntada entre 2 y 3 para las costuras normales. Colocaremos una tira de tela doblada sobre la placa de aguja, bajaremos la aguja hasta clavarla en la tela y realizaremos una fila de puntadas rectas. Estas deben ser exactamente iguales en ambos lados.

ARRIBA: Cuando la tensión de la máquina es la adecuada, los hilos superior e inferior se cierran correctamente en la mitad del tejido.

ARRIBA: La tensión del hilo superior es insuficiente, por lo que este se desplaza hacia el lado inferior de la tela.

ARRIBA: La tensión del hilo superior es excesiva.

Cambiar la tensión

Para aumentar la tensión es necesario girar la rueda hacia los números más bajos. Si, por el contrario, queremos que disminuya, giraremos el dial hacia los números más altos. Esto afectará automáticamente a la tensión del hilo que sale de la canilla. Si la tensión del disco superior está muy alejada del centro, es posible que el muelle de la funda de la canilla esté desajustado.

Solo cambiaremos la tensión inferior como último recurso. Cogeremos el extremo del hilo de la canilla, y, manteniendo esta suelta, dejaremos que caiga suavemente por su propio peso. La cápsula de la canilla tiene un pequeño tornillo que disminuye la tensión si lo giramos hacia la izquierda y la aumenta si lo movemos hacia la derecha. Giraremos el tornillo solo un poco y volveremos a realizar la prueba, cosiendo de nuevo una fila de puntadas en un retal de tela. Modificaremos la presión superior e inferior hasta que la puntada sea perfecta.

Mantenimiento y solución de incidencias

Como ocurre con los coches, una máquina de coser solo funciona correctamente si la usamos a menudo y realizamos un mantenimiento adecuado. Es necesario lubricarla cada cierto tiempo, y también limpiarla, incluso varias veces mientras trabajamos con una sola prenda o labor.

Un adecuado mantenimiento general, que solo nos llevará unos pocos minutos, nos permitirá asegurarnos que la máquina funcionará bien durante el mayor tiempo posible. La limpieza es fundamental cuando cambiemos de telas, especialmente si sustituimos una tela oscura por una clara. Retiraremos la aguja de la máquina y limpiaremos con un cepillito la pelusa que haya quedado entre el hilo superior y la aguja. Retiraremos, asimismo, la placa de aguja y comprobaremos que no queda ningún resto de hilo en el interior de la máquina. Haremos lo mismo con la canilla.

Lubricaremos la máquina de coser cada cierto tiempo utilizando como guía el manual de instrucciones. Solo hay que emplear un par de gotas; abusar del aceite puede ser perjudicial. Dejaremos reposar la máquina durante una noche con una almohadilla de tela debajo del pie prensatelas, y limpiaremos la aguja antes de volver a usarla. Algunos de los modelos más modernos son autolubricantes. Aunque cuidemos adecuadamente nuestra máquina de coser, pueden surgir problemas o imprevistos. A continuación detallamos algunos de los más habituales.

La máquina va muy lenta
Puede que la máquina disponga de dos velocidades y esté ajustada a la marcha lenta. Lo más probable es que, al no haberse utilizado durante un cierto tiempo, la grasa esté impidiendo el movimiento adecuado de alguna pieza. Pondremos la máquina a funcionar sin aguja durante un minuto para que las juntas y los mecanismos se vayan limpiando poco a poco. Si persiste el problema, comprobaremos que el pedal de pie no está obstruido. Como último recurso, pediremos a un profesional que revise la tensión de la correa.

No realiza puntadas
Nos aseguraremos de que hay hilo suficiente en la canilla y lo colocaremos adecuadamente.

ARRIBA: La costura del encaje y el terciopelo exige un cuidado extremo. Siempre debe hacerse una prueba para establecer la tensión adecuada.

Comprobaremos que la aguja está bien colocada y el hilo bien enhebrado.

La aguja no se mueve
Comprobaremos si el volante está tenso o el devanador de la bobina se encuentra desconectado. Si la aguja sigue sin moverse, puede que haya algún trozo de hilo atascado detrás de la canilla. Retiraremos esta y tiraremos del extremo del hilo. Giraremos el volante hacia delante y hacia atrás hasta que el hilo salga.

La máquina se atasca
Giraremos el volante suavemente para aflojar los hilos y sacar la tela. Retiraremos la aguja, desatornillaremos la placa de aguja y limpiaremos cualquier pelusa o lanilla que pueda haber. Asimismo, comprobaremos que la máquina está enhebrada correctamente y que la tela se encuentra bien colocada bajo el pie prensatelas al comenzar a coser.

La aguja se dobla o se parte
Las agujas se rompen al chocar contra el pie, la cápsula de la canilla o la placa de aguja. Comprobaremos que estamos utilizando el pie correcto. Al utilizar un pie para cremalleras, un error muy frecuente es olvidarse de mover la aguja hacia la izquierda o derecha para realizar puntadas rectas o en zigzag. Comprobaremos que la canilla está bien colocada y nos aseguraremos de que el tira-hilos está en su punto más alto antes del montaje.

Una aguja que se haya doblado se partirá al chocar contra la placa de aguja. Para evitar que las agujas se doblen, siempre que cosamos sobre alfileres o costuras muy gruesas lo haremos muy despacio y suavemente. Una aguja también puede doblarse si se ha formado un nudo en el hilo o si tiramos de la tela más rápido de lo que la máquina cose.

La tela no pasa
Esto puede ocurrirnos si el arrastre está demasiado bajo en posición para zurcir. Las puntadas de zigzag muy apretadas o los puntos de bordado se amontonarán si utilizamos un prensatelas normal, de modo que lo mejor en estos casos es utilizar el pie de dedo abierto.

Las puntadas tienen medidas diferentes
Comprobaremos que la aguja sigue afilada o si es la adecuada para el tipo de tejido que estemos utilizando; también si está colocada correctamente. Intentaremos realizar puntadas con la aguja situada hacia la derecha o hacia la izquierda. En tejidos muy finos colocaremos papel de seda bajo el pie prensatelas.

El hilo superior no para de romperse
Los fabricantes recomiendan sustituir la aguja cada vez que cambiemos de hilo. La explicación es que cada hilo encaja de manera diferente en la ranura y necesita un tamaño de ranura específico. Por esta razón, si utilizamos el hilo con una aguja inadecuada, este se romperá o partirá. Es conveniente etiquetar nuestro paquete de agujas para saber qué tipo de hilo usar con cada aguja; esto es muy importante cuando hagamos bordado a máquina. También es conveniente asegurarse de estar utilizando la aguja y el hilo correctos para cada tipo de tela. Un nudo también puede hacer que se rompa el hilo.

El hilo de la canilla se rompe
Comprobaremos que la canilla está bien colocada, que no la hemos sobrecargado de hilo y que este no tiene nudos. Revisaremos el interior de la cápsula de la canilla para ver si hay alguna pelusa que pueda atascar la máquina. Es posible también que el muelle de la canilla esté demasiado tenso. Lo solucionaremos aflojando el tornillo que regula la tensión, según se indique en las instrucciones del fabricante.

Conocer los tejidos

Uno de los aspectos más atrayentes de los trabajos de corte y confección, sea realizar un vestido o ropa para el hogar, es escoger el tejido. Una elección adecuada es fundamental para coronar con éxito cualquier proyecto. El tipo de tela que elijamos determinará el aspecto y la comodidad de la prenda, así como su duración.

Hace algún tiempo era mucho más sencillo escoger los tejidos: la lana, el algodón, la viscosa y la seda se reconocían al instante. Incluso el poliéster y el nailon se distinguían fácilmente. Los últimos avances tecnológicos han hecho que sea casi imposible distinguir la materia prima de una tela con un simple vistazo.

Las fibras son la base de cualquier tejido. Pueden estar fundidas unas con otras para formar materiales como el fieltro, o retorcidas o trenzadas para tramar un hilo con el que luego tejer. Hoy en día existe una gran variedad de telas en el mercado; la mayoría de ellas están hechas a partir de una mezcla de diferentes fibras. Para facilitarle las cosas al consumidor, la ley obliga a que todos los tejidos dispongan de una etiqueta que indique el tipo y la cantidad de fibras de que están compuestos, siempre que estas superen el 5%. Aún así, si una fibra presente en una proporción menor pudiese afectar al comportamiento del tejido también debe señalarse. Por ejemplo, un 1% de lycra o spandex le añadirán un cierto grado de elasticidad al tejido; este dato debe constar en la etiqueta.

Fibras naturales

Las fibras naturales tienen un origen vegetal o animal. El algodón, el lino, la lana y la seda son las más conocidas, pero en este grupo también figuran las fibras de cáñamo que se utilizan para hacer arpillera o yute, y otras, más lujosas, de pelo animal, como el mohair, la alpaca, el cachemir o el pelo de camello. Cada fibra natural tiene unos rasgos inconfundibles que posteriormente se reflejan en el tejido: por ejemplo, la lana posee un tacto suave y cálido; el algodón es fresco y crujiente; la seda tiene una textura seca, parecida al papel, y el lino posee un brillo maravilloso.

Fibras hechas por el hombre y sintéticas

Hasta mediados del siglo XIX, las fibras naturales eran los únicos materiales disponibles para hacer tejidos. Como la seda era muy cara, los científicos realizaron diferentes experimentos para producir una seda artificial más asequible. El primer rayón aparecido en el año 1892 marcó el inicio de una nueva época para la industria textil.

Las telas hechas por el hombre y las telas sintéticas no son lo mismo, sino que tienen características diferentes. Las fibras hechas por el hombre se realizan con materias primas naturales, fundamentalmente celulosa, aunque en algunos tejidos se utiliza proteína de leche regenerada. Los tejidos sintéticos se elaboran a partir de productos totalmente químicos.

Los avances más recientes han mejorado la calidad tanto de los tejidos hechos por el hombre como de los sintéticos y los han convertido en materiales indispensables para los actuales diseñadores de moda y ropa deportiva. Los forros polares, cálidos y cómodos, están confeccionados en un 100% con fibra de poliéster. La lycra y el spandex, dos fibras muy elásticas, han transformado el mundo de la moda. También se ha ampliado el espectro de los tejidos de lujo, ya que se han mejorado algunas fibras hechas por el hombre, como el cupro, con el que se pueden elaborar unos tejidos exquisitos que ofrecen un tacto sedoso. Estos nuevos materiales no solo son más baratos, sino que además se pueden lavar a máquina.

IZQUIERDA: Estos hilos de rayón para coser a máquina en tonos brillantes constituyen un ejemplo de lo bien que absorben el tinte las fibras fabricadas por el hombre.

Algodón

Las fibras de algodón se cosechan de las vainas de las semillas de la planta del algodón. La calidad y la longitud de las fibras varían dependiendo de donde se cultive la planta, dando como resultado una gran variedad de tejidos de algodón, desde el organdí suizo hasta el grueso algodón indio. Los tejidos de algodón son muy absorbentes, y pueden lavarse en la lavadora a altas temperaturas y con frecuencia.

Algodón de punto
El algodón tejido a punto con la máquina de coser suele utilizarse para chaquetitas y jerséis veraniegos. El tejido no tiene el mismo aspecto que la lana tejida a punto, pero suele combinarse con lycra para hacer ropa deportiva.

Algodón estampado
Los tejidos estampados no son reversibles, ya que el tinte que tiñe la tela no penetra completamente en el tejido para llegar de una superficie a la otra. El algodón es absorbente y reacciona bien al tinte. La amplia selección de tejidos de algodón hoy en día es casi inabarcable. Pueden utilizarse para la confección de vestuario, ropa para el hogar, decoración y patchwork.

Algodón indio
Los pesados hilos que forman la trama de este tejido son una característica muy distintiva del algodón de India. El tejido es suave y voluminoso y suele teñirse, estamparse o tejerse formando rayas o cuadros. Se usa para ropa de casa o decoración.

Arpillera
Este tejido es áspero y pesado, y puede estar hecho de algodón, yute o lino. Suele usarse para hacer sacos o como refuerzo para alfombras o tapices. El yute es una fibra que viene de la India.

Batista
La batista es una tela ligera y suave, originalmente hecha de lino. Normalmente solo se produce en colores pasteles o blanco y se suele utilizar para hacer servilletas, lencería o trajes de bautizo.

Calicó
Este nombre es un término general para tejidos planos y bastos, y es más pesado que la muselina. Normalmente tiene un color neutro, pero puede blanquearse. El tejido de calicó es barato y suele usarse para revestimientos y forros.

Cambray
El Cambray es un tejido medio, cuyas urdimbres son de color y la trama es blanca. A simple vista parece tela vaquera lavada a la piedra y puede estamparse con rayas o cuadros.

Cutí
El cutí es un tejido fuerte y resistente con un dibujo distintivo de estampado de rayas de colores. Su uso más frecuente es para ropa del hogar y manteles.

Damasco
El término damasco se refiere al patrón creado en el tejido de un telar de jacquard; la tela resultante es reversible. El telar de jacquard crea esa superficie complicada y repujada. Es más llano que el brocado, que se teje de la misma forma.

Denim
Este tejido, original de Nimes, Francia, es fuerte y resistente. Los hilos que forman la urdimbre del tejido están teñidos de azul índigo y los de su trama son blancos. Originalmente se usaba para pantalones vaqueros, pero en la actualidad también se emplea para ropa de casa. La apariencia que tiene de estar desteñido se debe a que el tinte se va perdiendo con cada lavado.

Denim lavado a la piedra
Este tejido es igual que el denim clásico, pero tiene un aspecto desgastado. Esto se consigue desgastando el tejido con piedra pómez o tratándolo con productos químicos.

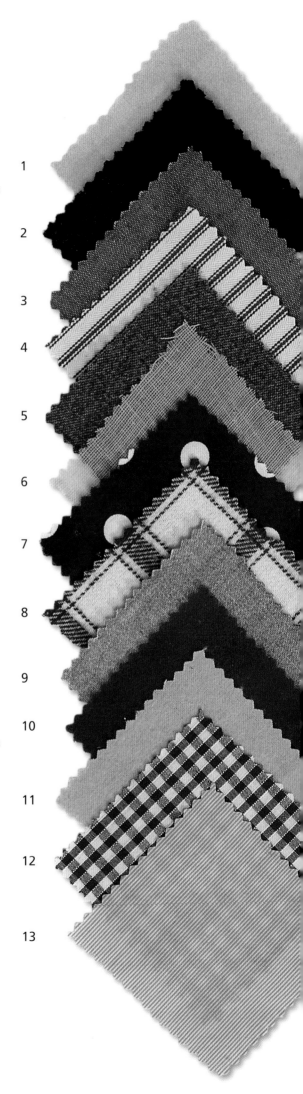

DERECHA: 1) gasa; 2) algodón de punto;
3) Cambray; 4) cutí; 5) denim; 6) muselina;
7) algodón estampado; 8) franela cardada;
9) denim lavado a la piedra; 10) molesquín;
11) franela; 12) guinga; 13) tela de camisa.

IZQUIERDA: Los tejidos de algodón estampado son ideales para vestidos, camisetas y faldas.

Jersey algodón

El tejido jersey algodón es una tela tricotada original de la isla de Jersey. Se teje con punto de calceta. El tejido de jersey algodón se tiñe con productos naturales para hacer muñecas de trapo. También se fabrica con un punto más holgado, resultando perfecta para trapos de cocina.

Lona

Este tejido es pesado y rígido. Se produce lona de distintos grosores para entretela, carpas o tumbonas. La lona de bordado tiene el tejido abierto, lo que la hace especial para bordar.

Manta del cielo

Es un tejido fino, blanco, que suele usarse como entretela, trapo o visillo. En origen se empleaba para envolver el queso y absorber su suero. Hay que tener mucho cuidado a la hora que cortar la tela, pues está tejida holgadamente.

Molesquín

El molesquín es una tela muy resistente y cálida. Originalmente se utilizaba para los pantalones de los obreros, pero hoy en día es un tejido muy de moda que puede obtenerse en una diversidad de colores. Tiene la apariencia del ante.

Muselina

El término muselina se utiliza para una amplia variedad de telas de algodón, poco tupidas y suaves, que pueden decorarse con topos o bordados. En el Reino Unido describen la muselina como un tejido algo áspero y brillante, mientras que en Estados Unidos el término muselina se refiere a los tejidos utilizados para patchwork.

Organdí

El organdí es un tejido transparente y muy fino, tratado con ácido sulfúrico para obtener ese acabado crujiente. Se utiliza para la confección de vestidos de fiesta o como entretela para ropa del hogar muy fina y exquisita.

Pana

La pana es un tejido de pelillo; este pelo forma crestas que corren a lo largo de la

Dril

El dril es un tejido firme y resistente, y tiene un tacto y un peso parecidos al denim. Se conoce como caqui cuando se tiñe de ese color.

Encaje

El encaje de algodón es un tejido fino y abierto con un patrón. Normalmente se usa como tapetes, ropa de novia o ropa de casa. Los hilos están retorcidos, trenzados o anudados, formando complicados patrones, tejidos por un complejo telar que lee tarjetas con orificios que forman el patrón, como si fuese un órgano musical.

Franela cardada

La franela cardada es una imitación de la franela de lana. Los hilos que forman su trama se cepillan suavemente para obtener esa superficie mullidita que tiene ese tacto tan suave y cálido. Se suele utilizar para pijamas infantiles, debido a su gran suavidad.

Franela

La franela es una tela de peso medio, hecha de fibras de algodón en un tejido plano. La superficie suele estar peinada o tramada para crear una especie de pelusa en su superficie que la hace más cálida. Suele usarse para pijamas, sábanas y fundas de almohada.

Gasa

La gasa es una tela transparente y fina, de tejido abierto, que suele usarse como entretela, base para bordados o para cortinas y visillos. Puede estar hecha de algodón o de lino y suele utilizarse para los telones de fondo en un teatro.

Guinga

La guinga es un tejido de peso medio a ligero. Algunos de sus hilos están teñidos y la tela resultante crea cuadros claros, medios y oscuros, con aspecto de cuadros vichy. Este tejido suele utilizarse para ropa de casa o para batas o ropa infantil.

tela. El cordón puede ser muy fino o muy grueso, creando telas más o menos pesadas. La pana se puede realizar en tejido plano o en sarga, y también se puede estampar.

Piqué

El término piqué se refiere a la cresta que corre a lo largo de la tela. Tiene una apariencia de sarga en una cara mientras que la otra es lisa. Puede bordarse para obtener sus orificios característicos.

Tela de camisa

Este tejido es bastante ligero, y está delicadamente cosido. Se fabrica específicamente para hacer camisas y es muy similar a la popelina. Puede ser liso o de sarga y normalmente está tejido a rayas o a cuadros.

DEBAJO: La guinga es una tela de algodón tradicional que se ha puesto de moda recientemente. Está disponible en varios colores y tamaños, tanto en forma de lazo como en piezas de tela.

Toalla

Este tejido característico por su textura y capacidad de absorción está normalmente hecho de algodón. Los lazos pueden estar en una de sus caras o en ambas.

Voile

El voile es una tela fina, brillante y ligera, con un tacto algo crujiente. Tiene una trama abierta y está hecho con hilos muy hilados, lo que le aporta su suave crujido. A menudo la tela está almidonada para conservar su textura.

Zaraza

Este tejido es plano y tupido y su superficie es brillante. Normalmente está estampado con motivos florales y se usa para ropa de casa y proyectos de decoración del hogar.

DERECHA: Estos son algunos ejemplos de telas de algodón: 1) damasco; 2) muselina; 3) encaje; 4) batista; 5) jersey; 6) organdí; 7) algodón indio; 8) calicó; 9) terciopelo; 10) piqué; 11) gasa; 12) arpillera.

1

2

3

4

5

6

7

8

9

10

11

12

Lana

La lana es una fibra natural que se obtiene a partir del vellón de oveja o de cordero. La raza de la oveja determina la calidad y la longitud de las fibras obtenidas a partir de su lana. Las fibras de lana tienen un tacto crujiente natural que le aporta una gran elasticidad y resistencia a la tracción, pudiendo formarse pliegues muy marcados con calor. Existe una amplia variedad de fibras de lana, divididas en dos grupos principales: lana cardada y lana peinada.

La lana cardada está compuesta de fibras que primero son cardadas y luego hiladas. El hilo resultante es bastante grueso y se utiliza para hacer tejidos como tweed, franela y blazer. La lana peinada, por el contrario, es mucho más fina. Se obtiene peinando las fibras y separando las largas de las cortas; se tejen con hilados compuestos por fibras bien trenzadas y apretadas para formar una superficie lisa. Tejidos como la tela de gabardina se obtienen a partir de fibras de lana peinada.

Chalís

El tejido de chalís, muy ligero y suave, está hecho a partir de lana peinada. Es ideal para blusas y camisas.

Crepé

El crepé de lana tiene una textura suave y delicada y una superficie granulosa. Esto se consigue hilando aleatoriamente, dejando hilos sueltos en la superficie, que forman un patrón irregular.

Franela o tela de sábana

La franela está hecha de fibras de lana o algodón en un tejido plano o sarga. Ambas superficies están peinadas o tramadas creando una pelusa que convierte la franela en un tejido muy suave. A pesar de ser ligero es bastante cálido, por lo que es ideal para pijamas o abrigos.

Lana de doble cara

Este tejido es reversible y se consigue tejiendo dos capas juntas y uniéndolas con hilo para encuadernar. Este tejido se dobla con más dificultad que otros tejidos de lana.

1
2
3
4
5
6
7
8
9
10
11
12
13
14
15
16

ARRIBA: La lana es un material muy versátil con el que puede realizarse un amplio catálogo de hilos y telas. El estampado y el color se logran normalmente tejiendo dos o más hilos de diferentes tonos.

Lana fría

La lana fría, que se obtiene a partir de lana peinada, es muy suave y liviana. Tiene aspecto de tejido de esterilla por el derecho y una textura completamente lisa por el revés.

Mezclas de lana

Las fibras de lana natural y las hechas por el hombre que imitan esta misma textura pueden mezclarse para obtener una extensa variedad de tejidos a un precio mucho más accesible.

Tejido de pata de gallo

El patrón de este tejido es una variación del tejido de sarga. Es un tejido disparejo que forma estrellas de cuatro puntas. Suele utilizarse para abrigos y chaquetas.

Tejido de sarga

La tela en espiguilla o pata de gallo son variaciones del tejido de sarga, que puede realizarse con diferente patrones.

Seda

La seda es una fibra natural producida por los gusanos de seda, pero solo la seda producida por las larvas de *Bombyx mori* se emplea en la industria textil. El filamento de seda es muy suave y resistente, y el drapeado que se puede conseguir es excelente.

Su resistencia permite crear tejidos muy finos como gasa de seda, raso o georgette. La seda salvaje se obtiene a partir de las orugas de seda salvajes (*Antheraea Pernyi*). El filamento de la seda salvaje es muy irregular, lo que crea esa textura irregular y las protuberancias.

Georgette

La georgette es una tela muy ligera y algo transparente, parecida a la gasa pero más gruesa. Su tejido es plano y está texturizado por hilos de crepé. Tiene un tacto muy suave y suele emplearse para la realización de trajes de noche.

Habotai

La seda Habotai es un término general utilizado para tejidos de seda finos, suaves y planos que han sido desgomados. Los más ligeros se utilizan como forro o revestimiento, los más gruesos como tela para vestidos.

Organza

La organza es una tela fina y transparente, hecha de largas fibras de seda. Los hilos están ligeramente retorcidos para aportarle un acabado crujiente al tejido. En ocasiones se combinan los hilos de seda con hilos metálicos para obtener organza metálica.

Otomán

El otomán es una tela gruesa y dura, que tiene una textura de líneas finas en relieve, obtenido utilizando hilos de trama más gruesos. Es muy usado para prendas de noche; los más gruesos pueden utilizarse para sastrería.

Satén

El tejido de satén tiene largos hilos en la superficie del derecho de la tela. Es muy suave y podemos adquirirlo en diferentes grosores y calidades; el más pesado de todos ellos se conoce como satén de duquesa.

Satén y reverso de crepé

Esta preciosa tela combina dos tejidos diferentes para crear un drapeado exquisito. El tejido de satén y el de crepé se combinan para dar como resultado el crepé en una de las caras e hilos de satén flotando en la otra.

Seda Dupión

La seda Dupión tiene una textura crujiente e irregular creada al confeccionarse con el hilo del capullo de dos gusanos de seda que se han metamorfoseado juntos. Es fácil de manejar, pero se arruga. Es muy popular en los trajes de novia.

Seda Futi

Este tejido de seda, muy bonito y suave, es relativamente ligero y está tejido en sarga. La seda se trata para obtener una superficie ligeramente cepillada que le da un tacto cálido.

Seda shatung

El shatung es un tejido rugoso y plano que, originalmente, se tejía a mano en China con seda virgen producida por la oruga de *Tussah*.

DERECHA: 1) satén; 2) satén duquesa; 3) seda Dupión; 4) satén; 5) organza; 6) otomán; 7) satén con reverso de crepé; 8) georgette; 9) Habotai; 10) Futi; 11) shatung; 12) satén de duquesa.

IZQUIERDA: Esta tela suave y lujosa absorbe muy bien el tinte y está disponible en una amplia selección de colores.

1

2

3

4

5

6

7

8

9

10

11

12

1

2

3

4

5

6

7

8

9

10

11

12

13

Lino

Las fibras de lino se encuentran en el tallo del *Linun usitatissimum*, una planta herbácea de la familia de las lináceas. El yute y el cáñamo también se obtienen a partir de tallos de plantas. Las fibras de lino son extremadamente largas (alrededor de 1 m) cuando se extraen de la planta, pero pierden algo de longitud durante el proceso de tejido. La longitud de las fibras le aportan al lino su apariencia característica. El lino es más absorbente que el algodón, por lo que es ideal para trapos de cocina, pero es menos resistente al fuego. Originalmente el lino se blanqueaba después de ser tejido, pero hoy día existe un proceso que permite teñir las fibras antes de tejerlas, lo que permite mezclarlas con otras fibras. Los tejidos de lino varían desde la suave batista utilizada para servilletas hasta los gruesos trajes de jacquard.

Batista
El tejido de batista es bastante antiguo y proviene de Irlanda. El tejido de lino, fino y liso, es posteriormente calandrado. Este

IZQUIERDA: 1) jacquard; 2) batista; 3) lino evenweave en crudo; 4) lino evenweave blanqueado; 5) lino blanqueado; 6) tejido a mano; 7) sarga; 8) gasa de lino; 9) lino y seda; 10) lino rayado; 11) lino crudo; 12) blanco antiguo; 13) lino corcho.

proceso alisa y suaviza la superficie, y le otorga un tacto algo crujiente y lustroso. Se emplea mucho para hacer servilletas y lencería.

Jacquard
Este tejido está compuesto por 60% de lino y 40% de algodón y se fabrica en un telar de jacquard para elaborar su complejo tejido.

Lino evenweave
Este tejido es un lino crudo que ha sido tejido en cuadrados con exactamente 31 hebras en cada dirección. Su cuidadoso proceso hace que este lino sea más caro que el lino ordinario. Podemos comprar este tipo de lino en tono crudo o en varios colores, y suele usarse para bordado.

Sarga en zigzag
El lino blanqueado se teje de tal manera que forma unos patrones de rayas o zigzags muy atractivos. El brillo de las fibras de lino hace que el tejido resulte muy llamativo.

Tejido a mano
El tejido de lino áspero se carda haciendo que luzca suave. Posteriormente se trata para que sea más difícil que forme arrugas.

ABAJO: El lino tiene una aspereza característica que muchas telas sintéticas intentan imitar.

Pelo

En esta categoría se incluye cualquier fibra natural que provenga de un animal, excepto la oveja y la oruga. Se recogen dos tipos de fibras: las que pertenecen a la capa externa o las que provienen de la primera capa del pelo.

Alpaca

La alpaca es un animal muy parecido a la llama. Las fibras que se obtienen de su pelo son muy finas y suaves, y pueden llegar a medir 60 cm de largo si el animal no ha sido esquilado. A veces se utilizan las fibras más largas para hacer paños. Estas fibras son difíciles de blanquear, por lo que suelen usarse con su color natural, que varía entre blanco, beige, marrón y negro.

Angora

El tejido de angora se obtiene a partir del largo vello de los conejos de angora. Las fibras pueden llegar a medir 7,5 cm de largo y tienen una textura suave y sedosa.

Camello

El tejido de pelo de camello se teje con las fibras que se obtienen de la primera capa de pelo del camello bactriano. Son fibras suaves pero resistentes y pueden llegar a medir hasta 16 cm. El tejido de camello suele usarse para abrigos y chaquetas en su color original, ya que es muy difícil blanquear sus fibras.

Cachemir

Las fibras, que provienen de la primera capa de la cabra tibetana cachemira, son muy finas y pueden llegar a medir hasta 9 cm de largo. El tejido de cachemir es muy suave y calentito, y suele utilizarse para hacer ropa de cama de lujo y chales.

Mohair

El mohair también se obtiene de las suaves fibras del vello de la cabra de angora. Las fibras de mohair se suelen mezclar con lana peinada. Las fibras pueden llegar a medir 30 cm de largo.

Vicuña

Del sedoso pelo de la vicuña salvaje, un tipo de llama, se obtienen las fibras de origen animal más finas del mercado. Pueden medir hasta 5 cm de largo y normalmente se emplean en su color natural.

ABAJO: Debido a que las fibras de origen animal son las más caras del mercado, suelen mezclarse con otro tipo de fibras para elaborar telas e hilos que resulten algo más asequibles.

DERECHA: 1) cachemir; 2) vicuña; 3) alpaca; 4) camello; 5) alpaca; 6) cachemir; 7) vicuña; 8) vicuña; 9) cachemir; 10) lana y también cachemir.

1
2
3
4
5
6
7
8
9
10

Fibras sintéticas

Las fibras sintéticas se producen íntegramente a partir de productos químicos. Las fibras se obtienen partiendo de diferentes químicos; el nailon es un derivado del fenol y del amoniaco, mientras que el poliéster deriva del petróleo. La variedad de fibras va en aumento a medida que se desarrollan nuevas formas de texturizar y procesar los filamentos. Las fibras sintéticas pueden derretirse, y deben plancharse a baja temperatura.

Ante sintético

Este tejido es suave y sedoso. Son telas tejidas o tricotadas con una superficie cepillada o frotada con carborundo. Son fáciles de lavar y cuidar, y es raro que se arruguen o deshilachen. Se le pueden añadir fibras de elastano para hacer que el tejido sea más elástico.

Fieltro

El fieltro está hecho con fibras acrílicas o con lana. Sus suaves y gruesas fibras se convierten en tejido de fieltro al aplicarles calor, humedad y presión.

Forro

Las telas de forro son ligeras y finas, y una de sus superficies es resbaladiza. Muchas veces se mezcla con fibras elásticas, como lycra, para aportarle cierta elasticidad al tejido.

Jersey

La tela de jersey sintética puede tejerse con fibras de nailon para darle un efecto crepé. Al igual que con el forro, se le pueden añadir fibras elásticas para darle está cualidad al tejido.

Lycra (elastán)

La fibra lycra es un elastano, que lleva el nombre de la empresa que la patentó. Está hecha a partir de poliuretano segmentado. Este tejido es brillante y se puede estirar hasta doblar su tamaño.

IZQUIERDA: 1) fieltro acrílico; 2) poliéster; 3) lycra; 4) forro de poliéster; 5) elastán o spandex; 6) tafetán; 7) microfibra; 8) nailon; 9) terciopelo de nailon; 10) jersey de nailon; 11) poliéster; 12) poliéster estampado; 13) poliéster piel de melocotón.

Microfibra

A partir de unas finísimas fibras de poliéster podemos obtener un tejido precioso y delicado, con aspecto lujoso. Es muy fácil mantenerlo en buen estado y se arruga muy poco.

Nailon

El nailon es una fibra bastante resistente y fuerte, pero su drapeado resulta muy pobre. Es ligera y resistente al viento y al agua. Es un tejido ideal para chaquetas y disfraces.

Piel de seda sintética

Este tejido está hecho a partir de microfibras para emular el maravilloso aspecto de la piel de seda. Su drapeado es fantástico y también es muy resistente a las arrugas.

Poliéster

El tejido de poliéster es resistente a las arrugas y muy fácil de cuidar, tanto en el lavado como en el planchado.

Tafetán

El tejido de tafetán es crujiente y plano, con una cara brillante. Sus cualidades hacen que sea un buen imitador sintético del tejido de seda.

ABAJO: Los fieltros de colores brillantes y saturados pueden elaborarse con fibras acrílicas o de poliéster.

Tejidos artificiales

La mayoría de los tejidos artificiales se obtienen a partir de celulosa regenerada, que es el principal componente del algodón, el lino, el yute y el cáñamo. Las fibras se elaboran disolviendo la celulosa en productos químicos, después el líquido se bombea a través de hileras y se sumerge en otros ácidos. La gran variedad de fibras artificiales se produce realizando pequeñas modificaciones en este proceso. Este tipo de fibras mejoran día a día, e incluyen fibras como el rayón, la viscosa, el cupro, el acetato y el modal. Las diferentes fibras artificiales pueden mezclarse para obtener un tejido fácil de manipular y con un tacto agradable.

Acetato

El acetato se suele utilizar como sustituto del lino. Se fabrica con celulosa de acetato, tiene un tacto sedoso y su caída es excelente.

Acetato de viscosa (rayón de acetato)

Si se mezcla el acetato con la viscosa, el resultado es un tejido resistente y muy permeable al tinte. El aspecto sedoso del acetato se suaviza y las cualidades de drapeado mejoran.

Cupro

Las fibras de crupo tienen un drapeado muy sutil y agradable, lo que hace que sean geniales para tejerlas y crear tejido de piqué.

Gabardina Tencel

El tejido de gabardina, firme y apretado, normalmente está hecho con lana peinada. El tejido Tencel es un tejido artificial muy resistente con un tacto parecido a la lana, pero evitando su tendencia a encogerse.

Jersey

Estas fibras de jersey se mezclan con elastano para conseguir un tejido de jersey muy elástico. Es mucho más fino que el jersey de algodón y su tacto es deliciosamente suave.

Modal

Este tejido estriado tiene un efecto de filigrana conocido como moiré, que se elabora planchando con vapor el tejido entre cilindros grabados. Las áreas aplanadas reflejan la luz de diferentes formas, produciendo ese efecto característico.

Terciopelo

El terciopelo es un tejido precioso hecho con cupro y viscosa. El cupro tiene un brillo muy suave y muy buen drapeado. La viscosa le aporta un tacto muy sedoso y mucho brillo.

Viscosa estampada

La viscosa artificial acepta muy bien los tintes, de modo que podemos adquirir viscosa en una enorme variedad de estampados y colores.

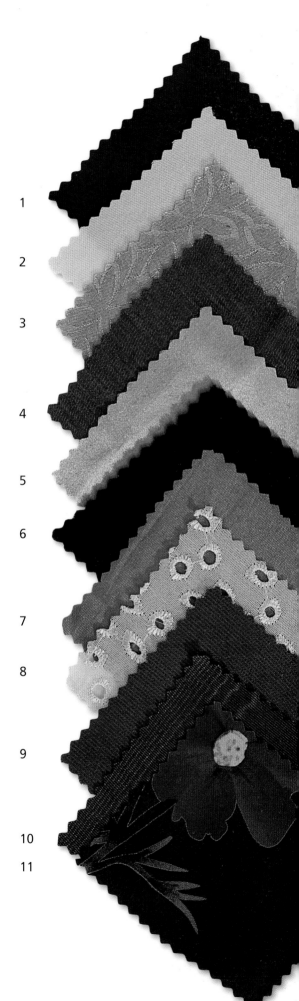

1
2
3
4
5
6
7
8
9
10
11

DERECHA: 1) acetato de viscosa; 2) gabardina tencel; 3) poliéster y viscosa; 4) gabardina tencel; 5) acetato de celulosa; 6) terciopelo de cupro y viscosa; 7) jersey de viscosa y elastano; 8) viscosa; 9) piqué de cupro; 10) muaré de modal; 11) viscosa estampada.

IZQUIERDA: Los diferentes procesos de fabricación hacen que dispongamos de una amplia variedad de tejidos «hechos por el hombre», muchos de los cuales apenas pueden diferenciarse de los tejidos naturales.

Telas decorativas

Recientemente, la producción de telas ha evolucionado con la introducción constante de nuevas fibras y la manera creativa en estas. Hay una gran variedad de telas decorativas para trajes de fiesta, de boda y disfraces. La mayoría de estas telas requieren un tratamiento especial, tanto en la manera en la que son cortadas, en la forma en que se cosen o incluso cómo han de limpiarse.

Ante y cuero

Esta es una tela natural hecha de piel de animal. El ante tiene una textura áspera, mientras que el cuero es muy suave. Se usan para prendas de ropa, zapatos, mochilas y mobiliario. Se venden por partes o la piel entera.

Encaje de algodón

Esta tela es mucho más pesada que otros tejidos de encaje. Se suele utilizar para vestidos de novia y manteles. Los extremos se suelen cortar siguiendo el diseño del encaje en lugar de dobladillarse. El encaje puede tener un aspecto fino y delicado, o grueso y pesado.

IZQUIERDA: 1) pelo de imitación; 2) organza brillante; 3) PVC; 4) organza metálica; 5) papel lamé; 6) ante; 7) terciopelo estampado; 8) malla de nailon y lurex; 9) piel de cocodrilo de vinilo.

Jersey metálico estampado

El aspecto plateado de esta tela se consigue por la impresión de pequeños lunares metálicos sobre el tejido de jersey. A pesar de ser un tejido elástico, la superficie metálica se distorsiona si se estira demasiado.

Malla de lurex

Las fibras de lurex y nailon se unen para formas una malla suelta. Se usan para trajes de noche, velos o diversos proyectos de manualidades.

Nailon devoré

Esta es una tela lujosa y gruesa que ha sido quemada en ciertas partes para crear un patrón de terciopelo sobre una base semitransparente.

Organdí de algodón

El organdí es una tela semitransparente y con un tramado uniforme. La fibra del algodón se queda algo tirante antes de tejerse para darle una textura crujiente. Es muy usado para trajes de ceremonia tanto de adultos como de niños.

ABAJO: Los encajes se elaboran con diferentes pesos y fibras. El pesado encaje del vestido que se muestra en la fotografía se utiliza sobre todo para trajes de noche o de boda.

1

2

3

4

5

6

7

8

9

ARRIBA: En este vestido se combinan tres texturas diferentes (terciopelo, malla y raso) para formar un exquisito vestido dama de honor.

Organza brillante

Esta tela se elabora del mismo modo que la organza metálica, pero tiene los pliegues colocados de manera que producen una textura encrespada. Se utiliza para pañuelos y prendas de noche.

Organza de nailon

El nailon mostrado aquí ha sido tejido con hilos de lurex para crear un patrón de cuadros inusual. El nailon le aporta a la tela un aspecto duro.

Organza metálica

La organza mostrada aquí tiene hilos de seda roja en una dirección e hilos metálicos dorados en la otra.

Papel lamé

El lamé es una tela hecha con hilos metálicos y otras fibras. En este caso, la otra fibra es nailon, lo que le aporta a la tela un acabado áspero y duro como el de un papel.

Pelo de imitación

Los avances en la producción del pelo de imitación han demostrado lo mucho que puede parecerse al pelo original. Esta tela es ligera y fácil de coser. El pelo de imitación que se muestra en la imagen tiene un reverso de tejido.

Pelo decorativo

La base de polipropileno de esta tela se reblandece a bajas temperaturas y puede dársele forma fácilmente para crear sombreros. También se utiliza para hacer peluches y prendas de moda con diseños originales.

Policloruro de vinilo (PVC)

Este plástico se utiliza como un revestimiento para la tela que hace que esta sea impermeable. Se utiliza para ropa de lluvia, manteles y mochilas.

Polietileno (plástico)

Este material de plástico se utiliza sobre todo para cortinas de ducha. Puede coserse, pero debemos tener cuidado para que no se raje a lo largo de la línea de costura.

Tela con lentejuelas

Esta tela de poliéster y nailon se ha tejido con un hilo de lurex y después se han añadido lentejuelas en la superficie. Realizaremos puntadas rectas entre las lentejuelas si es posible.

Terciopelo panné

El terciopelo panné está elaborado recibiendo presión de modo que es mucho más llano y le aporta un brillo lustroso. Como esta tela está tricotada, debe ser cosida y cortada como una tela elástica y de lanilla.

Velour

Esta tela puede ser tricotada o tejida, es algo gruesa. La tela mostrada tiene un reverso de nailon tejido.

Vinilo

El vinilo es un material termoplástico que puede modelarse con calor. Se le puede dar una textura de escamas, por ejemplo. El plástico es algo rígido y suele utilizarse para bolsos, maletas e incluso zapatos de fantasía.

DERECHA: 1) velour panné; 2) encaje de algodón; 3) organdí; 4) nailon y organza de lurex; 5) pelo de imitación; 6) terciopelo devoré; 7) tela con lentejuelas; 8) polietileno (plástico); 9) jersey metálico estampado; 10) PVC.

1

2

3

4

5

6

8

9

10

Estructura de los tejidos

Las telas elaboradas con fibras naturales han existido desde los tiempos más remotos. A lo largo de los siglos se ha ido creando una gran variedad de paños diferentes, cada uno con unas características propias que los hacen reconocibles de forma instantánea. Algunas labores, como el ganchillo o el punto a mano, exigen mucha dedicación y únicamente permiten la realización de trabajos a pequeña escala o prendas de lujo. Otros métodos de fabricación, sin embargo, se han mecanizado y automatizado para lograr una producción en masa.

Las telas tejidas, tricotadas, de encaje, bordadas y el fieltro son los tejidos más tradicionales y fácilmente reconocibles. La cadeneta, la laminación o los bolillos son otros procedimientos que permiten elaborar un vasto rango de telas.

Telas sin tejer

Estas telas se usan generalmente para elaborar entretelas, rellenos (bateo), prendas desechables o paños de limpieza. No son adecuadas para uso general debido a su poca durabilidad y escasa caída.

Las fibras forman una capa espesa y sin orden llamada «guata», y se mantienen juntas mediante distintos métodos. Pueden fundirse con un adhesivo, agruparse mediante filas de puntos paralelos o tejerse. En este último caso se usan filas de agujas con púas para entremezclar las fibras entre sí, creando un tejido ligero que se utiliza para acolchar.

ARRIBA: 1) fusionado; 2) punto; 3) red; 4) costura de cadeneta; 5) entretejido; 6) fieltro.

ABAJO: Este sombrero de fieltro es una muestra de la versatilidad de este recio tejido.

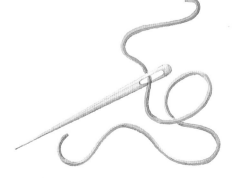

Pasamanería (trenzado)

La pasamanería se crea tradicionalmente tejiendo un gran número de hilos en dirección cruzada para configurar una banda estrecha y entrelazada. La picunela (que se muestra arriba) se realiza siguiendo esta técnica. Otras piezas de pasamanería más gruesas se tejen usando dos grupos de hilos que se cruzan en ángulos rectos.

Ganchillo

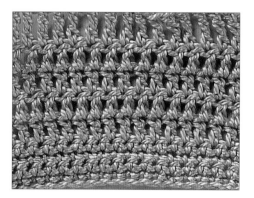

El ganchillo a mano se realiza usando una única aguja de ganchillo y un solo hilo. Se pueden elaborar tejidos densos y de encaje dando a las lazadas distintas combinaciones. El ganchillo en punto de red es una modalidad en la cual se usan puntos densos y de red para configurar un diseño. El fondo es una malla (punto de red) cuadrada y los dibujos se hacen a base de puntadas que van cubriendo, o dejan sin cubrir, los cuadros. El hilo que se utiliza para hacer ganchillo normalmente es liso y está densamente hilado, de forma que el gancho de la aguja lo coge limpiamente. El ganchillo a mano se usaba tradicionalmente para hacer esteras y alfombras, así como bordes de encaje. En la actualidad, su producción se ha mecanizado, y acelerado, por lo que este tipo de prendas se ha hecho muy popular.

Fieltrar

El fieltro se hace normalmente con fibras enredadas a las que se aplica calor, humedad, fricción y presión. Fieltrar no requiere ningún equipo especial. Los tejidos sometidos a este proceso no se deshilachan, pero pierden elasticidad y no recuperan su forma original una vez que se estiran. Los fieltros actuales se hacen enredando fibras sintéticas tales como las acrílicas y el poliéster, usando técnicas de unión de fibras.

Fusionado

Esta es una técnica mediante la cual se pegan dos capas de tejido para incrementar su estabilidad o calidez, o para dotarlas de consistencia frente a las inclemencias del tiempo. El fusionado permite hacer un uso diferente de las telas. Puede fundirse un forro a un tejido antes de cortarlo para reducir el coste de fabricación, o una capa de plástico con una base de tela para crear una protección impermeable. De esta manera se hacen algunas imitaciones del cuero, el PVC y otros vinilos.

Entretejido

Las telas entretejidas se elaboran entrelazando dos series de hilos que forman ángulos rectos entre sí. Los hilos agrupados son más fuertes y se disponen a lo largo del tejido. Los hilos de trama van atravesados. La forma con que estos hilos se entrelazan determina tanto el aspecto como la caída del tejido.

Hay una serie de telas que se distinguen por la forma en que se han tejido, como es el caso de la gabardina, el raso, la sarga (twill) o la popelina. Otras telas tienen un aspecto y un manejo bastante diferentes, incluso aunque estén tejidas de forma similar. Algunas telas decorativas, como la gasa, la tela dobby o el jacquard, se fabrican en telares más complejos. La tela de gasa crea un tejido abierto, de encaje. Por su parte, las telas finamente tejidas como el piqué se elaboran en telares Dobby, mientras que los brocados y damascos se tejen en telares Jacquard.

Tricotado

Algunas prendas de punto se siguen haciendo a mano, pero requieren mucho trabajo y su producción es cara. Las telas tricotadas a máquina se han extendido a medida que la tecnología ha ido ampliando la variedad de hilos que se pueden tricotar a máquina. El tejido de punto de trama es similar al hecho a mano pero solo se trabaja desde un lado, bien en una máquina circular,

para crear un tubo de tejido, o bien en una máquina plana. El punto en urdimbre es ligeramente diferente. Se dispone un juego de hilos de urdimbre paralelos entre sí y se interconectan para crear un tejido tricotado. Los tejidos tricotados son muy elásticos, rasgo que puede acentuarse mediante la introducción de hilos de elastómero.

Tejido de red

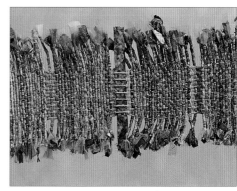

La tela de red es un material muy versátil que permite elaborar productos radicalmente distintos, como redes de pesca o encajes delicados. Existen dos métodos para hacer encaje a mano: de bolillos y con aguja. Para la elaboración de encajes a máquina se utiliza un método similar al del encaje de bolillos, en el que los hilos se agrupan para crear una malla de agujeros. La malla de red hexagonal rígida se hace en una máquina de encaje de lanzadera. La red simple y el tul se confeccionan en una máquina de bolillos. Los encajes de diferentes anchos se realizan con métodos similares en máquinas de encaje con lanzadera.

ARRIBA: Esta chaqueta de fiesta está rematada con un trabajo de pasamanería que realza notablemente su aspecto.

Forro, entretela e hilo

En el campo de la costura, el diseño depende, ante todo, de la calidad y del corte de la tela, que determinan la forma en que esta cubre o cae. En algunas ocasiones es necesario reforzar el tejido con una entretela o un forro. El hilo debe elegirse siempre en función del tipo de tela con que se va a trabajar.

El forro

Aunque normalmente los forros están ocultos, es importante elegir con cuidado estos tejidos interiores. Necesitamos un forro que se adapte a la tela exterior, tanto en la caída como en el color. En la actualidad, se realizan telas de forro para satisfacer cualquier necesidad. Las hay tejidas o tricotadas, y elásticas o no.

En el caso de los forros, también es importante el tipo de fibra con que estén hechos. Es conveniente elegir un forro con una fibra que se complemente con la de la tela exterior. Forros artificiales de satén (*bremsilk*) o un tafetán de acetato combinan mejor con una fibra natural que un tafetán de poliéster. Si la tela puede lavarse, nos aseguraremos de que el forro también es lavable. Finalmente, elegiremos un forro que se comporte de la misma forma que la tela de la prenda y cuya duración sea similar. Las costuras en un forro normal pueden separarse con el uso si el tejido externo es elástico. Si el forro es menos duradero que la tela, acabará gastándose antes.

Normalmente, los diseños de los vestidos tienen patrones específicos para el forro que aclaran cualquier duda que pueda surgir.

ARRIBA: Se ha utilizado un forro con un color en contraste para cubrir el interior de las anchas mangas de esta bata.

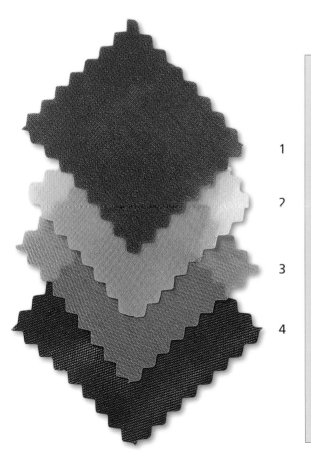

ABAJO: Estos son los forros más clásicos: 1) forro elástico; 2) satén artificial; 3) tafetán de acetato; 4) tafetán de Eton.

1
2
3
4

TEJIDOS PARA FORROS

Forro de maillot de nailon
Es una tela translúcida, ligera y flexible, muy adecuada para telas vaporosas. Tiene un acabado antiestático y puede lavarse a mano.

Forro elástico
Se trata de una tela de acetato con un 4% de lycra, añadida para darle elasticidad. Es muy adecuada para telas de traje, especialmente aquellas que llevan un porcentaje de lycra. Se recomienda el lavado en seco.

Sarga cruzada
Es una tela de forro elaborada con una mezcla de fibras de viscosa y acetato. Es un forro pesado con un tacto suave. Debe lavarse en seco.

Satén
Es un forro de seda artificial ligera hecha con cupro. Es una tela muy suave, que combina bien con las fibras naturales. Puede lavarse a mano o en seco, por lo que es relativamente fácil de cuidar.

Tafetán de acetato
Se trata de un forro de uso general que puede lavarse a mano o en seco. Tiene un peso medio y un tacto fresco.

Tafetán de Eton
Este es un forro antiestático y ligero que puede lavarse hasta los 50 °C o en seco. Está hecho con poliéster 100%.

Entretela

En algunas partes de las prendas de vestir (como el cuello, los puños y las solapas) se suelen colocar entretelas para reforzarlas. La entretela también se emplea sobre superficies más amplias con el fin de fortalecer y dar cuerpo al tejido externo. Los patrones que se comercializan tienen piezas aparte para la entretela que normalmente se corta sin costuras, y se cose o se plancha.

La entretela está disponible en blanco o negro y en tres espesores: ligero, medio y pesado. La elección depende de la tela exterior, de su color y del grado de refuerzo que necesite.

¿Cosida o planchada?

La entretela puede estar o no estar tejida. La entretela que no está tejida no tiene entramado y puede cortarse en cualquier dirección. Siempre que se pueda, debe plancharse el reverso de la entretela en lugar de la superficie exterior.

Las entretelas normales suelen servir únicamente para tejidos de algodón o sintéticos lisos. También existen entretelas ligeramente elásticas y reforzadas para otros tipos de tejidos.

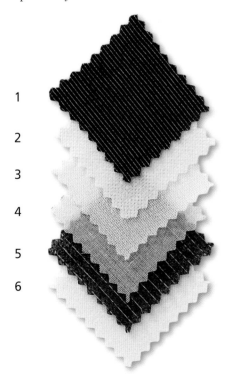

ARRIBA: 1) puntada fusible reforzada; 2) grosor medio; 3) elasticidad ligera; 4) tela tejida; 5) puntada fusible reforzada; 6) fusible de grosor alto.

Hilo

Un hilo de buena calidad es fuerte y elástico, con un espesor uniforme y una superficie suave que dificulta la formación de nudos. Los hilos de baja calidad, que a menudo se venden en bolsas, tienen una textura mullida y se rompen con facilidad. Estos hilos solo sirven para hilvanar.

Para que combine bien, el hilo debe ser del mismo color, o ligeramente más oscuro, que la tela con la que vayamos a trabajar. Colocaremos los hilos sobre la superficie de la tela para escoger el que se adapte mejor. Si la tela tiene varios colores, intentaremos que el hilo haga juego con el tono predominante. Haremos pruebas con varios hilos sobre la tela para escoger el más adecuado. Los hilos se agrupan en un rango amplio de fibras y espesores. Hay que encontrar el hilo que mejor se adapte a nuestra tarea.

Hilo de algodón comercial

Este es un hilo fuerte, suave, con un ligero brillo, para uso general en todo tipo de telas, sean de fibra natural o artificial.

Hilo de costura sintético

Normalmente está hecho de poliéster hilado. Es un hilo muy fuerte y elástico, adecuado para todo tipo de costura. Su uso se recomienda especialmente para fibras sintéticas y con cualquier malla o tela tricotada.

Hilo de hilvanar

Este es un hilo de baja calidad que se utiliza en la costura a mano para realizar puntadas provisionales. Se rompe con facilidad para que las puntadas puedan retirarse rápidamente. Suele estar disponible en blanco o en negro, pero para estos menesteres se puede usar cualquier hilo de color de baja calidad. Debemos evitar utilizar hilos oscuros en telas claras y viceversa.

Hilo de lino

El de lino es un hilo muy fuerte que se usa para coser botones. Conviene pasar el hilo por un rodete de cera de abeja antes de usarlo.

Hilo de seda

Se trata de un hilo suave, satinado y lujoso, elaborado para coser prendas realizadas en seda y lana. Posee múltiples cualidades y es muy duradero. El hilo de seda es ideal para la costura a mano delicada; también se usa para la elaboración de bordados debido al brillo que ofrece, ideal para labores especiales.

Hilo «fuerte»

El llamado hilo fuerte se usa para tejidos recios, donde las costuras pueden sufrir roces, en prendas tales como abrigos y trajes, o para fijar adornos y que nunca se caigan. También se emplea para dar puntadas decorativas y realizar edredones. El hilo para ojales es un tipo de hilo fuerte con un trenzado característico, que se utiliza para hacer ojales a mano.

Lograr los mejores resultados

Si la prenda que hemos elaborado no resiste muy bien la comparación con el modelo expuesto en la tienda, puede deberse a la elección de la tela o a la forma en que hemos trabajado con ella. Con la gran variedad de tejidos exquisitos que existe en el mercado no hay razón alguna para que el término «de fabricación propia» sea sinónimo de barato o de segunda categoría. El personal en la mayoría de las tiendas de telas estará encantado de poner a nuestra disposición sus conocimientos y ayudarnos a elegir la mejor tela para un determinado patrón.

Preparando la tela

Si elegimos una tela con un diseño grande, será necesario disponer el patrón con mucho cuidado antes de cortar. Los tejidos con estampaciones a cuadros o rayas quedan mejor si se emplean para realizar diseños sencillos y sin complicaciones. Los cuadros grandes y las rayas pueden recargar el resultado final, por lo que debemos elegir los patrones con cuidado.

En algunos libros de patrones se adjunta, en determinados diseños, el aviso «inadecuados para rayas o tartanes», porque probablemente tienen costuras complicadas que hacen prácticamente imposible que los dibujos coincidan. Como regla general, buscaremos patrones en papel que muestren cómo se hace una prenda en una tela parecida a la que estamos pensando utilizar. Esto nos debería garantizar el éxito.

Una vez que hemos elegido la tela y el patrón adecuados para nuestro proyecto, siempre surge la tentación de ponernos a cortarla inmediatamente; sin embargo, es conveniente moderar nuestro entusiasmo. Si invertimos un tiempo en revisar y preparar la tela antes de empezar, evitaremos cometer errores graves.

Antes de emprender cualquier proyecto de costura es fundamental extender bien la tela. Cuando esta viene enrollada de fábrica, cabe la posibilidad de que se haya dado de sí y deformado, lo cual no se aprecia hasta que hemos empezado a coser. Algunos problemas muy molestos (los patrones no cuadran, las cubiertas de los cojines no quedan cuadradas, las cortinas no cuelgan derechas, la tela no cubre correctamente) se deben a que el tejido se ha deformado ligeramente.

Por lo tanto, siempre es una buena idea comprobar si la tela está deformada antes de empezar nuestro proyecto de costura. Lo podemos hacer doblando la tela por la mitad, longitudinalmente, y juntando los orillos para ver si los extremos de la pieza coinciden.

Con frecuencia, tendremos que extender los extremos antes de que podamos comprobar si la trama cuadra, rasgando la tela o tirando de un hilo. A veces, no es evidente que la tela no está «cuadrada» porque el dependiente usó el rollo como guía para cortar el tejido; esto puede hacer que el extremo parezca recto. En definitiva,

es necesario hacer siempre este tipo de comprobaciones. Lleva poco tiempo y nos asegurará unos buenos resultados.

Enderezar los extremos de la tela

Si la tela tiene un dibujo o estampado sencillo (a cuadros, por ejemplo), puede practicarse un corte recto con facilidad, pero lo más probable es que tengamos que rasgar o cortar siguiendo un hilo para asegurarnos de que lo hacemos en línea recta.

Rasgar es la forma más rápida de enderezar el extremo de una tela, pero esto solo puede hacerse con tejidos lisos como la popelina o el percal. Probaremos con un trozo de tela para asegurarnos de que al rasgar no se estropean varios centímetros por cada lado o que el rasgado adopta un ángulo recto. La forma más segura de enderezar el extremo es tirando de un hilo. Lleva tiempo, pero merece la pena.

1 Analizamos cuidadosamente el entramado del tejido y recortamos en el extremo, junto al primer hilo perpendicular. Tiramos de uno de los hilos hasta que la tela se frunza.

2 Llevamos el fruncido a lo largo del hilo tan lejos como se pueda y después cortamos a lo largo de esta línea. Continuamos este proceso hasta que hayamos cortado toda la tela.

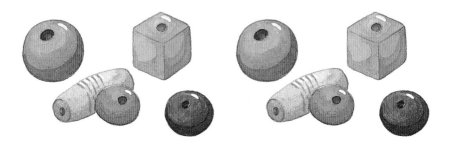

Enderezar el entramado

Una vez que los bordes de la tela se han cortado rectos, podremos comprobar si el tejido está cuadrado. Hay dos maneras de hacerlo: podemos colocar el tejido en una superficie plana o doblarlo por la mitad longitudinalmente juntando los orillos. En ambos casos las esquinas deberían coincidir exactamente. Si no es así, será necesario enderezar la tela antes de empezar a cortar y coser. En el caso de que el desajuste sea ligero, podemos plancharla con vapor.

Otra opción es tirar de la tela descuadrada para que adopte la forma debida. Esto puede llegar a ser complicado; si el trozo de tela es grande, quizá necesitemos la ayuda de alguien para tirar del extremo opuesto. Este paso es fundamental porque afectará a la caída de la prenda; por consiguiente, no debe vencernos la tentación de ahorrárnoslo.

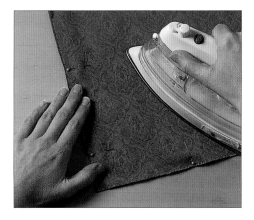

1 Doblamos la tela por la mitad longitudinalmente, con los orillos juntos. Fijamos los extremos con alfileres. Sobre la tabla de planchar, distribuimos los alfileres cada 13 cm a lo largo del orillo. Planchamos la tela desde el borde hacia el interior hasta que esté completamente lisa, evitando planchar el pliegue central. Dejamos que la tela se enfríe antes de retirar los alfileres.

2 En el caso de que tiremos de la tela para que recupere su forma, sujetamos firmemente por cada uno de sus lados más estrechos y tiramos con firmeza, empezando cerca de la esquina y hacia fuera. Vamos desplazando las manos a lo largo de cada borde y seguimos tirando firmemente hasta llegar a las esquinas siguientes. Esta operación es más sencilla si la hacen dos personas tirando de esquinas opuestas. Comprobamos si las esquinas se han ajustado y planchamos como en el punto 1.

COMPROBAR DEFECTOS

Una vez que la tela está lista para cortar, es necesario extenderla con el anverso a la vista y examinarla cuidadosamente para comprobar si tiene defectos o fallos.

- Los defectos suelen producirse durante el proceso de fabricación y pueden no ser evidentes por el revés de la tela. A veces un hilo se rompe durante el proceso de tejido o tricotado creando un punto débil o un nudo. Por otro lado, el estampado puede no ser perfecto o tener marcas de suciedad.

- Si tenemos suficiente tela, podremos arreglarnos. De no ser así, tendremos que devolver la tela a la tienda o comprar más tela.

- Algunas telas, especialmente las de colores pálidos y las sintéticas, pueden ensuciarse bastante a lo largo de las líneas de pliegue, al estar expuestas en la tienda; será necesario lavarlas antes de trabajar con ellas.

PRELAVAR LA TELA

Las fibras naturales y artificiales suelen encoger cuando se lavan o limpian en seco, a menos que el fabricante las haya sometido a un prelavado. Aunque una merma del 3% pueda parecernos algo baladí, es necesario tener en cuenta que esto puede suponer que unas cortinas pierdan entre 5 y 7 cm de longitud después de lavarlas.

- También pueden surgir problemas en la confección de vestidos cuando las entretelas no encogen en la misma proporción que la tela externa, provocando que los cuellos y puños se frunzan. Los fabricantes de edredones recurren a este efecto de fruncido para elaborar edredones de patchwork con un aire antiguo: lavan la pieza en agua caliente después de haberla cosido para que encoja el algodón del guateado.

- Podemos encoger el algodón y otras telas lavables metiéndolas en la lavadora sin jabón o sumergiéndolas en una bañera con agua caliente. Doblamos la tela para que quepa y la dejamos sumergida en el agua durante una hora. Después, la sacamos y la enrollamos para quitar el exceso de agua antes de colgarla por los bordes. Mantenemos la forma de la tela colocando pinzas espaciadas regularmente, y luego planchamos por el revés cuando la pieza aún esté húmeda.

- Los tejidos de lana deben tratarse con el cuidado más exquisito y, a ser posible, encogerse en la tintorería (en seco). De no ser así, enderezamos los extremos de la tela y la doblamos por la mitad. Colocamos la tela doblada en el centro de una sábana húmeda, doblamos los extremos de la sábana sobre la tela de lana y enrollamos cuidadosamente, manteniendo la sábana siempre por fuera. Dejamos la tela envuelta en la sábana durante toda la noche y después la planchamos suavemente con vapor de plancha.

Cuidado y lavado de las telas

Los científicos están investigando constantemente la forma de elaborar tejidos que repelan la suciedad o se mantengan limpios durante más tiempo pero, hasta que lo consigan, la colada será un aspecto importante en nuestra vida. Una familia tipo dedica alrededor de 12 horas a la semana a lavar, planchar y guardar las prendas que usan. El lavado, al tiempo que preserva la tela eliminando la suciedad, también provoca el deterioro progresivo de los tejidos, y las prendas, inevitablemente, terminan encogiéndose y perdiendo color. Para amortiguar y retrasar en lo posible este tipo de problemas, todas las prendas llevan etiquetas en las que se indica el tipo de tela con que están hechas y se da información sobre cómo tratarlas en el lavado y planchado.

El sistema actual de etiquetado se basa en cinco símbolos: una pila de lavado, una plancha, un círculo inscrito en un cuadrado (secadora), un círculo (limpieza en seco) y un triángulo (lejía). Estos cinco símbolos se combinan en las etiquetas para describir exactamente cómo limpiar, planchar o secar una prenda.

Antes de lavar, ordenaremos la ropa según su color, manteniendo la ropa blanca separada, ya que incluso las prendas que tienen un color pálido o neutro acabarán por transferirle un tono gris.

En Estados Unidos, se incluyen en las etiquetas las instrucciones para el cuidado de la ropa.

Interpretar los símbolos del cuidado de la ropa

 El número en el interior de la pila de lavado indica la temperatura máxima recomendada, en grados centígrados, que se puede usar en un ciclo normal de lavado.

 Una barra bajo el símbolo de la pila de lavado aconseja un lavado más suave. Este símbolo se usa en telas sintéticas.

 Dos barras bajo el símbolo de la pila de lavado indican que se debería usar el ciclo delicado o el específico para lanas.

 Este símbolo se usa para prendas que solo se pueden lavar a mano. La etiqueta dará más detalles sobre temperatura, secado y plancha.

 Una pila de lavado tachada indica que la prenda solo se debe limpiar en seco. Va acompañada por otros símbolos que dan información sobre el proceso de limpieza en seco.

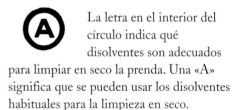 La letra en el interior del círculo indica qué disolventes son adecuados para limpiar en seco la prenda. Una «A» significa que se pueden usar los disolventes habituales para la limpieza en seco.

 Una «P» indica que solo ciertos disolventes son adecuados. Los profesionales de la tintorería tienen actualmente limitado a cuatro el número de disolventes adecuados para estas prendas.

 Una barra debajo de un círculo indica que la prenda es sensible a algunos procesos de limpieza en seco y debe lavarse en condiciones muy concretas.

 Un círculo tachado indica que una prenda no es adecuada para su limpieza en seco.

 Un círculo inscrito en un cuadrado informa que la prenda se puede meter en la secadora.

 Un único punto en el interior del símbolo de secadora significa que la prenda debe secarse con el selector a temperatura baja.

 Dos puntos en el interior del símbolo de la secadora indican que la prenda puede secarse con el selector a temperatura alta.

 Un símbolo de secadora tachado anuncia que la prenda no se debe secar en la secadora. Este símbolo normalmente está acompañado de instrucciones adicionales como la de secar extendido.

 Una camiseta dentro de un cuadrado indica que la prenda debería secarse extendida y alejada de una fuente de calor directo. Se utiliza para prendas que pueden deformarse fácilmente.

La plancha con un punto se usa para telas sintéticas que se funden a bajas temperaturas. Aconseja poner la plancha a temperatura mínima.

ARRIBA: Las fibras de lana se apelmazan y adoptan la consistencia del fieltro si se tratan con poco cuidado o se lavan con agua caliente.

Dos puntos en el interior de una plancha aconsejan situar el selector a temperatura media. Este símbolo se usa para lana, seda y algunas mezclas de fibras sintéticas.

Tres puntos aconsejan seleccionar la temperatura máxima de planchado. Este símbolo aparece en prendas de algodón, lino y fibras sintéticas como la viscosa.

Una plancha tachada significa que la prenda no se debe planchar: la tela tiene un acabado especial o pedrería que se dañaría si se plancha.

Un triángulo tachado indica que no se debe usar lejía clorada.

El símbolo triangular se encuentra únicamente en prendas de importación. Se refiere exclusivamente al uso específico de lejía clorada y no a los agentes blanqueadores que incluyen la mayoría de los detergentes de uso general.

Terminología sobre telas

El éxito de nuestro trabajo depende de que doblemos correctamente y coloquemos de forma precisa las piezas del patrón. Es importante, por lo tanto, familiarizarnos con los términos que se utilizan habitualmente en los patrones comerciales. Algunas telas se tratan de forma muy distinta si se cortan a lo ancho (a contrahílo) y los diseños o motivos pueden adoptar una posición incorrecta. La mayor parte de los tejidos se cortan doblados por el derecho, juntando los orillos, y pueden plegarse tanto a lo largo como a lo ancho. Los diseños con materiales tipo napa o terciopelo, por sus características (dirección de los pelillos), deben doblarse a lo largo o no doblarse en absoluto.

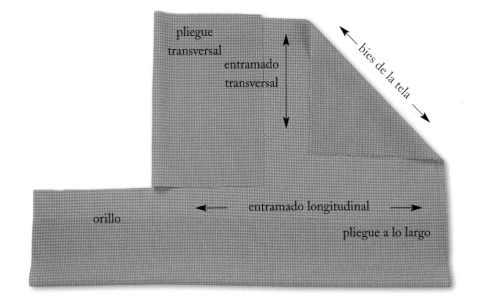

Bies

El bies es cualquier línea diagonal que atraviesa una tela tejida. El corte al bies es más elástico que el corte a lo largo de la trama; el máximo de elasticidad se alcanza siguiendo el bies de la tela. Esto ocurre cuando el borde del corte en un lado se dobla para ir paralelo a la trama a lo ancho (cortar al bies). Los patrones cortados al bies tienen una caída preciosa. Los bieses (cintas con sesgo) se usan para unir o ribetear bordes curvados.

Pliegues

Normalmente, la tela que se vende está enrollada. En anchos pequeños la tela es lisa con orillos a cada lado, pero es más frecuente que la tela venga doblada por su centro, a lo largo y con los orillos superpuestos. Este pliegue se usa para centrar las costuras frontales y debería coincidir con el centro de un patrón grande. Los pliegues transversales se usan cuando se cortan piezas grandes del patrón.

Entramado

Las telas tejidas se elaboran con dos conjuntos de hilos. Los hilos atravesados, o trama, se sitúan por encima y por debajo de los hilos de la urdimbre, más recios, que están dispuestos a lo largo de la tela. El entramado es la dirección en la que estos hilos están tejidos. Los hilos de urdimbre que corren paralelos a los orillos definen el entramado longitudinal. Cuando los hilos de trama discurren perpendiculares a los orillos, definen el entramado transversal.

Orillo

El orillo es la banda estrecha y lisa que corre a lo largo de la tela en sus extremos laterales. Los hilos son fuertes y están firmemente tejidos, y proporcionan un borde bien acabado y recto, ideal para las costuras centrales de la espalda o para aplicar la cremallera en fundas de cojines. En algunas telas, como las tricotadas, el orillo suele ser irregular y es mejor recortarlo.

Cortar patrones en papel

Los patrones comerciales incluyen normalmente una guía de corte, cuidadosamente elaborada, que nos indica cómo doblar la tela y colocar las piezas del patrón. Cometeríamos un error si cambiásemos la disposición. Si no hay un plan de corte, las siguientes instrucciones nos serán útiles.

Normalmente, las telas están plegadas a lo largo, con los bordes del derecho juntos. Esto facilita las tareas de marcar la tela sobre el revés y coser las piezas rápidamente.

La línea de trama longitudinal es la referencia más importante en la pieza del patrón. Esta línea sigue la trama longitudinal de la tela y transcurre paralela a los orillos. Si la línea de la trama no está ubicada correctamente, la prenda no caerá recta y el resultado será nefasto. Por lo tanto, hemos de comprobarlo cuidadosamente, incluso después de haber cogido con alfileres el patrón a la tela.

1 Colocamos el patrón longitudinalmente sobre la tela. Medimos una misma distancia a los orillos desde cada extremo del patrón y colocamos un alfiler en las partes superior e inferior.

2 Sujetamos muy bien con alfileres a lo largo de los bordes cada 7,5-10 cm para asegurar firmemente el patrón a la tela. Revisamos la disposición de los alfileres antes de cortar.

Los márgenes de costura

Es importante comprobar si los márgenes de costura están incluidos en las piezas del patrón o si deben añadirse. Si hiciera falta, usaremos tiza de sastre y una regla para añadir 15 mm extra para el margen de costura por todos los costados, salvo en las líneas de pliegue.

1 Colocamos estas piezas del patrón de forma que la línea de pliegue se sitúe exactamente a lo largo del pliegue central de la tela. Ponemos alfileres a lo largo del pliegue cada 7,5-10 cm y, a continuación, a lo largo de todos los bordes.

CONSEJOS PARA CORTAR UN PATRÓN

- Seleccionamos una guía de corte que coincida con el ancho, el tipo de tela y la talla del patrón. Dibujamos un círculo alrededor de la guía de corte que vamos a usar.
- Sujetamos con alfileres todas las piezas del patrón a la tela antes de empezar a cortar.
- Comprobamos que las líneas de la trama longitudinal son paralelas a los orillos y que las líneas de pliegue coinciden con el pliegue.
- Nos aseguramos de que cualquier modificación en las piezas del patrón principal se han trasladado a las piezas correspondientes, como los frentes (guarniciones).
- Cortamos las piezas del patrón con la cara impresa hacia arriba, a menos que se especifique otra cosa. Esta parte aparece sombreada en la guía de corte.

- Cuando una pieza del patrón tenga que repetirse, dibujamos el borde del patrón con tiza de sastre, marcando las muescas, y luego lo ubicamos en el lugar que corresponda.
- A veces una pieza del patrón de «corte 1» sobresale de la tela en una guía de corte. En este caso, cortamos las otras piezas antes y abrimos la tela con el derecho hacia arriba. Sujetamos con alfileres usando el pliegue central como guía para la trama longitudinal.
- Manteniendo la mano abierta sobre la pieza del patrón, cortamos la tela con unas tijeras grandes dando cortes largos y uniformes. Si fuese necesario, es mejor que nos movamos nosotros alrededor de la mesa en lugar de desplazar la tela, manteniendo la mano apoyada sobre ella todo el tiempo para evitar que se mueva.

Lidiando con telas unidireccionales

Muchas telas lisas o estampadas se pueden cortar fácilmente sin hacer demasiados cálculos sobre cómo quedarán dispuestas las piezas del patrón. Por el contrario, los tejidos en los que la dirección es importante tienen una superficie con textura o un patrón cuya disposición con respecto a los pliegues, la colocación y el corte deben estudiarse cuidadosamente.

Las telas como el terciopelo, el devoré, la ratina o la pana tienen pelo y solo se pueden cortar en una dirección. Hemos de sujetar la tela longitudinalmente apoyándola contra nuestro cuerpo y desplazar la mano por su superficie para determinar la dirección del pelo. El tacto debe ser suave cuando acariciemos la tela con la mano hacia arriba. Los patrones para vestidos y cortinas se cortan, normalmente, con el pelo hacia arriba para que el color sea más intenso, aunque también se pueden cortar siguiendo la dirección contraria para obtener un efecto más pálido. Decidamos lo que decidamos, es importante asegurarnos de que seguimos siempre el mismo criterio para toda la prenda.

También debemos seguir el mismo proceder para estampados con una sola dirección o para tejidos teñidos tales como el «ombré», cuya tonalidad se conforma disponiendo todas las piezas del patrón en la misma dirección. Estas telas se conocen como unidireccionales o «con pelo»; en este grupo también se incluyen el raso y el brocado. Deben de tratarse como unidireccionales por la forma en que la luz se refleja sobre su superficie.

La guía de corte tendrá una distribución del patrón que permita usarlo en telas «con

Abajo: Las prendas de diario y los cuadrados y franjas corrientes se han cortado y distribuido formando un edredón de patchwork muy original.

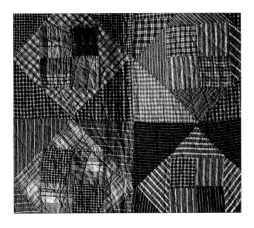

pelo», si el diseño lo permite. Doblaremos la tela longitudinalmente con los bordes del derecho juntos, ofreciendo una superficie suave sobre la que fijar el patrón con alfileres. No se debe doblar la tela transversalmente antes de cortarla porque el patrón o pelo de la capa inferior quedará en la dirección opuesta a la de la capa superior. Si nuestro patrón es demasiado ancho para realizar un pliegue longitudinal, cortaremos la tela por la mitad a lo ancho y rotaremos la pieza superior hasta que ambas capas queden alineadas en la misma dirección.

Telas estampadas

Es muy probable que en alguna ocasión nos animemos a emplear una tela estampada para uno de nuestros proyectos de costura. Los estampados con motivos pequeños y repartidos al azar pueden cortarse igual que una tela lisa, pero en el caso de los estampados grandes o las telas a cuadros y con rayas es necesario estudiarlos en profundidad y distribuir los patrones cuidadosamente antes de cortar. La correcta posición de un motivo llamativo y de gran tamaño en una prenda es un factor crucial para obtener un buen acabado.

No es fácil perfilar los diseños de los bordes situados a lo largo de los dobladillos

Arriba: El terciopelo tiene el pelo en una determinada dirección y su manejo exige un cuidado especial.

de las prendas y cortinas porque es necesario calcular la longitud exacta antes de cortar. Marcamos la línea del dobladillo sobre el patrón dejando margen para las vueltas y colocamos el patrón justo encima de la línea.

En los patrones para vestidos o cojines, lo habitual es que los motivos grandes y llamativos estén situados en el centro. Nos facilitará la labor cortar todas las piezas del patrón en papel de calco antes de empezar. Trabajamos con la tela extendida en una sola capa y con el derecho hacia arriba, y colocamos, por ejemplo, la pieza del patrón con la figura frontal centrada sobre el diseño. Cortamos otras piezas del patrón de forma que el diseño quede al mismo nivel sobre la prenda.

Las fundas de tapicería o las cortinas también tendrán un mal aspecto si no se colocan correctamente los motivos grandes. Por esta razón, debemos calcular con antelación la posición del corte, dando un margen extra de tela para que coincidan las costuras y el motivo principal esté bien ubicado.

Cuadros y rayas

Esta clase de motivos se realizan distribuyendo franjas horizontales y verticales a lo largo del tejido para formar un patrón repetitivo. Este patrón puede ser más o menos uniforme dependiendo de la distribución de las franjas. Dado que las líneas gruesas de un diseño a base de cuadrados deben coincidir horizontal y verticalmente en la prenda o la funda una vez acabadas, es fundamental probar estas telas antes de cortarlas porque algunas que en apariencia son iguales realmente no lo son.

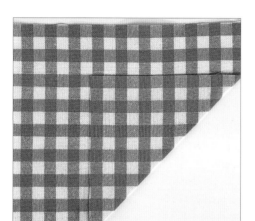

1 Doblamos una esquina del tejido de forma que el pliegue quede centrado sobre los cuadrados del diseño. En un diseño uniforme la anchura de las rayas y los colores coincidirán en ambas direcciones.

2 Este diseño de cuadros es uniforme en apariencia, pero cuando se dobla sobre la diagonal puede apreciarse claramente que las líneas horizontales tienen un tono más vivo que las verticales.

3 En un diseño irregular la anchura de las líneas y los colores pueden coincidir al doblarse vertical u horizontalmente, pero no ocurrirá lo mismo si se doblan en diagonal.

IZQUIERDA: Las telas estampadas a rayas combinan bien con diseños sencillos; por eso se las suele asociar especialmente con el mobiliario de estilo rural.

Cortar telas a cuadros

Normalmente, las telas con cuadros uniformes pueden cortarse con una disposición similar a la de los tejidos «sin pelo». Tendremos que extender la tela y volver a doblarla sobre la línea principal de los cuadros.

1 Colocamos alfileres a lo largo del pliegue. Trabajamos desde la línea central sujeta con alfileres a lo largo de cada línea principal, asegurándonos de que ambas capas coinciden exactamente.

2 Disponemos las piezas del patrón de forma que la línea central frontal y la línea de la costura de la espalda se sitúen exactamente sobre la línea principal. Desplazamos las piezas del patrón hacia arriba o hacia abajo a lo largo de esta línea hasta que las muescas del patrón coincidan a lo largo de la prenda.

3 Cuando hagamos prendas con motivos en el frente, debemos asegurarnos que las muescas coincidan con la pieza correspondiente del patrón. Las mangas se colocarán con la línea principal del motivo corriendo a lo largo del centro de la pieza del patrón y haciendo que coincidan la muesca situada en el centro de la cabecera de la manga con la muesca de la sisa de la blusa o camisa.

Cortar cuadrados no uniformes

Cortar telas con cuadrados no uniformes no es precisamente la tarea más adecuada para un principiante, por lo que se recomienda elegir patrones sencillos con objeto de reducir el número de coincidencias necesarias. Las líneas de costura cortadas en ángulo deberían tener líneas confluentes, tal y como se muestra en la fotografía. La clave para cortar un patrón es similar a la utilizada para los cuadrados uniformes, pero, dado que los cuadrados pueden coincidir solo en una dirección, recurriremos a una distribución similar a la usada para las telas «con pelo». Puede ser más sencillo abrir la tela y cortarla con un espesor sencillo, asegurándonos de que volvemos el patrón del revés para cortar por el lado opuesto. Sujetaremos cuidadosamente la costura con alfileres e hilvanaremos, si es necesario, antes de coser para asegurar una correspondencia exacta y limpia.

Cortar telas a rayas

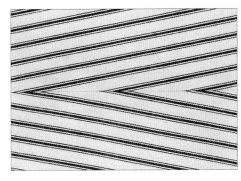

Las telas a rayas son más fáciles de acoplar que las estampadas a cuadros porque las líneas solo van en una dirección. Las telas con líneas horizontales pueden cortarse con más precisión si se sujetan con alfileres a intervalos regulares. En primer lugar, es necesario determinar la longitud de la prenda y colocar la línea del dobladillo ajustándola a la raya principal. El patrón puede entonces hacerse coincidir a lo largo de su recorrido colocando las muescas correspondientes sobre la misma franja. Igualmente, las partes opuestas deben coincidir con la pieza principal del patrón. Debemos colocar las mangas de forma que la muesca del centro de la cabecera de la manga esté en la misma franja que la muesca de la sisa. Si las bandas horizontales no están colocadas uniformemente, el corte debe hacerse de la misma forma que para las telas «con pelo».

ARRIBA: La seda con rayas tiene un aspecto formal, especialmente si se usan piezas grandes para decorar la casa.

DERECHA: Los motivos de cuadros grandes y pequeños estampados sobre fibras naturales se irán decolorando con el paso del tiempo.

Telas que requieren un tratamiento especial

Aunque es mucho más fácil coser una tela lisa de algodón que un terciopelo tricotado, nuestros proyectos caerán en la monotonía si no intentamos usar algunas de las telas menos habituales, como el encaje, el cuero, la piel sintética o cualquiera de las telas transparentes. Hoy en día disponemos de tejidos preciosos que permiten convertir un diseño sencillo en una realización excepcional y única.

Encaje

El encaje o los tejidos de encaje son excepcionales por su construcción abierta y suelta. Pueden utilizarse en toda la prenda o solo en una parte, sea esta el corpiño, las mangas o la falda. El encaje normalmente se forra cuando se usa para el corpiño o la falda y se dispone tal cual en las mangas. Los vestidos de encaje suelen ser objetos de lujo, ya que requieren una limpieza y un cuidado especiales. En muchos casos, son prendas exclusivas

El encaje combina bien con una serie de telas, como el terciopelo, el crespón, el raso y el tafetán. Elegiremos un patrón que haga juego con una tela principal de líneas simples para resaltar el encaje al máximo, ya que él es el protagonista de la prenda. Cuando combinemos un encaje con otras telas, debemos asegurarnos de que ambos tejidos requieren cuidados de limpieza similares.

El encaje es distinto según sea tejido o tricotado y está reforzado con una fina malla. Puede cortarse en cualquier dirección. Hemos de observar los motivos y los patrones que forma el encaje para decidir si podemos utilizarlo como un borde o dobladillo de la prenda. El encaje no se deshilacha y puede cortarse silueteando los motivos para crear bordes realmente atractivos.

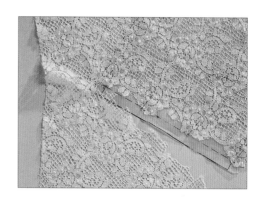

1 Colocamos la línea de costura del patrón a lo largo de la base de los motivos del encaje. Este puede recortarse limpiamente a lo largo de esta línea y luego cortarse de forma normal para las otras costuras.

Telas transparentes y de raso

Tejidos como la muselina, el voile, el georgette, la organza y la batista son transparentes, pero se tratan de forma bastante diferente. Los tejidos transparentes rígidos, como la organza, son muy fáciles de cortar y coser; otros, más suaves, como es el caso del georgette, son resbaladizos y exigen un mayor cuidado en su confección. Los tejidos transparentes se pueden coser en múltiples capas para producir un efecto «muaré», pero es necesario acoplarles un forro en ciertas zonas para restarles algo de transparencia. Los tejidos de raso se tratan de forma similar a los transparentes suaves a la hora de coserlos. Conviene usar dobladillos estrechos y enrollados y recurrir a métodos de sujeción que reduzcan al mínimo el uso de costura a máquina por el derecho, como las presillas y cremalleras con punto invisible o de pinchazo.

Las telas transparentes blandas y el raso son muy difíciles de coser, pues tienden a moverse y deslizarse y pueden engancharse cuando se están cosiendo. Lo más recomendable es utilizar una aguja nueva y de punta redondeada porque se desliza entre los hilos sin dividirlos, lo que facilita mucho el trabajo.

Arriba: El raso tiene una apariencia suave y satinada, y un tacto delicado, ideal para la lencería.

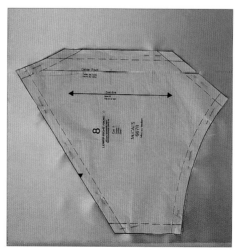

1 El raso y las telas transparentes pueden marcarse con alfileres, que deberemos colocar en el margen de las costuras.

2 Para coser las costuras en telas transparentes colocamos la tela entre dos papeles de seda, que luego retiraremos.

Telas de piel

Las telas que imitan la piel deben tratarse como telas de pelo (unidireccionales). Las piezas del patrón se sujetan con alfileres con el pelo yendo en la misma dirección. Cuando se cortan telas de pelo largo, hay que usar unas tijeras pequeñas con punta para recortar la tela dejando el pelo intacto.

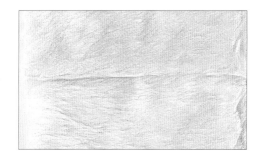

1 Haremos una costura y luego sacaremos los pelos largos de la misma con una aguja grande sin punta desde el derecho para que sea casi invisible. El exceso de piel puede recortarse en la parte interior para reducir el volumen de la costura y que no se note ni se marque, lo que estropearía innecesariamente la prenda.

Cuero y plástico

Las telas de cuero, ante y plástico, tales como el vinilo, el PVC, las imitaciones del cuero y el plástico de polietileno de las cortinas para ducha, se pueden trabajar en una máquina de coser doméstica. Elegiremos estilos sencillos con pocas líneas de costura, evitando las costuras que deban retirarse más tarde. Es importante asegurarnos de que no usamos alfileres fuera de los márgenes de las costuras. La cinta adhesiva o los clips son buenas alternativas. Utilizaremos también la cinta adhesiva para fijar las piezas del patrón y ambos útiles para las costuras.

ABAJO: Las costuras en cuero pueden planchare por el revés usando una plancha, sin vapor, a media potencia.

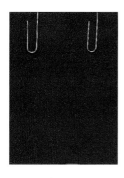  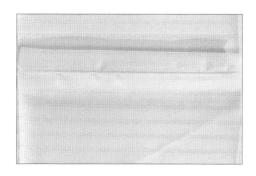

1 Se pueden emplear clips o cinta de carrocero para sujetar materiales de cuero o plástico en lugar de alfileres.

2 Conviene coser con puntadas largas, ya que las cortas se desgarran más fácilmente; el plástico, especialmente, se abrirá a lo largo de la línea de costura como si fuese

papel perforado. Nos aseguraremos de que las costuras se cosen bien la primera vez.

3 Si las costuras se cosen en el lugar equivocado, en plástico o cuero se pueden ocultar, pero no eliminar. Las puntadas anteriores dejarán un feo rastro de agujeros en el derecho.

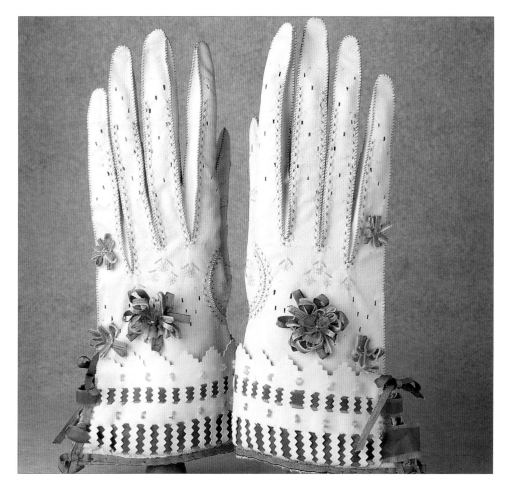

4 Para que nos resulte más fácil coser cuero o plástico podemos usar un prensatelas de rodillo o colocar tiras de papel de seda a ambos lados de las costuras para facilitar que la aguja se deslice mejor.

Marcar la tela

Las piezas impresas de los patrones incluyen información que debe transferirse a la tela antes de empezar a coser. La posición de las pinzas, las líneas centrales del frente y de la espalda, los ojales y las aberturas de las costuras son las más corrientes, pero cada símbolo y línea que transfiramos nos facilitará la costura.

Hilvanes de sastre

Los hilvanes de sastre son hilos que sirven para marcar puntos como, por ejemplo, los extremos de las pinzas. El símbolo para el hilván de sastre es un punto sobre el patrón. Son adecuados para muchas telas. Usaremos un color diferente para los puntos grandes y los pequeños sobre el patrón y utilizaremos un hilo doble largo sin anudar en ningún caso extremo.

1 Hacemos una puntada a través del patrón y la tela. Dejamos una hebra larga, sin anudar. Damos una segunda puntada encima de la primera, tirando del hilo hasta formar un bucle.

2 Para ahorrar tiempo, cosemos los hilvanes de sastre en grupo, dejando una hebra larga entre cada uno. Damos un corte en el centro del bucle y en las hebras entre los hilvanes.

3 Separamos las dos capas de tela y cortamos los hilos entre las capas, dejando penachos cortos en cada paño. Manejamos las piezas del patrón con cuidado para evitar que los penachos se desprendan.

Papel de calco y rueda de trazado

Se emplean para marcar por el revés de telas fuertes y densas, tales como el PVC, el plástico y el cuero. Utilizamos una rueda lisa para una línea continua.

El papel carbón para sastrería se puede encontrar en varios colores. Conviene elegir uno que se vea sobre la tela pero sin que haga contraste. Probamos el papel carbón sobre un retal de desecho de la tela y planchamos o lavamos a mano para asegurarnos de que las marcas desaparecen.

1 Con el patrón colocado en su sitio, intercalamos una hoja de papel carbón a ambos lados de la tela doblada con la cara coloreada enfrentada al revés de la tela.

2 Pasamos la rueda a lo largo de las líneas a transferir, presionando con la fuerza suficiente para producir una línea ligera sobre ambas piezas de tela. Si hace falta, utilizaremos una regla para mantener la línea recta. Marcamos los puntos y otros símbolos con líneas cortas o aspas.

Tiza de sastre y alfileres

La tiza de sastre se usa generalmente para marcar alrededor de las piezas del patrón antes de cortarlas o para hacer marcas de última hora sobre telas de tacto suave. Puede borrarse con facilidad, por lo que deberemos hilvanar a lo largo de las líneas dibujadas para hacer una marca más permanente.

1 Pasamos un alfiler a través del patrón y ambas capas de tela por cada punto a marcar.

2 Retiramos el papel de seda dejando los alfileres sobre la tela y marcamos con tiza las posiciones de los alfileres, uniéndolos si hiciera falta.

Marcar con alfileres e hilvanar

Estas técnicas son procedimientos rápidos para unir o marcar piezas de tela provisionalmente. Para realizarlas sirve cualquier hilo que contraste con la tela, pero hay que evitar usar colores oscuros sobre tela blanca, o viceversa, puesto que algunas fibras permanecerán en los orificios y dejarán una marca de color. Utilizamos una aguja larga y cortamos un trozo de hilo suficientemente largo para coser todo el hilván de una vez y lo aseguramos con un nudo o un pespunte suelto que pueda deshacerse fácilmente.

Marcar con alfileres para coser a mano

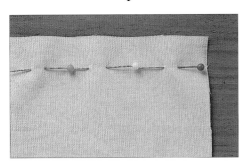

Colocamos alfileres por la línea de costura antes de hilvanar, ubicándolos en la misma dirección en que vayamos a coser para evitar pincharnos el dedo; los iremos retirando a medida que llegamos a ellos. Podemos usar tantos alfileres como nos hagan falta para mantener las telas juntas. Necesitamos más si el borde es curvo o de unión.

Usar alfileres para coser a máquina

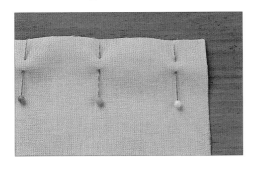

Si queremos coser a máquina sin hilvanar, tenemos que colocar los alfileres perpendiculares a la línea de costura. Cosemos despacio sobre los alfileres y así la aguja se deslizará sobre ellos sin doblarse. También colocamos los alfileres perpendiculares a la línea de costura cuando unamos telas antes de hilvanar. Prendemos los alfileres de arriba abajo o de abajo arriba en función de si somos zurdos o diestros, para poder sacarlos fácilmente cuando hayamos cosido sobre ellos.

Hilvanado irregular

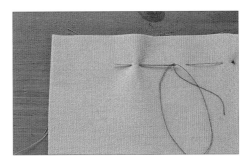

El hilvanado se usa sobre las líneas de costura para mantener dos paños de tela juntos, o para marcar referencias tales como el centro del frente de una prenda. También se puede hilvanar para unir el forro o la entretela a la tela principal, o para preparar un dobladillo antes de coserlo definitivamente.

Hilvanado invisible

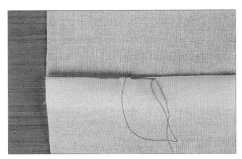

Trabajamos desde el derecho de la tela para los ajustes del montaje final o para asegurar la coincidencia de los cuadros, rayas o estampados. Doblando por debajo de la costura en uno de los lados y plegando, colocamos el eje plegado sobre la línea de costura de la otra pieza haciendo coincidir el patrón con cuidado y fijándolo con alfileres. Hacemos pequeñas puntadas alternativamente a través del pliegue y de la otra pieza. El hilván invisible se asemeja al hilván regular si la costura se abre para coserla.

Hilvanado fuerte

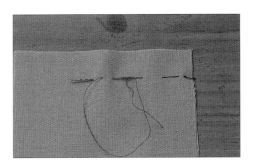

Conviene usar esta puntada donde vaya a producirse mucha tensión en la costura durante su elaboración o preparación. Simplemente se trata de un pespunte cada pocas puntadas de hilvanado. El hilvanado fuerte es muy adecuado para sujetar dos telas de textura diferente, como forro de raso y lana.

Hilvanado en diagonal

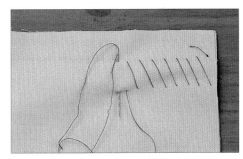

El hilvanado diagonal es una puntada larga usada para sujetar la entretela o el forro en su sitio. Damos la puntada sobre una superficie plana, salvo que nuestra intención sea sujetar la línea curva en cuellos y solapas. Hacemos pequeñas puntadas rectas a través de la tela en ángulo recto con el borde, largas puntadas diagonales sobre el lado superior y puntadas cortas y paralelas por debajo. No hay que tirar con fuerza del hilo, o se formarán arrugas que estropearán la prenda.

Coser a mano

Cuando no existían las máquinas de coser, cada prenda, cortina o labor se hacía a mano. Esto puede parecernos milagroso, sobre todo si tenemos en cuenta que muchas veces se trabajaba a oscuras. Es evidente que las máquinas de coser han acabado con las tareas más pesadas de las labores de corte y confección; sin embargo, no han podido sustituir por completo la costura a mano, pues esta sigue siendo necesaria para algunos arreglos. La costura a mano está reñida con la prisa; la precipitación provoca que el resultado final quede sucio y poco profesional.

Comenzar a coser a mano

Las puntadas a mano suelen hacerse siempre con un hilo de un color y una fibra lo más parecidos posible al tejido que vayamos a coser. Es importante trabajar con bastante luz, ya sea cerca de una ventana o bajo un flexo. Cortamos un trozo de hilo no muy largo y utilizamos agujas finas adecuadas para la tela con la que vayamos a trabajar.

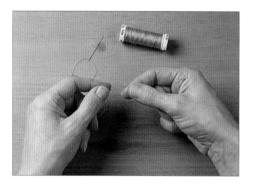

Rematar una costura

Conviene rematar las costuras con un nudo o varios pespuntes, uno encima de otro, siempre en el reverso de la tela, e idealmente en un dobladillo o pliegue.

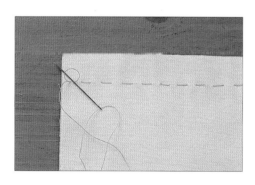

1 Hacemos un bucle al realizar un pequeño pespunte en el reverso. Metemos la punta de la aguja por el centro del bucle y tiramos de ella hasta formar un segundo bucle.

1 Cortamos un trozo de hilo del carrete no más largo que la distancia entre el codo y la muñeca, realizando el corte en ángulo para que sea más fácil enhebrarlo posteriormente. Enhebramos el hilo introduciendo un cuarto de la longitud total.

2 Enrollamos el extremo del hilo en nuestro dedo índice a unos 12 mm de la punta y lo sujetamos con el pulgar. Desplazamos el dedo hacia abajo sobre el pulgar hasta formar un círculo. Deslizamos los dedos hacia abajo, apretándolo para formar un nudo. Cuando utilicemos telas finas o semi transparentes, hacemos un doble pespunte donde se vaya a ver el nudo.

3 Realizamos la primera puntada en el revés de la tela, y si es posible, en un dobladillo o pliegue para evitar que se vea el nudo.

Si vamos a realizar pespuntes, tejemos dentro y fuera de la tela antes de cortarla. El nudo que se realiza para finalizar es más pequeño y aplastado que el que usaremos para asegurar el hilo al comenzar a coser.

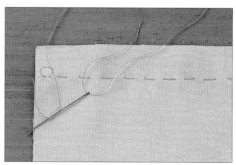

2 A continuación, introducimos la punta de la aguja por el centro del segundo bucle y tiramos fuerte. Finalmente, cortamos el hilo que sobre.

Puntadas a mano

Las puntadas a mano se suelen hacer en lugares donde no queda bien coser a máquina o de acceso difícil. Hay muchos tipos de puntada para realizar labores específicas.

Punto seguido

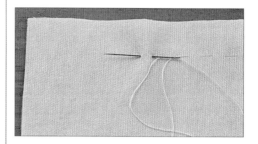

Este tipo de puntada se utiliza tanto para hilvanar como para fruncir o acolchar. Podemos realizar varios puntos de una sola vez, introduciendo y sacando la aguja por la tela a intervalos regulares. Para hilvanar realizamos puntadas más largas y dejamos el extremo suelto para luego poder tirar de él.

Pespunte

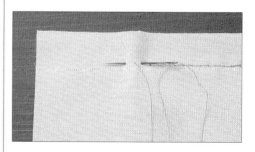

Realizamos pespuntes para reparar rotos o coser zonas de la prenda a las que es difícil acceder con la máquina de coser. Clavamos la aguja desde atrás y la sacamos a través de la línea de costura. Realizamos una pequeña puntada hacia atrás, atravesando la tela con la aguja. Después la llevamos de nuevo a la superficie a través de la línea de costura manteniendo una distancia regular.

Medio pespunte

Esta puntada se utiliza para fijar muy bien costuras o mangas. Es más atractivo que el pespunte corriente, pues sus puntadas son más pequeñas y, por tanto, más atractivas y resistentes. También se puede usar para coser entretelas, pues con este punto evitaremos que el borde de la entretela asome por el lado visible de la prenda. Para realizarlo seguimos los mismos pasos que con el pespunte corriente, pero cuando demos la puntada hacia atrás solo hacemos media puntada; en cambio, hacia delante daremos la puntada entera. Así tendremos las puntadas largas por el revés de la tela, y otras más pequeñas y bonitas por el derecho.

Punto invisible

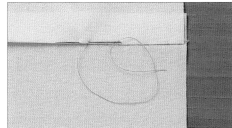

Utilizamos este tipo de punto cuando vayamos a unir botones, tapar rotos y añadir forros. El punto invisible tiene una variante que se conoce como dobladillo ciego, y se utiliza, precisamente, para coser dobladillos. Si hacemos este punto con esmero, puede llegar a ser casi invisible. Para elaborarlo, hacemos una pequeña puntada en el pliegue y después otra que atraviese la tela situada debajo, asegurándonos de que las puntadas son regulares y los hilos están rectos. Tiramos del hilo hasta que esté tirante, sin fruncir la tela. Para realizar el dobladillo ciego seguimos los mismos pasos, pero las puntadas que se realicen en la tela de abajo serán mucho más pequeñas.

Sobrehilado

El sobrehilado se utiliza para evitar que un borde se deshilache y para unir dos piezas de tela. Es más evidente que el punto invisible, pero mucho más resistente. Para unir dos telas trabajamos sujetando los dos bordes plegados de la tela con nuestra mano (también se pueden unir con hilo de hilvanar). Realizamos una pequeña puntada que atraviese ambos pliegues. Continuamos a lo largo de los pliegues realizando una serie de puntadas pequeñas y uniformes en el lado derecho. En el patchwork tradicional, este tipo de puntada sirve para unir pequeñas piezas, y se realiza en el reverso de la tela.

Punto de pinchazo

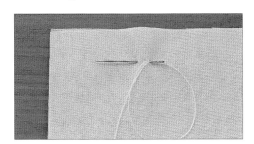

Este punto se parece mucho al medio pespunte, pero es bastante más discreto, ya que solo es visible un pequeño punto sobre la superficie de la tela. Se utiliza con frecuencia para acoplar cremalleras en telas muy finas o semitransparentes. También sirve para unir capas de telas que, cosidas a máquina, tendrían un resultado muy rígido o antiestético. Trabajamos de forma similar que con el medio pespunte, pero damos la puntada hacia atrás una o dos veces cada vez para formar una línea de tenues puntadas en la superficie combinadas con otras más largas en el revés.

Punto de dobladillo

El punto de dobladillo se realiza con puntadas diagonales para sujetar una pieza de tela como, por ejemplo, un ribete. A pesar de su nombre, este punto no es el más adecuado para elaborar adornos o cortinas, ya que las puntadas son visibles por el derecho de la tela. Esta clase de punto puede aplicarse en una costura a máquina con el fin de rematar puños o cinturillas. Para realizarlo comenzamos clavando la aguja de abajo arriba. Después, volvemos a introducir la aguja hacia abajo algo más adelante, en diagonal, asegurándonos de que atraviese bien el pliegue. Continuamos a lo largo del pliegue, realizando puntadas de entre 3 mm y 5 mm, dependiendo del grosor de la tela.

Punto de festón

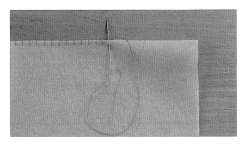

Este tipo de punto se utilizaba tradicionalmente para arreglar los bordes de las mantas y las sábanas. Se elabora rápidamente y es muy adecuado para evitar que la tela se deshilache mientras trabajamos con ella. También puede usarse como punto decorativo para bordear telas o en labores de appliqué. Aseguramos el hilo en un extremo de la tela y después trabajamos de izquierda a derecha, con el borde hacia nosotros. Clavamos la aguja por el lado derecho a unos 5 mm del borde. Sacamos la aguja por el centro del pequeño circulito que forme el hilo y tiramos hasta que quede tirante. Continuamos realizando puntadas espaciadas y regulares a lo largo del borde.

Coser a máquina

A muy poca gente se le ocurriría comenzar un proyecto de costura sin disponer de una máquina de coser. Coser a máquina es muy rápido si la tensión está bien ajustada y la puntada es limpia. Una máquina de coser es imprescindible para conseguir costuras rectas y largas, necesarias para elaborar ropa del hogar, y también para realizar puntadas fuertes y resistentes en la ropa. Si queremos lograr un resultado profesional, lo mejor es combinar la costura a mano y a máquina.

Realizar una puntada

Una de las primeras tareas a la hora de realizar una labor a máquina es aprender a hacer una puntada. La mayoría de prendas y labores suelen dejar un margen de costura de 15 mm; cualquier alteración podría afectar al acabado final.

1 Hilvanamos o prendemos con alfileres la línea de costura con los lados derechos de la tela frente a frente. Esto mantendrá la tela en su sitio cuando realicemos el trabajo.

2 Colocamos la tela debajo del pie prensatelas, de modo que el extremo de la costura se sitúe junto a la línea de 15 mm marcada en la placa de aguja, asegurándonos de dejar 5 mm de tela por detrás de la aguja. Utilizamos la rueda manual para bajar la aguja hasta la tela, y comenzamos a coser.

3 Es importante coser a un ritmo cómodo, guiando la tela a lo largo de la línea de 15 mm marcada en la placa.

Coser curvas y esquinas

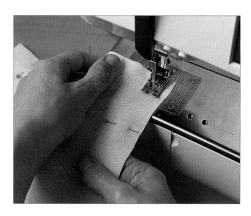

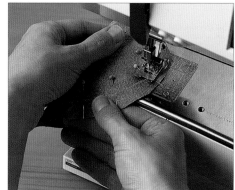

1 Cosemos a lo largo de uno de los lados, dejando 15 mm de margen de costura. A medida que nos vayamos acercando a la esquina, bajamos el ritmo; las últimas puntadas las daremos con la rueda manual. Paramos 15 mm antes de llegar al borde, con la aguja clavada en la tela. Levantamos el pie prensatelas y giramos la tela hacia el lado que vayamos a coser ahora, de modo que la tela encaje bien, dejando siempre el margen de costura de 15 mm. Bajamos el pie prensatelas y seguimos cosiendo. Puede que tengamos que coser marcha atrás una o dos puntadas hasta que el margen de costura coincida con los 15 mm.

2 Cuando vayamos a coser a lo largo de curvas suaves, es importante hacerlo despacio, manteniendo el extremo de la tela en el lado opuesto al pie prensatelas sobre la guía de la placa. En curvas más cerradas, paramos y vamos girando la tela cuidadosamente siguiendo la curva antes de seguir cosiendo. Es importante parar cada pocas puntadas con el fin de ajustar bien la tela hasta que completemos la curva. Para asegurarnos de que dos curvas son exactamente iguales, por ejemplo, en un cuello, realizaremos una plantilla con esa forma y la marcaremos antes de comenzar a coser.

Quitar puntadas

1 A no ser que la tela sea muy fina o delicada, la forma más sencilla de quitar puntadas es con un descosedor. Colocamos una de sus puntas por debajo de la puntada y la cortamos con el lado afilado del utensilio. Cortamos cada dos o tres puntadas, después damos la vuelta a la tela y tiramos de los hilos por el reverso. Cepillamos la tela para eliminar los restos de hilo y después la planchamos con vapor para cerrar los agujeros. Podemos incurrir en la audacia de pasar el descosedor a lo largo de la costura, pero nos arriesgamos a rasgar la tela. Cuando trabajemos con telas más delicadas, cortamos las puntadas una por una para no estropear el tejido.

Puntadas a máquina

El tipo de máquina que tengamos determinará la variedad de puntadas que podemos hacer. Los puntos que se explican a continuación son los más básicos y funcionales, y también los más habituales. El manual de nuestra máquina nos informará sobre los tipos de puntos que podemos hacer. Antes de comenzar probaremos las puntadas en retales que nos sobren.

Punto recto

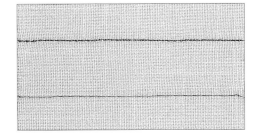

El punto recto es el más utilizado para unir dos piezas diferentes de tela. Para una tela corriente colocamos la longitud de puntada entre el 2 y 3. Si la tela es muy fina o pesada, cambiamos la longitud para escoger la más adecuada: puntadas más cortas para telas finas y más largas para telas más gruesas. Si nuestra máquina de coser es automática, podemos realizar un punto recto más apretado, muy apropiado para coser tejidos como el jersey. También podemos hilvanar rápidamente a máquina: utilizamos la puntada más larga para que nos sea fácil tirar del hilo y deshacer la costura.

Zigzag

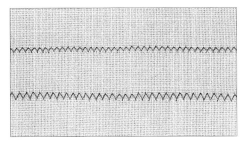

Las puntadas en zigzag se utilizan para rematar los bordes de una tela, en labores de appliqué cosidas a máquina y como decoración. Probamos puntadas de diferentes longitudes y anchuras para averiguar cuál es la que mejor se adapta a nuestro gusto. Por lo general, la puntada debería ser tan pequeña y estrecha como sea posible. Las puntadas en zigzag más amplias, como el triple zigzag o el punto de espiga, sirven para coser un elástico a la tela. También podemos utilizar el triple zigzag para rematar costuras en telas finas o suaves. Ambos tipos de puntadas son útiles para prevenir que los bordes de la tela de toalla o de punto se deshilachen.

Sobrehilado

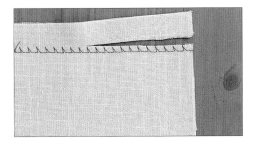

Este tipo de punto se realiza directamente sobre el borde del tejido, cosiendo y terminando la costura a la vez. También, de manera alternativa, podemos coser a lo largo de la línea de costura y después cortar con unas tijeras, tal y como se muestra en la imagen.

Punto de satén

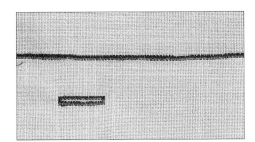

Se trata de un tipo de punto en zigzag muy prieto, con la longitud de puntada dispuesta casi en el cero. Se utiliza para coser ojales y labores de appliqué a máquina. Utilizamos un pie prensatelas de dedo abierto que nos dará espacio suficiente a la hora de trabajar con telas gruesas. El punto de satén puede hacer que la tela se acumule, por lo que es importante comprobar que la longitud de puntada es adecuada para ese tipo de tela antes de empezar. Si lo que queremos es hacer un ojal, realizamos dos filas paralelas cortas, de punto de satén, con algunas puntadas (el doble de anchas) en los laterales.

Dobladillo ciego

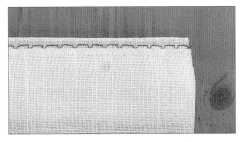

Para realizar este tipo de puntada es necesario contar con un pie prensatelas especial para dobladillos ciegos. Este tipo de punto es muy apropiado para tejidos gruesos y algo pesados porque la costura no se ve por el derecho de la tela. Primero se hilvana el dobladillo y se coloca debajo del pie prensatelas; a continuación, se cose con una serie de puntos rectos seguidos por puntos en zigzag que levantan la tela principal. Ajustamos el zigzag para que el punto dentro del pliegue sea lo más pequeño posible.

Puntos de bordado a máquina

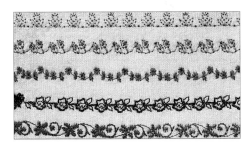

Las máquinas de coser más modernas cuentan con un chip de silicio que nos permite realizar una amplia variedad de puntadas decorativas con solo pulsar un botón. Estas puntadas son algo más laboriosas, ya que la tela se va moviendo circularmente para crear el patrón, pero los resultados son excelentes. Las máquinas automáticas cuentan con un rango de puntadas decorativas algo más reducidas, que se basan en el punto de satén.

Tipos de costura

Las costuras son un aspecto crucial en cualquier proyecto de corte y confección. La costura perfecta une dos piezas de tela sin fruncirlas ni estrecharlas, y permite que la tela tenga el aspecto y la caída deseados. Si la costura queda mal, es preferible que la deshagamos y la repitamos antes de continuar, pues una ejecución defectuosa afectará negativamente al resultado final.

Antes de decidir qué tipo de puntadas realizar, es necesario pensar en la clase de tejido sobre el que trabajaremos, así como en la tensión y el uso a que se someterán las costuras. A continuación, se describen los tipos de costuras más habituales y sus usos principales.

Las costuras se pueden rematar de diferentes formas para evitar que se deshilachen y debiliten, aunque esto no será necesario si están cubiertas por forro u otra clase de tejido.

Cosemos las piezas de tela en ángulo según la dirección de la trama, en lugar de a su través. En general, se suele hacer desde el lado ancho del patrón hacia el lado estrecho. Si pasamos la yema del dedo a lo largo del borde de la tela en la dirección que marcan las fibras, los hilos quedarán lisos y suaves; sin embargo, si lo hacemos en dirección contraria, estos se descolocarán.

Costura lisa

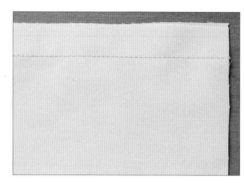

Este tipo de costura es muy funcional, y es la base de prácticamente todas las demás variedades de costura. Cosemos dejando un margen de 15 mm. Antes de comenzar a trabajar planchamos bien sobre la línea de costura, para «colocar» las puntadas en el tejido antes de abrir la costura. Este tipo de costura se puede realizar con un punto en zigzag estrecho, o bien con una puntada simple, también estrecha, usando una máquina de coser automática para evitar que los puntos se abran en tejidos tricotados o que se den de sí.

Costura interna

Este tipo de costura se utiliza para que la entretela o el forro de una prenda no queden a la vista; por ejemplo, en un cuello o en una camiseta sin mangas. Realizamos una serie de muescas a lo largo de la curva y, a continuación, planchamos los márgenes de costura vueltos hacia la entretela. Cosemos una serie de puntadas a lo largo del lado derecho de la entretela, dejando la costura hacia dentro por detrás. Este tipo de costura también puede realizarse a máquina.

Costura encintada

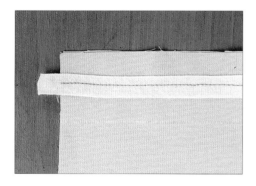

Si añadimos una cinta a la costura, haremos que esta sea más resistente y evitaremos que se deforme; por eso este tipo de costura suele utilizarse en los hombros o cinturas de las prendas. Elegimos una cinta y la colocamos donde vayamos a coserla, de manera que se superponga ligeramente sobre el margen de costura. La sujetamos provisionalmente con alfileres antes de coserla.

Costura lisa doblada hacia abajo

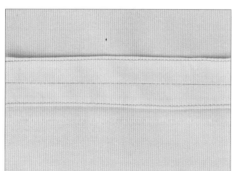

Para rematar las costuras realizadas en telas ligeras, doblamos cada margen de costura 5 mm hacia dentro y lo planchamos. Después realizamos una puntada recta en el borde del pliegue que atraviese únicamente el margen de la costura.

Acabado con pespuntes

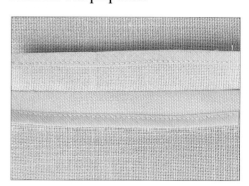

Cuando realicemos costuras en tejidos gruesos que tiendan a deshilacharse, utilizamos este tipo de acabado. Rematamos los márgenes de costura con un pequeño dobladillo, para conseguir un acabado limpio. Al ser este tipo de dobladillo más grueso en uno de los dos lados, procuraremos que sea en el de abajo. Prendemos el dobladillo a la tela con alfileres y lo cosemos a máquina.

Costura inglesa

Este tipo de costura se utiliza para coser los bordes sin rematar de tejidos ligeros. Tiene un aspecto bastante similar al de la costura francesa. Es la forma más indicada de rematar el interior del borde inferior de un canesú; también es muy útil cuando un lado de la costura está fruncido.

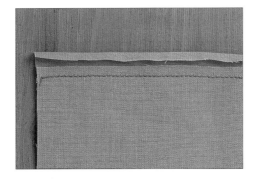

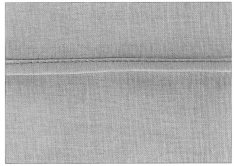

1 Cortamos uno de los lados de la costura para que mida 3-5 mm. Planchamos muy bien el borde del margen de costura hacia dentro.

2 Plegamos el borde doblado hacia la costura y lo sujetamos con alfileres. Después cosemos a máquina muy cerca del borde del pliegue.

Costura francesa

Utilizamos una costura francesa cuando cosemos tejidos que sean finos o semitransparentes, ya que ofrece un acabado muy bonito y elegante. Es muy apropiada en blusas de seda, trajes de bautizo o lencería. Al contrario que con otras costuras, comenzamos a realizarla sujetando las dos piezas de tela revés contra revés.

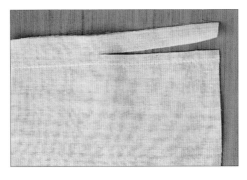

1 Cosemos las dos piezas de tela revés contra revés, dejando un margen de costura de 9 mm. Después cortamos el margen de costura para que mida 4 mm. Planchamos los márgenes de costura para que queden abiertos hacia fuera.

2 Damos la vuelta a la tela, con los lados derechos enfrentados, cubriendo así los márgenes de costura. Planchamos el borde hasta que quede plano y cosemos a lo largo de la línea de costura, a 5 mm del borde. Planchamos la costura hacia un lado.

Falsa costura francesa

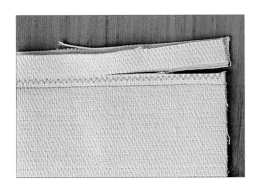

Esta costura se parece mucho a la costura francesa por el lado derecho. Es adecuada para tejidos gruesos o pesados, o para costuras en curva en tejidos más ligeros. Con los lados derechos de las telas cara a cara, realizamos una costura a 15 mm del borde. Después cosemos a máquina ambas telas realizando puntadas en zigzag, rematamos la costura y cortamos la tela sobrante.

Costura lisa rematada en zigzag

El punto en zigzag permite rematar muy rápidamente los bordes sueltos de los márgenes de costura. Puede practicarse con buenos resultados en tejidos gruesos, pero, como su acabado no es muy limpio, se suele utilizar en las zonas ocultas de la prenda o labor. Rematamos los extremos con puntadas en zigzag y después cortamos lo sobrante lo más cerca posible de la costura.

Costura elástica

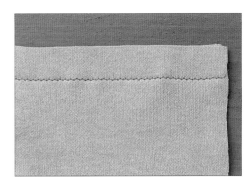

Este tipo de costura puede elaborarse realizando puntadas en un zigzag muy estrecho o seleccionando el tipo de punto elástico en la máquina de coser. Se utiliza para coser tejidos de jersey o elásticos. Este tipo de costura se ajusta al tejido y así se evita que esta que reviente.

Cortar una costura lisa

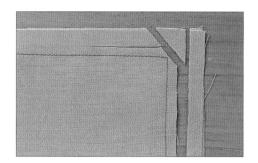

Solo cortaremos una costura lisa cuando vaya cubierta con otro tejido o necesitemos reducir su volumen, por ejemplo, antes de darle la vuelta a un cuello. La cortamos dejando 5 mm de margen de costura; las esquinas las cortamos en diagonal, muy cerca de la línea de costura.

Nivelar una costura

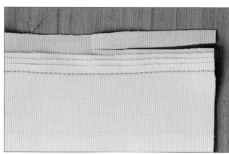

Cuando juntamos con una costura más de dos piezas de tela, debemos nivelarlas para evitar que se forme demasiado bulto. Cortamos cada capa lo más cerca posible de la línea de costura, pero en escalera, como muestra la imagen, colocando la capa más profunda junto al lado derecho de la prenda. Podemos dejar menos margen de costura en piezas de tela con estampados muy apretados.

Costura dentada

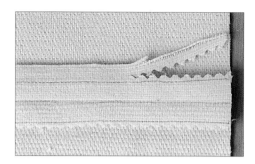

Este tipo de remate es muy rápido, pero solo es recomendable para tejidos que no se deshilachan con facilidad. Cortamos los bordes de la tela con unas tijeras dentadas. Este método no es demasiado seguro, así que podemos aumentar su resistencia realizando una línea de costura a cada lado de la línea de costura original, a unos 5 mm, tal y como se muestra en la fotografía.

Cortar zonas curvas

Es necesario practicar una serie de cortes regulares a lo largo de una costura en curva para que se asiente y quede lisa si se le da la vuelta. Si el tejido es muy grueso, tendremos que nivelar la costura primero.

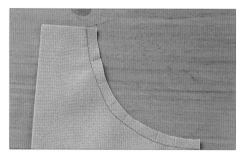

1 En curvas convexas, realizamos unos pequeños cortes hasta la línea de costura, pero sin sobrepasarla, dejando entre 10 y 25 mm entre corte y corte, dependiendo de lo cerrada que sea la curva.

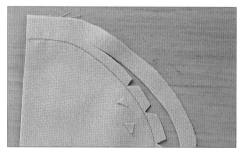

2 En curvas cóncavas, practicamos pequeños cortes en forma de triángulo en el margen. Dejaremos unos intervalos de 10 a 25 mm. Cuanto más cerrada sea la curva, menos espacio dejaremos entre muesca y muesca.

Costuras decorativas

La mayoría de costuras se realizan con el propósito de que se noten lo menos posible por el derecho de la tela. Sin embargo, en algunas prendas informales o deportivas las costuras a la vista dan un vistoso toque decorativo.

Costura traslapada

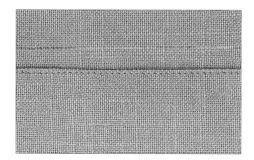

Utilizaremos esta costura solo con tejidos que puedan plancharse y formar un pliegue uniforme y limpio. Plegamos el borde hacia dentro y lo planchamos sobre la línea de costura. Trabajando de derecha a izquierda, sujetamos el pliegue con alfileres a lo largo de la costura de la otra tela.

Costura con pestaña

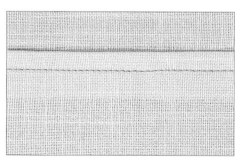

La costura con pestaña tiene un pliegue por el lado derecho. Hilvanamos por la línea de costura como para formar una costura lisa. Planchamos los márgenes de costura hacia un lado. Por el lado derecho, realizamos una costura a 5 mm de la línea de costura. Podemos utilizar un hilo que contraste.

Costura welt o «pesada»

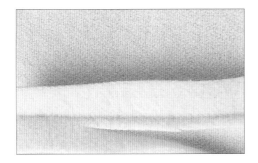

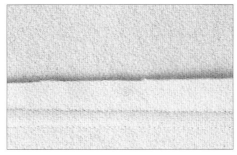

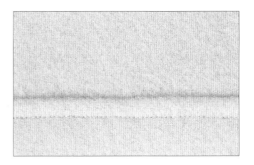

Una costura welt es similar a una costura pespunteada. Se realiza sobre costuras lisas en telas que no tiendan a deshilacharse. Es una costura bastante plana incluso en los tejidos más gruesos porque uno de los márgenes de costura se recorta. Para elaborarla comenzamos realizando una costura simple y después planchamos los márgenes de costura hacia fuera. Cortamos uno de los márgenes para que mida solo 5 mm.

1 Planchamos los márgenes de costura hacia un lado para disimular el margen cortado. Cosemos a máquina sobre la tela de arriba y el margen de costura, ocultando el lado recortado.

2 El resultado se parece a una costura de pespunte mirada desde el derecho. Si el tipo de tejido utilizado tiende a ceder, usaremos un punto más apretado.

Costura vaquera

Se utiliza en los pantalones vaqueros o más informales para darles su característica doble fila de costuras por el lado derecho de la prenda. Si la aplicamos en telas reversibles, utilizaremos el punto invisible para colocar el margen de costura interior en su sitio.

1 Con la tela colocada revés contra revés, realizamos una costura lisa y planchamos los márgenes de costura hacia fuera. Cortamos uno de los márgenes de costura para que mida solo 3 mm.

2 Doblamos el margen no cortado hacia dentro y realizamos un pequeño pliegue. Hilvanamos para mantener la tela en su sitio. Después cosemos a máquina muy cerca del pliegue y retiramos el hilo de hilvanar.

Costura de ranura o de canal

Este tipo de costura está formada por dos pliegues cara a cara y un trozo de tela debajo, por el revés de la prenda. Es muy atractiva si utilizamos dos tipos de tela que contrasten, uno para la tela visible y otro para la tela que asoma entre los pliegues.

Podemos hacer que la ranura sea más estrecha (costura de ranura) o más ancha (de canal); en este último caso la tela de abajo se verá más.

1 Con los lados derechos de la tela cara a cara realizamos un hilván. Planchamos los márgenes de costura hacia fuera.

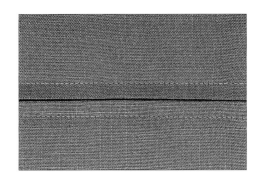

2 Cortamos una tira de tela que sea algo más ancha que los márgenes de costura y la colocamos debajo, por el revés de la tela, hilvanándola también para que no se mueva.

3 Por el derecho, realizamos una línea de puntadas a cada lado de la línea de costura hilvanada, dejando en ambos el mismo espacio. Después retiramos el hilo de hilvanar.

Hacer y utilizar tiras al bies

Las tiras al bies se utilizan para perfilar por el reverso costuras o bordes toscos, como los de un cuello o una sisa. Consisten en una tira de tela cortada en diagonal entre los hilos de la urdimbre y la trama. Podemos comprar tiras al bies ya cortadas y plegadas o hacerlas nosotros mismos.

Hacer una tira al bies

Utilizamos un tejido muy similar o algo más ligero que el de la tela principal; por ejemplo, algodón con una textura algo crujiente. Las tiras al bies miden 12 mm, así que cortaremos tiras de 4 cm de ancho.

Añadir bordes al bies

Antes de utilizar la tira al bies la planchamos al vapor para quitarle algo de holgura. Si la tira va a colocarse alrededor de una curva, doblamos hacia dentro 5 mm en cada lado de la tira, planchamos y

después doblamos la tira por la mitad. La planchamos con vapor para formar una suave curva. A continuación, la abrimos y cosemos a lo largo de la línea planchada.

Podemos comprar una herramienta que dobla los bordes.

1 Doblamos la tela, llevando una esquina sobre otra para formar un ángulo de 45° y cortamos a lo largo del pliegue. Debemos obtener tiras con un ancho cuatro veces mayor que la tira final, más 5-9 mm de margen de costura, dependiendo del grosor del tejido. Cortamos a lo largo de las líneas.

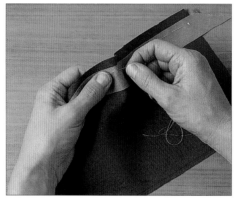

1 Colocamos uno de los bordes toscos de la tela de manera que coincida con el borde de la tela principal, derecho contra derecho. Sujetamos la tira con alfileres a lo largo de la tela e hilvanamos a 5 mm del borde.

2 Cosemos a máquina muy cerca de la costura hilvanada. Después cortamos el borde sin rematar de la tela principal de manera que quede algo más corto que el borde de la tira. Doblamos la tira hacia arriba y sobre el borde de la tela. Planchamos.

2 Superponemos los extremos de dos tiras en ángulo recto. Cosemos a lo largo de la esquina en diagonal y planchamos los márgenes de costura hacia fuera. Cortamos los márgenes de costura en línea con la tira al bies. Unimos tantas tiras como necesitemos para conseguir el largo deseado.

3 Realizamos un pliegue a 5 mm del borde de la tira que aún no hemos cosido. Sujetamos la tela en su sitio con alfileres e hilvanamos.

4 Aseguramos la tira con pequeñas puntadas de dobladillo. Si queremos que sea más resistente, realizaremos la costura con la máquina de coser.

Ribetes y cordoncillos

La labor de entubar ofrece un acabado muy atractivo tanto en prendas como en ropa del hogar; además, fortalece las costuras y evita que los bordes se desgasten. Esta tarea consiste en cubrir un cordoncillo con una tela cortada al bies, cerrándola con una costura. Podemos utilizar una tela similar a la de la labor o que haga contraste con ella, teniendo siempre en cuenta que debe tener la misma consistencia o ser más ligera.

Preparar cordoncillos

Existen cordoncillos para elaborar ribetes de todas las medidas y colores, así que nos resultará fácil encontrar alguno que haga juego con la tela que vayamos a utilizar. Enrollamos una tira de tela alrededor de unos cuantos cordoncillos de diferentes grosores para ver cuál nos convence más. Los tejidos ligeros suelen combinar mejor con los cordoncillos delgados.

Los ribetes hechos con cordoncillos suelen usarse como elemento decorativo en cojines, chaquetas o trajes. Podemos elaborar un ribete mucho más sutil si lo realizamos sin cordoncillo.

ABAJO: Los ribetes hechos con cordoncillos nos ofrecen la posibilidad de añadir una nota de color a nuestras labores (izquierda). En el ejemplo de la derecha, se ha usado un ribete con una tela de diferente textura.

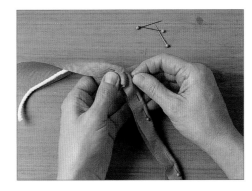

1 Envolvemos un cordoncillo en un trozo de tira cortada al bies, dejando un margen de costura de 3 cm a cada lado. Cortamos tantas tiras como necesitemos en función de la longitud que queramos dar al ribete. Fijamos los bordes de las tiras con alfileres y cosemos muy cerca del cordoncillo utilizando un pie prensatelas para cremalleras.

2 Sujetamos el ribete a una de las piezas de la tela principal con alfileres, encajándolo sobre los bordes sin rematar, y cosemos lo más cerca posible de la costura. Sujetamos con alfileres la otra pieza de tela, justo encima, encajando de nuevo los bordes sin rematar. Cosemos atravesando todas las capas, tan cerca del cordoncillo como nos sea posible.

Cómo hacer dobladillos perfectos

Los dobladillos dan peso a una prenda y ayudan a que esta caiga correctamente. Se suelen preparar en último lugar. El tipo de tejido y el estilo de la prenda son los factores que determinan la elección de la clase de dobladillo que se ha de hacer. Un dobladillo perfecto debe tener un perfil escrupulosamente regular y, si se cose a mano, apenas debe apreciarse por el lado derecho.

Cómo medir los dobladillos

Normalmente, el margen de la tela utilizada para un dobladillo mide alrededor de 7,5 cm, pero para los más estrechos puede reducirse incluso a menos de 1 cm. Debemos colgar las prendas 24 horas antes de marcar la línea de dobladillo. Es importante que no realicemos unas puntadas demasiado tirantes, ya que de no tener cuidado podríamos formar arrugas en la tela principal.

Marcamos el dobladillo al final de la labor, cuando hayamos realizado todos los demás remates. Para ajustarlo definitivamente, nos pondremos la ropa que acompañará la prenda que estamos trabajando.

1 Utilizando una cinta métrica, prendemos alfileres horizontalmente, todos a la misma altura, a lo largo de la prenda para marcar la altura del dobladillo. En algunas prendas, como las faldas o los pantalones, puede lograrse un acabado más atractivo si el dobladillo se inclina ligeramente hacia la parte posterior. En cualquier caso, es necesario proceder con cuidado para que no sea perceptible. Introducimos el dobladillo hacia dentro siguiendo la línea de alfileres.

2 Hilvanamos a lo largo del pliegue, retirando los alfileres a medida que pasemos por ellos.

3 Medimos y marcamos la profundidad que deseemos para el dobladillo, y cortamos la tela que sobre para que no se marque en exceso.

PREPARAR UN DOBLADILLO

Seguimos estos pasos para conseguir un dobladillo perfecto, sea cual sea su tipo:

- Hilvanamos a lo largo de la línea que hayamos marcado para el dobladillo y retiramos los alfileres.
- Calculamos la profundidad del dobladillo, teniendo en cuenta las vueltas; marcamos con alfileres y cortamos.
- Cortamos los márgenes del dobladillo que queden debajo de la línea de hilvanado para que midan unos 5 mm.
- Giramos el dobladillo a lo largo de la línea y volvemos a hilvanar para asegurar el pliegue.
- Repartimos el volumen del dobladillo uniformemente a lo largo del espacio que ocupe.

Dobladillo en zigzag o cubierto

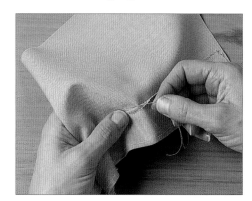

Este dobladillo tiene muy poco volumen ya que la tela solo se dobla una vez. Apenas se percibe desde el lado derecho de la tela y se adapta a la mayoría de los tejidos. El borde sin rematar se puede coser en zigzag o sobrehilar. Hilvanamos a lo largo del dobladillo justo por debajo del zigzag. Le damos la vuelta al borde superior y lo sostenemos con el pulgar para poder coser el dobladillo con un punto invisible. Realizamos un par de puntos seguidos en el dobladillo y una pequeña puntada en la tela principal. Continuamos a lo largo del dobladillo, manteniendo las puntadas algo sueltas. Planchamos el dobladillo por el revés.

Dobladillo liso

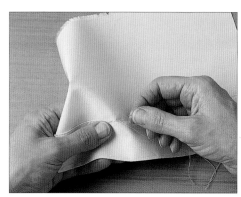

Este tipo de dobladillo es excelente para tejidos ligeros o de un espesor medio y que sean lavables. Debemos plancharlo por su revés, de lo contrario se formará una arruga por el derecho. Con el revés hacia arriba doblamos el extremo de la tela 5 mm hacia dentro y planchamos. Después volvemos a doblarlo y lo cosemos con un punto invisible a lo largo del pliegue.

Dobladillo con bies

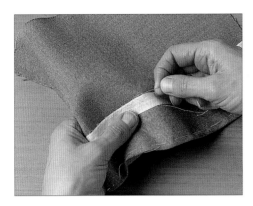

Podemos añadirle un bies a las telas que se deshilachan con facilidad antes de realizar el dobladillo. El bies es mucho más fino que la tela principal y hace que el dobladillo tenga un acabado muy pulcro. El dobladillo con bies suele utilizarse en pantalones, para evitar que este se enganche con los zapatos. Cosemos el bies a unos 5 mm del borde por el lado derecho de la tela. Plegamos el dobladillo hacia arriba, teniendo en cuenta la medida requerida, y lo hilvanamos. Cosemos el bies a la tela principal.

Dobladillo doble a máquina

El dobladillo doble a máquina es visible por el lado derecho de la prenda. Es muy recomendable para telas tricotadas y para prendas en las que la costura vista sea una de sus características, como es el caso de algunas camisetas o chaquetas. Para crear un diseño, cosemos a máquina a lo largo del pliegue inferior también. Hilvanamos primero el dobladillo evitando que se formen pliegues. Es recomendable planchar el dobladillo por el reverso antes de coserlo a máquina.

Dobladillo enrollado a mano

El dobladillo enrollado a mano tiene un acabado muy suave y delicado, excelente para la lencería, los tejidos semitransparentes o la seda. También se suele emplear para rematar los bordes de pañuelos o chales de seda. Su elaboración es trabajosa, pero el resultado merece la pena. Cosemos a máquina a 5 mm de la línea del dobladillo. Cortamos el margen lo más cerca posible de la costura. Enrollamos el borde sin rematar para cubrir la costura y cosemos a mano con un punto invisible.

Dobladillo doble

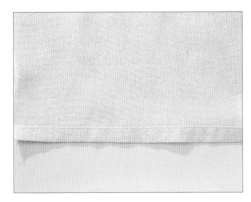

El dobladillo doble es muy similar al dobladillo estrecho pero se usa cuando el tejido es casi transparente. La vuelta es de la misma anchura que el dobladillo, de modo que no se aprecia ningún borde. Se suele utilizar para los remates de visillos y tejidos transparentes, como el organdí de algodón. Marcamos la altura a la que situamos el dobladillo y decidimos su grosor. Con el revés hacia arriba, doblamos el extremo de la tela hacia dentro y planchamos. Después, volvemos a doblar la misma cantidad de tela hacia dentro. Sujetamos el dobladillo con alfileres y lo hilvanamos para mantenerlo en su sitio. Después, lo cosemos a máquina o a mano con un punto invisible.

Dobladillo estrecho

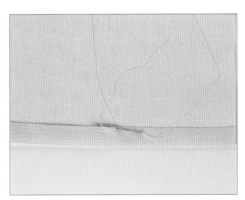

El dobladillo estrecho es muy apropiado para tejidos ligeros, como los utilizados en blusas, camisetas o lencería. Podemos coserlo a máquina o mediante un punto invisible. Con el revés hacia arriba doblamos 5 mm desde el borde hacia dentro. Después volvemos a doblar, formando un dobladillo muy fino. Cosemos a lo largo del pliegue con puntadas invisibles. Este tipo de dobladillo puede trabajarse dibujando una curva si se hace delicadamente.

Dobladillo enrollado a máquina

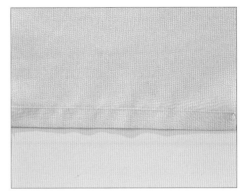

El dobladillo enrollado a máquina queda mucho más tieso que el hecho a mano porque tiene dos filas de costuras a máquina. Lo podemos utilizar en tejidos crujientes y finos, como el algodón. Con el revés hacia arriba realizamos un pequeño pliegue a 5 mm del borde, doblando este hacia dentro. Cosemos a máquina a lo largo del pliegue. Volvemos a doblar otros 5 mm hacia dentro y lo cosemos a máquina, atravesando todas las capas de tela.

Pliegues, tablas, pinzas y fruncidos

En la confección de vestidos, la tela lisa se trabaja para que se adapte al cuerpo. Hasta cierto punto, las piezas del patrón ya incluyen curvas y formas, pero lo habitual es que sea necesario moldear aún más una prenda para que se adapte a una realidad en tres dimensiones. El método que elijamos para controlar el volumen y adaptar la tela determinará el aspecto final de nuestro diseño. Las pinzas, las jaretas y los pliegues permiten moldear la tela de forma precisa, mientras que los fruncidos y plisados crean un efecto más suave.

Pliegues

Algunos pliegues estrechos se cosen en la tela para producir un efecto decorativo. La técnica básica es la misma para todos los pliegues, pero la anchura, el espaciado y la longitud pueden variar para crear distintos efectos. Los pliegues siempre se trabajan sobre el entramado vertical. Pueden ser anchos o estrechos, estar unidos o separados por un espacio, o bien estar cosidos a lo largo de todo el recorrido o solo en parte de él para dar volumen. Cuando se agregan pliegues a un vestido, por ejemplo en una manga lisa o en el hombro, hay que coserlos antes de cortar la pieza del patrón.

1 Tras decidir el ancho de los pliegues y el espacio entre ellos, cortamos una pieza de papel y la usamos como plantilla para tomar las medidas. Marcamos la línea de doblez del pliegue y las líneas a puntear a lo largo de ambos bordes de la tela.

2 Tiramos de un único hilo de la tela a lo largo de la línea de doblez de cada pliegue. Doblamos la tela a lo largo de la línea que deja el hilo estirado y planchamos. Podemos planchar los pliegues sin tirar del hilo, pero es más difícil mantenerlos siguiendo exactamente la trama recta.

ARRIBA: Estos pliegues están cosidos en círculo, primero en un sentido y luego en el otro para producir un efecto ondulado.

3 Hilvanamos los pliegues a lo largo de cada línea de costura. Usamos la plantilla como guía si la ondulación de la tela es demasiado fina. Colocamos el pliegue hilvanado bajo la presilla de la máquina de coser. Utilizamos el eje de la presilla o la guía de la aguja para medir la anchura del pliegue y cosemos paralelamente al doblez. Planchamos a lo largo de cada línea cosida y, seguidamente, los pliegues hacia un lado. Para finalizar, planchamos toda el área plegada desde el revés.

ARRIBA: Usando una técnica de patchwork para reproducir el rosetón de una catedral, insertamos una tela en otra. Los bordes de la tela inferior están vueltos hacia la tela de arriba y se han cosido a mano.

Pliegues con aguja doble

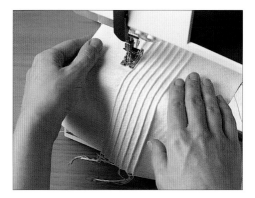

Este tipo de pliegues se usan mucho en ropa de bebé y en blusas. Se pueden coser de la misma manera que los pliegues espaciados, pero es muy complicado hacerlo limpiamente tan cerca del doblez. Para lograr un mejor resultado, insertamos una aguja doble en la máquina de coser y enhebramos hilos de dos carretes distintos. La tensión del hilo puede bajarse un poco para hacer los pliegues más prominentes. Utilizamos el lateral de la presilla como referencia para el espaciado entre pliegues.

Pliegues parciales

Se trata de pliegues ciegos o espaciados que solo se cosen parcialmente a lo largo de la prenda, permitiendo así que la tela se abra en uno de sus extremos. La tela se plancha sin dobleces por la parte suelta y se la deja caer en suaves ondas para dar volumen. Los pliegues parciales se hacen a menudo con el doblez hacia el revés de la prenda.

Pliegues ciegos

En los pliegues ciegos la distancia entre el doblez y la línea de costura es igual a la que hay entre los pliegues, con lo que el doblez coincide con la línea de costura.

Pliegues espaciados

Los pliegues espaciados tienen una distancia igual entre pliegue y pliegue. La anchura de los pliegues y la distancia entre ellos deben calcularse con cuidado para que el efecto en la prenda sea equilibrado.

ARRIBA Y A LA DERECHA: En ambas fotografías, el calicó se ha doblado y plisado hasta formar una distribución de pliegues y una textura muy atractivas.

Pliegues ondulados

Los pliegues ondulados pueden ser ciegos o espaciados y se cosen a mano para darles un agradable efecto de ondulación. Las telas delicadas y suaves son las más adecuadas para este tipo de pliegues. Se pueden elaborar a mano íntegramente o realizar la costura a máquina y la ondulación a mano. Hilvanamos el pliegue, cosemos a máquina y hacemos marcas cada 9 mm a lo largo de la línea de costura. Pasamos una aguja enhebrada a través del pliegue hasta la primera marca. Damos dos puntadas fuertes sobre el pliegue y lo atravesamos hasta la siguiente marca.

Pliegues en cruz

Los pliegues en cruz se hacen siempre antes de cortar el patrón. Primero medimos y cosemos los pliegues espaciados y planchamos con mucho cuidado. A continuación, medimos pliegues perpendiculares a los primeros e hilvanamos. Cosemos a máquina con los pliegues de la primera serie apuntando hacia abajo, de forma que la presilla de la máquina se deslice sobre cada pliegue. Colocamos la pieza del patrón con los pliegues horizontales orientados hacia el bajo y el entramado longitudinal a lo largo de uno de los pliegues verticales. Cortamos y mantenemos los bordes del patrón cosidos para que se conserven los pliegues plisados mientras confeccionamos la prenda.

Tablas

Las tablas son pliegues de la tela que dan un volumen controlado a una prenda, por ejemplo una falda. Normalmente se cosen parcialmente a lo largo de la prenda y se planchan. La ropa con tablas bien hechas se mantienen cerradas cuando quien las lleva está de pie y en reposo, y se abren para dar libertad de movimientos. Es necesario ser muy preciso durante la confección, ya sea para elaborar unas pequeñas tablas en la espalda de un vestido o en una falda plisada. Hay que transferir todas las marcas de patrón cuidadosamente e hilvanar la tabla de arriba abajo antes de coser. También es necesario elegir cuidadosamente las telas que vayamos a usar para una prenda plisada. Deberán tener un peso de ligero a medio y mantener la marca del pliegue cuando se planchen. Entre los tejidos más adecuados figuran los de lana y las mezclas de lana, los de mezcla de lino, las sedas densas y algunos tejidos sintéticos. Elegiremos el patrón para una falda plisada guiándonos más por la medida de la cadera que por la de la cintura, porque es más fácil de modificar.

Tablas planas o a cuchillo

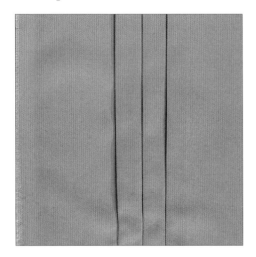

Esta tabla básica es un pliegue doble de la tela que se plancha plano. Las tablas planas van todas abiertas hacia el mismo lado.

Tablas invertidas

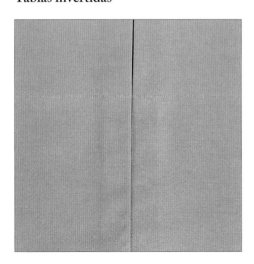

Una tabla invertida es lo opuesto a una tabla de caja. Las dos tablas planas quedan frente a frente y se juntan en su centro por el derecho de la tela.

Tablas de caja

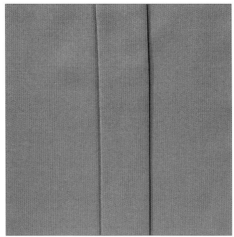

Esta tabla se forma a partir de dos tablas a cuchillo. Los pliegues inferiores se juntan por debajo.

Tablas en acordeón

Las tablas en acordeón quedan parcialmente abiertas cuando la prenda se usa. Las tablas se disponen en zigzag, formando una sucesión de pliegues.

Marcar las tablas

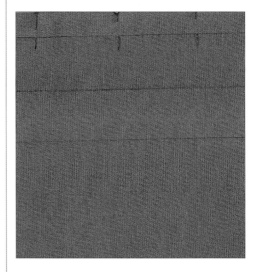

Para hacer unas tablas correctamente es necesario marcar con precisión las indicaciones de las tres líneas de pliegue. Los pliegues que se dejan sin planchar tienen un contorno curvo, mientras que las tablas que se planchan planas tienen un pliegue recto. Ambos pliegues tienen una línea de sujeción, que es donde deben coserse.

Las tablas pueden ir cosidas por el derecho o por el revés de la tela. Las tablas planchadas o sin planchar se preparan de la misma manera; es el planchado final lo que las diferencia. Es necesario dejar los hilvanes para mantener las tablas en su sitio hasta que la prenda esté finalizada completamente.

PLANCHADO DE LAS TABLAS

- Sujetamos con alfileres las tablas a la tabla de planchado para darles estabilidad y apoyamos la tela que cuelga sobre una plataforma o una silla para evitar que tire y descoloque las tablas.
- Planchamos a vapor las tablas por ambos lados para que aguanten, intercalando un paño de plancha cuando lo hagamos por el derecho para evitar que la tela brille.

Cómo trabajar desde el revés

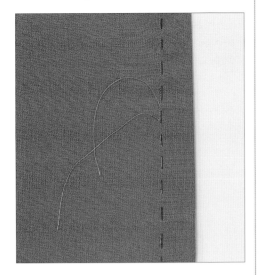

1 Marcamos las líneas de la tabla con un hilván o un carboncillo de modista por el revés de la tela. Doblamos esta por la marca juntándola por el derecho e hilvanamos a lo largo de toda la tabla haciendo coincidir la línea de pliegue y la línea de colocación.

2 Marcamos la longitud de la tabla y cosemos a lo largo de esta línea. Cosemos hacia atrás de vez en cuando para reforzar la costura. Retiramos el hilo de hilvanar solo en la parte cosida y planchamos las tablas.

Retirar el exceso de tela

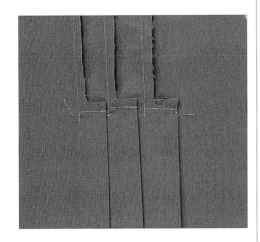

Las tablas se pueden recortar en el revés de la tela para eliminar el sobrante, especialmente todo en la cintura. Separamos cada tabla del tejido principal por el revés y cosemos en perpendicular al final de la parte cosida de la tabla. Hilvanamos a lo largo de esta línea de costura para mantener la tabla en su sitio. Cortamos la tela por encima dejando unos 15 mm de sobrante.

Cómo trabajar por el derecho

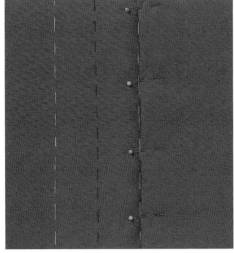 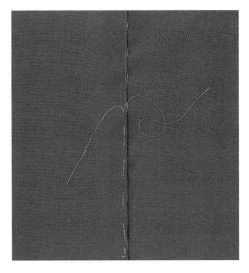

1 Marcamos las líneas de la tabla con un hilván por el derecho de la tela. Traemos la línea de doblez hasta la línea de colocación y la sujetamos con alfileres; a continuación, hilvanamos a lo largo de toda la tabla.

2 Marcamos la longitud de la tabla cosida y cosemos a lo largo de esta línea. Llevamos los hilos hacia el revés y los aseguramos.

Ajustar prendas tableadas

Se pueden hacer pequeños arreglos en las prendas plisadas retocando las costuras laterales; para los cambios de mayor envergadura tendremos que hacer un pequeño ajuste en la parte superior de cada tabla. Dividimos el número de tablas entre la medida del ajuste que queramos hacer y añadimos o quitamos la cantidad resultante a cada tabla. Si la prenda tiene cuatro tablas, se puede ampliar o reducir la prenda en 2,5 cm desplazando el doblez de cada tabla 6 mm.

1 Desde el revés, agrandamos una prenda desplazando ligeramente la línea de costura usando el sobrante de tela. Reducimos la prenda desplazando la costura para alejarla del borde.

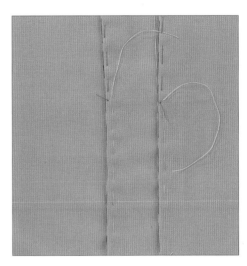

2 Desde el derecho, agrandamos una prenda desplazando la línea de doblez hacia la línea de sujeción. Reducimos la prenda alejando el doblez de la línea de sujeción.

Tablas con el refuerzo separado

Algunas tablas tienen el refuerzo separado. En este caso, la tabla se forma a partir de una costura con un margen muy ancho. Trabajando por el revés, hilvanamos las líneas de doblez juntando los dos lados del derecho. Cosemos y luego planchamos abierto. A continuación, cosemos el refuerzo en su sitio y arreglamos los bordes. Hilvanamos la parte superior del refuerzo para sujetarlo en su sitio.

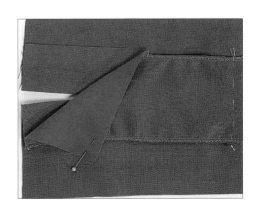

Pinzas

La elaboración de pinzas es una de las técnicas más importantes en corte y confección. Es fundamental comprobar la posición de las pinzas en una prenda antes de realizar el corte porque su ángulo y longitud son claves en el acabado final. Las pinzas deben apuntar siempre hacia la parte más consistente del cuerpo, por ejemplo, el busto o la cadera. Si es necesario, reproduciremos la pinza a 2,5-4 cm de su posición original.

Mantendremos el mismo tamaño para la base y uniremos las líneas de la misma forma. Cuando nos probemos prendas con pinzas, lo haremos con la ropa interior y el calzado que las acompañarán.

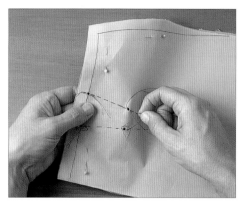

1 Marcamos las pinzas realizando un hilván sobre un patrón a base de grandes puntadas. Si las líneas exteriores de una pinza son curvas, es aconsejable marcarlas también. Podemos utilizar igualmente carboncillo o tiza de sastre.

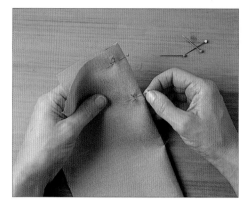

2 Juntamos los extremos de la tela y marcamos con alfileres el hilván. Con las caras del derecho unidas plegamos la pinza por el centro ajustando las líneas de los hilvanes. Sujetamos el largo de la pinza con alfileres e hilvanamos.

3 Cosemos a máquina desde la parte más ancha hacia el punto más estrecho. Seguimos los hilvanes y realizamos las últimas puntadas sobre el pliegue. Anudamos los extremos de los hilos en lugar de darles la vuelta para evitar que el pliegue se abombe de forma antiestética.

4 Planchamos alrededor de la línea de costura para definirla bien y, a continuación, pasamos la plancha sobre la pinza tanto en sentido vertical como horizontal. Deslizamos un trozo de papel marrón bajo la tela para evitar que queden marcas en el derecho de la tela.

5 Las pinzas profundas o las hechas en telas gruesas se pueden dividir para reducir su tamaño. Plegamos la pinza a lo largo del doblez todo lo posible y la abrimos. Este método es adecuado exclusivamente para las prendas cuyos bordes no se deshilachen.

6 Las pinzas sobre telas muy finas se pueden recortar para que sean menos visibles por el derecho. Alisamos la pinza y recortamos dejando un margen de 5 mm con respecto a la costura. Sobrehilamos los bordes y presionamos la pinza hacia un lado.

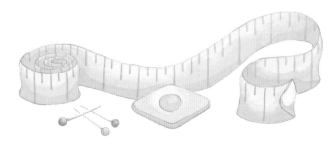

Fruncido

Puede fruncirse tanto a mano como a máquina. Recurriremos a esta clase de labor para ajustar cinturas, canesús o puños.

La anchura de la tela a utilizar está determinada por su grosor y la amplitud que queramos dar a la prenda una vez acabada. Si la tela es muy suelta, haremos puntadas amplias para evitar que el hilo se parta cuando se estire. Colocaremos alfileres entre las puntadas para asegurar el final de los hilos.

Los fruncidos a máquina se recogen bien si antes de proceder a la costura se ha aligerado un poco la presión del hilo. Utilizaremos un hilo fuerte, de nailon o especial para hacer cobertores; así evitaremos que se rompa.

1 Cosemos los hilos a lo largo de uno de los extremos de la tela. Si lo hacemos a mano, trazaremos dos líneas de pequeñas puntadas en torno a la zona a fruncir. Pondremos especial cuidado en que las puntadas y el espacio entre ellas sean regulares.

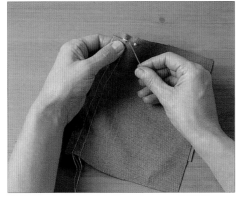

2 Juntamos las dos caras del fruncido, las aseguramos con un alfiler y envolvemos los extremos del hilo a su alrededor formando un ocho para que quede asegurado. Marcamos el centro del borde antes de fruncir.

3 Juntamos los pliegues y los sujetamos muy bien con un alfiler. Seguimos pinzando entre los alfileres colocados a lo largo de la tela para graduar la amplitud del fruncido, según la que deseemos para la prenda.

4 Tiramos de los hilos de los pliegues hasta que estos se junten y aseguramos sus extremos alrededor de un alfiler haciendo la figura de un ocho.

5 Ponemos alfileres en los pliegues para que se mantengan fijos. Los pliegues se pueden hilvanar o coser usando la punta de unas tijeras a medida que cosemos.

ARRIBA: En el diseño de esta prenda de terciopelo se ha incluido un fruncido.

Fruncido con elástico

Esta es una labor atractiva y elástica, que sujeta la ropa al cuerpo. Se utiliza para ceñir los puños de las mangas y, en general, para la ropa de niño. En este caso acoplamos cinta elástica en lugar de hilo en la bobina de la máquina de coser y la programamos para que haga un punto largo y recto. Practicaremos varias líneas de costura paralelas por el derecho de la tela. Utilizaremos como referencia la medida del pie prensatelas. Es conveniente mantener la tela tensa mientras cosemos y hacerlo lentamente para que las puntadas sean regulares y la tela no quede deformada.

Punto smock

El punto smock tradicional es un bordado decorativo muy usado en todo el mundo que permite controlar el volumen de las prendas. Este tipo de bordado tiene bastante elasticidad, lo que hace que las prendas sobre las que se aplica sean muy cómodas. Antes se utilizaba para elaborar los blusones de los campesinos; hoy en día, en cambio, se usa mucho para la ropa de bebé.

Existen diferentes formas de fruncir la tela para realizar el punto smock. El método que escojamos dependerá del tipo de tejido. Se suele asociar a esta técnica el tejido guingán porque los cuadraditos vichy facilitan el trabajo y permiten que el resultado sea uniforme. También podemos utilizar otros tejidos con estampados regulares, como lunares o pequeños motivos decorativos, que marquen una pauta clara. Para telas lisas o con un motivo que ocupe toda su superficie, existen unas hojas para transferir que nos facilitarán el trabajo. Estas hojas tienen lunares repartidos uniformemente, a diferentes distancias, que se adaptan a distintos tipos de tela. Cuanto más ligero

sea el tejido, a menos espacio deberán estar los puntos. Como referencia, normalmente los tejidos ligeros necesitan lunares espaciados entre 5 y 12 mm.

Fruncir

La parte de la tela que está fruncida suele tener un aspecto completamente diferente al de la tela normal. Por otra parte, la forma del frunce puede variar completamente el estampado; por consiguiente, es aconsejable probar diferentes fruncidos para ver cuál es el resultado que más nos convence.

En el caso de los tejidos guingán, podemos coser en el extremo de cada cuadradito para crear pliegues alternando los colores, o en medio de los cuadraditos

claros para formar un panel más oscuro, o viceversa.

Los tejidos con pequeños motivos decorativos o lunares pueden parecer lisos al fruncirse. También podemos hacer que formen líneas para dar al conjunto un aspecto rayado. Estas líneas, además, ayudarán a que nuestra costura se mantenga recta y uniforme. Si queremos que el diseño sea impactante y atractivo es importante que tengamos en cuenta el color del estampado.

Los tejidos de algodón con estampados sutiles por toda la tela suelen tener una apariencia similar, estén fruncidos o estirados. El punto smock realza mucho estos tejidos si se cosen con un hilo de un color que haga juego.

Para empezar

1 Cortamos un trozo de papel de transferencia para smock y lo colocamos a lo ancho del tejido, con los lunares hacia abajo, y planchamos el papel y el tejido para que los lunares se transfieran.

2 Algunos tejidos ya tienen lunares o motivos decorativos regulares, de modo que podemos usar estos como guía para fruncir la tela. Si los lunares están demasiado separados, podemos realizar una puntada adicional entre uno y otro.

3 Los cuadraditos vichy de los tejidos guingán son unas guías ideales para elaborar el punto smock. Podemos realizar las puntadas en los extremos o en el centro de estos cuadraditos.

TERMINAR EL PUNTO SMOCK

Esta es una manera muy profesional de finalizar la labor. Una vez hayamos terminado con el trabajo de el punto smock, lo sujetamos muy bien con alfileres, con el bordado hacia abajo, a una tabla de planchar. Sostenemos una plancha sobre los pliegues y las costuras, y aplicamos vapor para que ayudar a que se asienten. Dejamos que la prenda se seque. Después, con cuidado, deshacemos los nudos del extremo de los hilos y tiramos delicadamente de cada uno de ellos hasta eliminarlos todos.

Preparar una muestra

Antes de meternos de lleno en la labor, probaremos primero realizando una pequeña muestra en el tejido que hayamos escogido. Decidiremos cuánto espacio queremos dejar entre cada puntada y la cantidad de tela necesaria, teniendo en cuenta que al fruncirla queda muy apretada: por lo general, será tres o cuatro veces más de lo que ocupe el ancho final. Un retal de entre 15 y 20 cm de tela nos servirá para aproximadamente 5 cm de tela fruncida. La cantidad de tela también dependerá del grosor de esta y del espacio al que se distribuyan las puntadas. Mediremos la tela de nuestra prueba antes y después de fruncirla, así podremos calcular la cantidad que necesitamos exactamente.

El punto smock suele estar ribeteado con puntos de contorno; dependiendo de qué tipo sean estos puntos, los pliegues quedarán de una u otra manera. El punto de tallo o el punto de cable tienen bastante control sobre los frunces. Sin embargo, el punto de onda, por ejemplo, queda bastante más suelto. Independientemente del tipo de punto que elijamos, es fundamental asegurarse de que la tensión sea uniforme. Si cosemos con demasiada tensión, necesitaremos más tela para compensar.

Realizaremos una pequeña prueba con el tejido que vayamos a utilizar antes de empezar con la prenda o labor; de esta forma, sabremos con qué tensión coser.

1. Preparamos la tela con el ancho que necesitemos. Si fuese necesario, utilizaremos papel de transferencia para marcar lunares en el revés de la tela. Cortamos un trozo de hilo bastante largo y le hacemos un nudo en el extremo. Realizamos puntadas de punto seguido a lo largo de la tela, manteniendo siempre la misma distancia entre ellas. Cosemos así todas las demás filas.

2. Sujetamos todos los hilos con la mano y tiramos de ellos hasta que se formen los pliegues, que deben quedar unidos pero todavía algo sueltos. Anudamos los extremos de los hilos por parejas. Damos la vuelta a la tela de modo que los pliegues queden hacia arriba. Colocamos los pliegues hasta que todos queden rectos y completamente uniformes.

3. Preparamos una línea de punto de tallo a lo largo de la parte superior de los frunces. Es más fácil mantener las puntadas rectas si seguimos una guía. El estampado del tejido que se muestra en la fotografía ha creado líneas azul marino a lo largo de la zona fruncida. Si no tenemos una guía clara, abrimos ligeramente los pliegues a medida que cosemos para seguir la pauta.

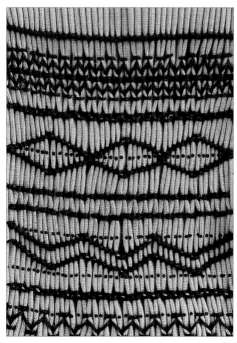

4. Seguimos cosiendo filas de puntos de bordado a través de los pliegues. Podemos contar el número de pliegues para realizar formas en rombos o zigzag. En la última fila utilizamos un punto de tallo o de cable para darle estabilidad.

ARRIBA: Un hilo de un solo color fuerte crea un gran contraste sobre este fondo de tono suave.

ARRIBA: Los tejidos de algodón con estampados sutiles por toda la tela quedan espléndidos si se cosen con un hilo de un color que combine.

Puntadas smock

Son los delicados puntos de bordado de la superficie los que sujetan y mantienen el fruncido de la tela.

Punto de panal
Este tipo de punto se puede realizar directamente sobre los lunares o en los pliegues.

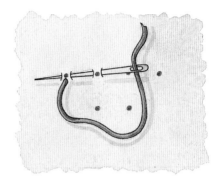

1 Realizamos una pequeña puntada arriba a la izquierda para asegurar el hilo; a continuación, clavamos la aguja hacia abajo por el segundo lunar y volvemos a la superficie por el primer lunar.

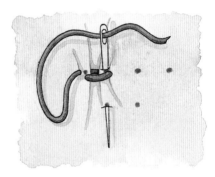

2 Volvemos a clavar la aguja por el segundo lunar y bajamos directamente hacia el que tenemos justo debajo.

ARRIBA: Podemos realizar una muestra de smock para practicar los diferentes puntos de bordado. Así sabremos cuáles son los que más nos gustan o mejor combinan con el tejido que vayamos a utilizar. Intentaremos combinar filas de puntos para obtener una bonita composición.

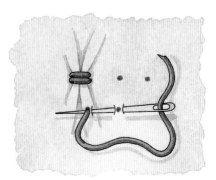

3 Realizamos dos puntadas para juntar otros dos lunares.

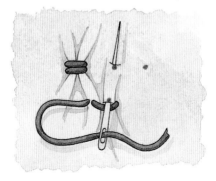

4 Volvemos a subir hacia arriba al lunar que hay justo encima (las puntadas en vertical se realizan siempre por el revés).

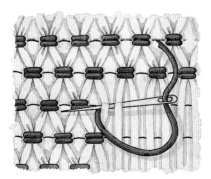

5 Seguimos trabajando hacia adelante y hacia atrás, completando todas las filas siguiendo esta cadencia.

Punto de cable

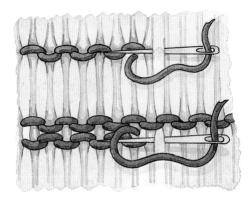

Cogemos cada pliegue, uno por uno, manteniendo el hilo por encima de la aguja y esta completamente recta.

Punto de tallo

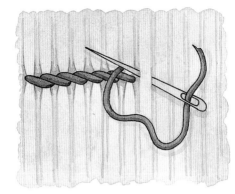

Realizaremos pespuntes atravesando los pliegues uno por uno, manteniendo el hilo debajo de la aguja.

Punto Chevron

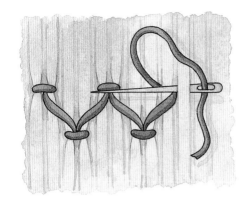

Este tipo de punto se parece mucho al de panal visto, pero el hilo que va en diagonal pasa por dos pliegues en lugar de por uno.

Punto de tablilla

Comenzamos a coser desde la izquierda, a media altura. Realizamos una puntada que pase por encima de dos pliegues y después sacamos la aguja entre ambos. Volvemos a realizar otra puntada hacia la derecha, ascendiendo en diagonal. Sacamos la aguja por debajo de las puntadas y hacemos otras, esta vez en diagonal hacia abajo.

Punto de panal visto

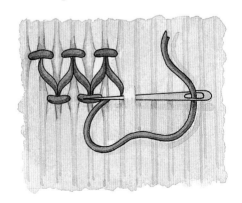

Comenzamos a coser desde arriba, a la izquierda. Realizamos una puntada que pase por encima de dos pliegues y después

ARRIBA: Esta labor de bordado con diferentes texturas emplea una técnica especial muy similar al punto smock, pero sin puntos de bordado decorativos. La tela se frunce con puntadas de punto seguido y después se refuerza con una entretela.

sacamos la aguja hacia arriba entre ambos pliegues. Realizamos una puntada hacia abajo, a través del mismo pliegue. Damos

una nueva puntada que pase por encima de otros dos pliegues y sacamos de nuevo la aguja hacia arriba entre ambos pliegues.

Zurcidos y parches

A menudo no nos queda más remedio que hacer labores de reparación cuando una prenda se desgasta por el uso o sufre algún desgarrón. Podemos adoptar algunas medidas preventivas para que algunas de nuestras prendas sean más resistentes como, por ejemplo, poner parches en los hombros, coderas o remaches en unos vaqueros o bolsillos. Otra manera de reforzar nuestra ropa es añadir una entretela antes de coser botones o bolsillos.

Zurcir a mano

El color del hilo que elijamos para zurcir deberá ser lo más parecido posible al de la tela. Y deberá tener un grosor ligeramente más fino que el de las fibras del tejido; de lo contrario, el zurcido quedará muy grueso y basto.

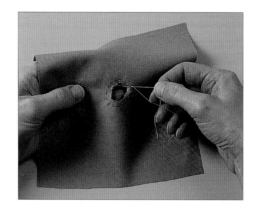

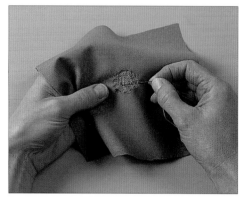

1 Cortamos un hilo bastante largo. Comenzamos hilvanando un círculo o cuadrado con pequeños puntos seguidos a lo largo del borde de la zona dañada.

2 Realizamos puntos seguidos hacia adelante y hacia atrás dentro de la zona marcada. Dejamos un punto algo suelto al final de cada fila para que el zurcido no quede tirante. En la zona raída formamos filas paralelas que atraviesen el roto y realizamos puntos seguidos a cada lado.

3 Giramos el tejido de modo que las filas paralelas queden en posición horizontal. Comenzamos a tejer la zona pasando la aguja por encima y por debajo de las filas, de modo que toda la zona quede cubierta por un parche tejido, evitando tirar de los hilos para que no estén tirantes.

Zurcir a máquina

El zurcido a máquina es adecuado para reforzar zonas desgastadas como las rodillas de un pantalón, pero no para cubrir un agujero, pues la tela quedaría demasiado rígida. Usaremos un pie prensatelas para zurcir y, al igual que para zurcir a mano, utilizaremos un hilo ligeramente más fino que el de las fibras del tejido y de un color que haga juego con la tela. Ajustaremos la máquina para hacer puntadas simples con la longitud de punto en cero.

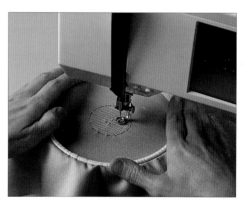

1 Hilvanamos un círculo con pequeños puntos seguidos a lo largo del borde de la zona raída. Si es posible, lo mejor es encajar la tela en un bastidor para que quede plana sobre la placa para la aguja. Bajamos el prensatelas para zurcir y realizamos filas paralelas hacia delante y hacia atrás en la zona marcada.

2 Nos detenemos con la aguja aún clavada en la tela y giramos el bastidor hasta que la línea de puntadas quede al revés. Seguimos cosiendo líneas paralelas algo más separadas para formar una especie de cuadrícula sobre la zona marcada. Si lo que queremos es rellenar un agujero, le daremos la vuelta al bastidor y realizaremos otra tanda de líneas de costura por el otro lado de la tela.

Parches a mano

Los parches se suelen hacer para reparar todo tipo de prendas. Con el fin de que este tipo de arreglo sea lo más discreto posible intentaremos utilizar la misma tela, o una muy parecida, y la recortaremos para que cubra únicamente el agujero o la zona desgastada.

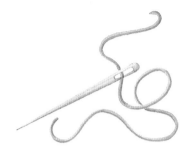

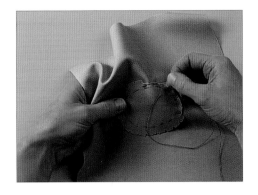

1 Cortamos un parche unos 3-4 cm más grande que la zona desgastada. Lo hilvanamos a 5 mm del borde y realizamos muescas en las curvas. Lo colocamos debajo e hilvanamos el borde alrededor del agujero. Realizamos pequeñas puntadas de dobladillo para asegurar el parche a la tela.

2 Por el revés, cortamos la zona desgastada, dejando un margen de 5 mm. Realizamos puntadas de ojal en los bordes sin rematar evitando coser por el derecho del parche.

Parches a máquina

Los parches hechos a máquina son una manera sencilla y rápida de reparar toda clase de ropa del hogar. Utilizaremos una tela que sea lo más parecida posible para que el parche pase desapercibido. También, como ya se ha mencionado anteriormente, es importante que el hilo sea de un color lo más similar posible.

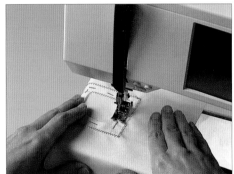

1 Cortamos un parche cuadrado o rectangular, unos 2-3 cm más grande que el área rota o desgastada, y lo hilvanamos en su sitio por el lado derecho, asegurándonos de que la trama encaje. Hacemos puntadas en zigzag para pegar el parche a la tela.

2 Damos la vuelta a la tela y recortamos la zona desgastada a 9 mm del borde. Volvemos a coser en zigzag los bordes sin rematar. De este modo, la tela mostrará dos filas de puntadas en zigzag por el lado derecho.

Roto rectangular

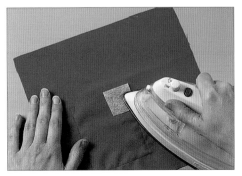

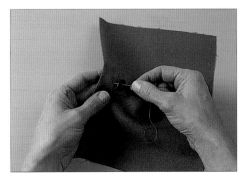

1 Primero juntamos los bordes del roto sobrehilándolos. Comenzamos y terminamos de coser a 5 mm de cada borde del roto. Realizamos pequeñas puntadas a lo largo de la zona dañada.

2 En una prenda o un bolsillo de pantalón con un roto, cosemos un cuadradito de entretela adhesiva por el revés de la tela antes de realizar las puntadas. Colocamos el bolsillo de vuelta en su sitio, sujetándolo con alfileres.

3 Cosemos el bolsillo en su lugar. Podemos volver a colocar un botón sobre el ángulo recto de un «siete» una vez que lo hayamos reparado con una entretela y cosido a máquina.

Ojales

Al contrario que los botones, la función de los ojales es más práctica que decorativa. Normalmente, se realizan con un hilo de un color muy similar al de la tela. Es importante tener en cuenta el estilo de la prenda y el tipo de tejido antes de coser un ojal. Los ojales hechos a mano son ideales para tejidos suaves y delicados; los de tela dan a la prenda un aspecto elegante, y los cosidos a máquina son perfectos para las prendas más informales.

El tamaño del ojal

Normalmente los patrones de modista incluyen el tamaño del botón y del ojal correspondiente, así como el lugar exacto donde deben colocarse. De todas formas, es necesario comprobarlo y, si es el caso, variar la disposición a nuestro gusto, en función del tipo de tejido, de los botones que queramos utilizar o de la forma final de la prenda.

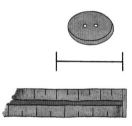

1 La forma y el tamaño del botón determinan la longitud del ojal. La medida mínima se corresponde con la circunferencia del botón más su grosor, y 3 mm más.

2 Para medir un botón circular o con alguna forma especial, rodearemos su zona más ancha con una tira de papel. Sacaremos el botón de la tira y la doblaremos por la mitad. Esta será la medida del ojal, añadiéndole 3 mm.

ARRIBA: Las prendas de lujo exigen una costura perfecta, especialmente en detalles como los ojales, ya que las imperfecciones saltan a la vista.

LA POSICIÓN DEL OJAL

La posición de los ojales, así como la de los pliegues y las líneas centrales, debería marcarse en los patrones una vez estos estén cortados. Coser los ojales suele ser uno de los últimos pasos en el proceso de costura, y deben estar marcados siempre con hilvanes hasta el momento en que vayan a realizarse.

- Hilvanamos a lo largo de la trama recta del tejido formando una línea ligeramente más larga que la medida definitiva del ojal. Marcamos la longitud del ojal con alfileres.

- Volvemos a hilvanar a lo largo de la primera línea para mostrar la longitud definitiva.
- Los ojales horizontales son más resistentes que los verticales y se mantendrán cerrados ante cualquier tirantez.
- Los ojales horizontales comienzan a 3 mm del lateral de la costura de la línea central. Esto nos deja espacio para el mango del botón y mantiene las líneas centrales en su sitio.
- Si la abertura está centrada delante o detrás, los ojales verticales tienden a dejar escapar

el botón cuando son sometidos a algún tipo de tensión. Solo se utiliza este tipo de botones en prendas sueltas, como blusas. En prendas de ropa femenina es importante que comprobemos que uno de los ojales esté situado a mitad del pecho. Espaciaremos el resto de ojales uniformemente a partir de este.
- Los ojales verticales comienzan en la línea central, 3 mm por encima de la posición del botón, para contrarrestar la tendencia natural de los botones a tirar hacia abajo.

¿Coser los ojales a mano o a máquina?

Los ojales se cosen una vez que la prenda esté acabada. Hilvanaremos la posición de los ojales a través de todas las capas de tela. Utilizaremos un hilo resistente de unos 45 cm para los ojales cosidos a mano. Este tipo de ojales tiene uno de sus lados redondeado, donde se apoya el botón, y el otro es rectangular.

Los ojales cosidos a máquina son adecuados para la ropa informal o las camisas de caballero. Podemos elaborar ojales con la máquina de coser si esta puede realizar puntadas en zigzag. En la actualidad, la mayoría de las máquinas de coser automáticas cuentan con un mecanismo que calcula el ancho y el largo de un botón con solo tocarlo.

Utilizaremos un pie prensatelas de dedo abierto para que podamos ir viendo las marcas que utilicemos como guía. Este prensatelas tiene unos pequeños surcos en la parte inferior que sirven para guiar la tela, de modo que la puntada de festón tenga una anchura correcta.

A mano

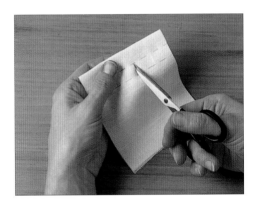

1 Cortamos un agujero siguiendo con exactitud las líneas que hemos hilvanado. Para ello utilizamos unas tijeras de bordado o unas tijeras especiales y ajustables que sirven para cortar ojales. En telas muy finas usaremos un descosedor.

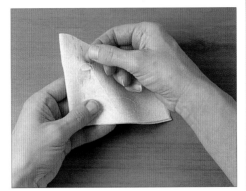

2 Atravesamos la entretela con la aguja y sacamos unos 2,5 cm de hilo. Después volvemos a clavar la aguja hacia abajo por el lado opuesto. Damos puntadas de ojal de 3 mm a lo largo del borde superior, al mismo tiempo que vamos tapando el hilo.

3 Al llegar al extremo, realizamos puntadas con forma de abanico para crear un perfil redondeado. Después, hacemos puntadas de ojal a lo largo del borde inferior, que también serán de unos 3 mm.

4 Al llegar al otro extremo, deslizamos la aguja a través de ambas capas de tela y cosemos varias barras de hilo. Realizamos puntadas de festón sobre las barras, haciendo que los bucles miren hacia el ojal. Rematamos la costura por el revés.

A máquina

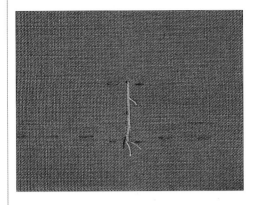

1 Marcamos la posición del ojal a lo largo de la trama recta del tejido con hilo de hilvanar. Trabajamos el primer lado, terminando con la aguja en el lado derecho.

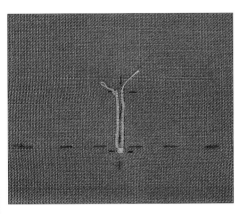

2 Cosemos el borde inferior de la barra y continuamos subiendo por el lado izquierdo, terminando con la aguja en el lado exterior.

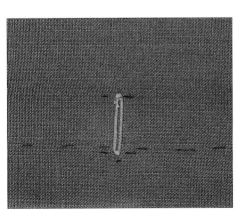

3 Cosemos el borde superior de la barra y después realizamos puntadas muy pequeñas para anclar el hilo. Cortamos los extremos del hilo y, cuidadosamente, realizamos un corte entre las dos filas de puntadas de festón, para así abrir el ojal. Para esto utilizamos tijeras pequeñas de bordar o un descosedor.

Ojal ribeteado

Los ojales ribeteados aportan un toque de elegancia a cualquier prenda, aunque se adaptan especialmente bien a los tejidos ligeros. Se empiezan a hacer antes de poner la entretela y se rematan más adelante. Es fundamental que todos los ojales tengan exactamente el mismo tamaño, por lo que, en esta ocasión, es más importante la precisión que la velocidad.

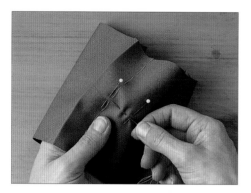

1 Marcamos la posición del ojal con alfileres de modista, atravesando las dos capas si la tela ya lleva dispuesta la entretela y cortamos las capas por separado.

2 Cortamos un trozo de tela de 5 cm de ancho y 3 cm más largo que el ojal. Lo centramos sobre los alfileres de modista, derecho contra derecho.

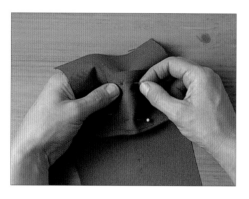

3 Marcamos el ojal con hilo de hilvanar. Comenzamos desde un lado y cosemos un rectángulo a 3 mm del hilo. Dejamos la aguja clavada en la tela para girar la esquina y, cuidadosamente, contamos las puntadas para que los dos lados sean simétricos.

4 Una vez el rectángulo esté completo, cortamos el extremo de los hilos. Hacemos una raja en el centro del rectángulo y cortamos las esquinas, cuidando de no cortar ningún punto durante todo el proceso.

5 Empujamos el rectángulo de tela por el agujero. Doblamos la tela para formar un pliegue invertido a cada lado, con los pliegues juntándose en el centro. Sobrehilamos cada pliegue, anudamos el hilo y cortamos.

6 Para completar la entretela, cortamos a lo largo de los alfileres de modista y volvemos a colocar la entretela detrás del ojal. Le damos la vuelta y cosemos una forma oval en el revés de la tela.

PRESILLAS ROUELAU

Las presillas Rouleau son un trozo de tela relleno con un cordón, o con su misma tela, que se utilizan como cierres para botones. Las presillas se cosen a la prenda principal, insertándolas entre la tela principal y la entretela.

- Cortamos una tela al bies con una anchura cuatro veces superior a la final. Planchamos la tira con vapor para eliminar el exceso de elasticidad y la doblamos por la mitad con el derecho hacia dentro. Cosemos a lo largo del centro de la tira doblada. Deslizamos un gancho de lengüeta en su interior y enganchamos el extremo; después le damos la vuelta tirando del extremo hacia fuera.

- Por el lado derecho de la tela hilvanamos dos líneas paralelas que señalen hasta dónde llega la presilla y su amplitud. Ponemos la tira formando una U y la sujetaremos con alfileres.
- Sujetamos las presillas con puntos de hilvanado y colocamos la entretela encima Hilvanamos por las líneas de costura y cosemos.

Ojal reforzado

 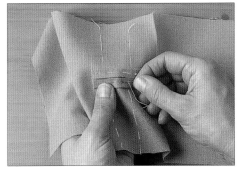 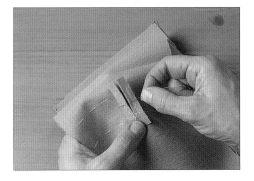

1 Realizamos este ojal antes de completar la entretela. Marcamos la posición con hilo de hilvanar. Cortamos una tira de tela de 2,5 cm de ancho para el ribete, a lo largo de la trama del tejido. Adherimos malla fusible al revés de la tela, retiramos el papel y doblamos la tela por la mitad. Planchamos para sellar las capas. Lo cortamos a 5 mm.

2 Cortamos dos piezas de ribete más largas que el ojal y las sujetamos con alfileres por la línea marcada para el ojal, con los bordes sin rematar tocándose. Hilvanamos el centro de cada pieza de ribete sin coger la entretela. Cosemos todos los ojales a la vez, realizándolos paso a paso para ser lo más exactos posibles.

3 Hilvanamos juntos los bordes plegados de los ribetes. Recortamos el ribete a 9 mm de los extremos de la línea del ojal. Marcamos los extremos del ojal con tiza de modista. Comenzamos en el centro de una de las piezas, cosemos hasta la marca, en uno de los extremos, y de nuevo hacia el centro.

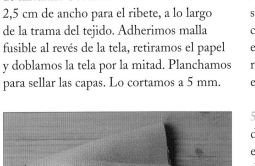

4 Hacemos lo mismo con el segundo lado, contando las puntadas para asegurarnos de que cada lado es igual de largo. Cortamos entre las líneas paralelas de costura y entre cada esquina por el revés de la tela.

5 Empujamos el ribete por la ranura del derecho de la tela y cosemos juntos los extremos, hilvanando en diagonal. Por el lado derecho de la tela, plegamos los pequeños triángulos a cada lado hacia dentro. Cosemos alrededor del borde del ojal.

ABAJO: Cuando realicemos ojales, escogeremos hilos que hagan juego con los colores de la prenda.

6 Cuando estemos listos para completar la entretela, la sujetamos sobre el revés de la tela y cortamos a lo largo de la línea del ojal. Doblamos el borde hacia dentro y lo cosemos con punto de dobladillo, dándole una forma ovalada en el revés de la tela.

Poner botones

Los botones son algo más que un simple cierre; también tienen una dimensión decorativa. Con solo cambiar los botones podemos transformar el aspecto de una prenda. Sustituyendo unos botones baratos por otros de mayor calidad, esta parecerá más cara de lo que realmente es. Es una buena manera de renovar todo el vestuario o una prenda determinada que queremos seguir usando.

En la actualidad disponemos de una amplia gama de botones, con una asombrosa variedad de estilos, colores, formas y tamaños. Debemos elegirlos con cuidado para que combinen perfectamente con la prenda. Para ello, antes de hacer ningún ojal, sujetamos los botones con alfileres en el sitio indicado para ver cuáles son los que quedan mejor. A continuación, cosemos los botones sobre la línea de los ojales, a 3 mm del extremo del ojal.

Sujetando con cuidado la prenda cerrada y haciendo coincidir el centro de la línea frontal, pasamos un alfiler a través del ojal para marcar la posición del botón. Usamos un hilo fuerte a juego con el color del botón. La longitud del mazo de hilo entre la parte inferior del botón y la tela debe ser igual al grosor de la prenda en el ojal más un poco de espacio para permitir que el botón se mueva con facilidad.

Botón de dos agujeros

1 Damos dos pequeños pespuntes donde vayamos a colocar el botón. Pasamos la aguja a través de uno de los agujeros del botón y lo sujetamos en su sitio. Con los agujeros en posición horizontal o vertical, siguiendo la dirección del ojal, realizamos la primera puntada. Pasamos un alfiler bajo el hilo y cosemos el botón.

Botón de cuatro agujeros

Estos botones se cosen de la misma forma que los de dos agujeros. Podemos coser a través de los agujeros para formar dos hileras o una cruz. Hacemos el mazo después y damos unas puntadas de festón similares a las practicadas para los botones de dos agujeros.

2 Retiramos el alfiler y sacamos la aguja por debajo del botón. Damos varias vueltas al hilo alrededor, entre el botón y la prenda para crear un mazo, y pasamos la aguja hacia el revés de la tela.

3 Por el revés de la tela, damos unos puntos de festón sobre los hilos. Este paso se omite con frecuencia, pero refuerza el hilo y ayuda a evitar que los botones se caigan con el tiempo.

Botones con mango

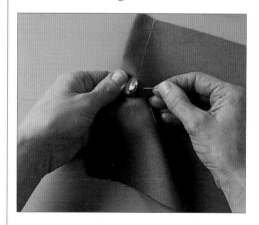

Un botón con mango tiene un agujero o una protuberancia de plástico o metal por la parte de atrás para poder coserlo. Colocamos el botón, sujetándolo con pequeñas puntadas hechas por el agujero del mango. Si la tela de la prenda es muy gruesa, quizá sea necesario también dejar un mazo de hilo. Alineamos la parte más estrecha del mango con el ojal.

Botones forrados

Los botones pueden forrarse para que vayan a juego con la tela de la prenda, conseguir un efecto más sutil o cuando no podemos encontrar unos botones adecuados. Los botones forrados son muy apropiados en una tela estampada para combinar bandas o uniones. Los que se forran «a presión» se pueden decorar con una serie de técnicas de encaje que permiten crear diseños originales. Otras opciones son personalizar nuestra prenda haciendo pequeñas iniciales en punto de cruz o forrar los botones con telas distintas.

Los botones que se forran «a presión» pueden ser tanto de plástico como de metal. Están cubiertos con un círculo de tela cosido, o acoplado, mediante una pequeña herramienta que se puede comprar. Usaremos botones de plástico si vamos a lavar la prenda con frecuencia y metálicos en el caso de que vayamos a limpiarla en seco, asegurándonos, nunca está de más, de que los botones que elijamos hacen juego con la tela.

Forrar los botones a mano

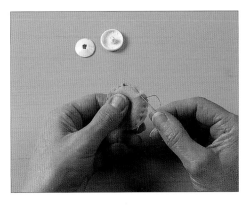

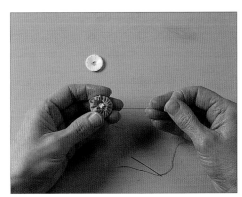

1 Cortamos un círculo de tela, tal y como se indique en las instrucciones del fabricante. Si la tela se deshilacha, planchamos una entretela ligera por el revés antes de cortarla. Hacemos pequeñas puntadas alrededor del borde del círculo.

2 Sujetamos la parte superior del botón en el centro del círculo de tela y tiramos del hilo para tensarlo. Colocamos el fruncido en su sitio y lo cosemos asegurando los bordes. Ponemos la tapa trasera sobre la puntada y la presionamos hasta que encaje.

Forrador para botones de plástico

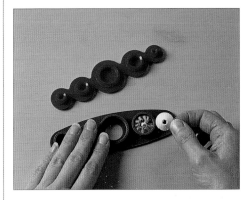

1 Cortamos un círculo de tela. Seleccionamos el hueco adecuado en el forrador para botones de plástico y centramos la tela por encima. Apretamos la parte superior del botón en el hueco de forma que los bordes de la tela se doblen hacia atrás. Colocamos la tapa trasera sobre la parte de atrás del botón y la presionamos hasta que encaje.

Centrar un dibujo

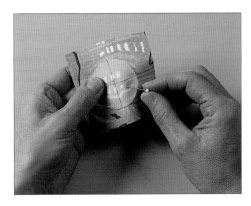

1 Cortamos un círculo en papel de calco al tamaño debido y lo colocamos sobre la tela con que vamos a forrar el o los botones para decidir qué zona se adapta mejor. Sujetamos con un alfiler y cortamos con cuidado centrando el motivo que hayamos elegido. Cubrimos el botón. El forrador de botones de plástico tiene un orificio en la base para que podamos comprobar la posición antes de colocar la tapa trasera.

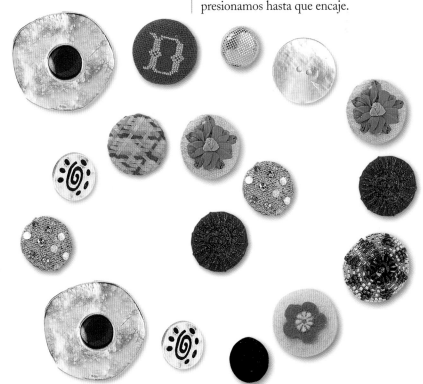

Arriba: Los botones están hechos de materiales muy diferentes, tales como plástico, metal, madera y cuero, o están forrados con tela.

Cierres para telas

Los cierres se elaboran en una amplia variedad de tipos y tamaños para que se adapten a las distintas clases de telas.
Se colocan entre dos capas de tela o entre una única tela y la entretela. Los corchetes los cosemos en el revés de la prenda y son
invisibles cuando se usan. Añadimos los cierres una vez que la prenda esté acabada. Si los bordes de la tela se tocan, usaremos
unos corchetes normales, pero si se superponen utilizaremos un gancho con presilla de punto. Cosemos el gancho en la misma
posición en ambos casos.

Corchetes

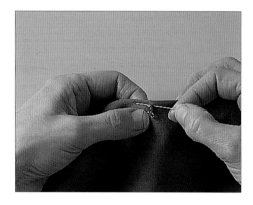

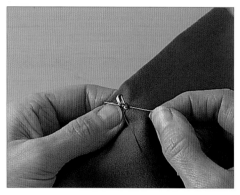

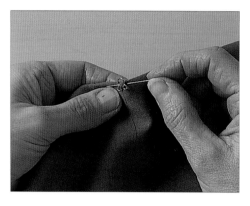

1 Sujetamos el gancho a 3-5 mm del borde por el revés. Damos varias puntadas sobre el extremo del gancho para sujetarlo en su sitio, asegurándonos de que no se vea por el derecho de la tela.

2 Pasamos la aguja a través de las capas de tela y la sacamos al lado de uno de los agujeros del gancho. Damos puntos de ojal alrededor de los agujeros a ambos lados del gancho para fijarlo a la tela. Colocamos la presilla en el gancho.

3 Colocamos la presilla sobre el otro lado de la prenda de forma que sobresalga del borde de 3 a 5 mm. Hacemos unos pespuntes alrededor de la presilla para sujetarla en su sitio y la desenganchamos. Por último, damos unos puntos de ojal alrededor de los dos agujeritos de la presilla para fijarla.

Ojales de hilo

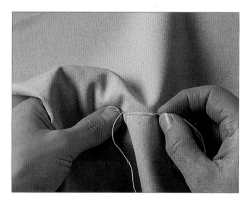

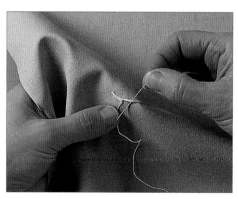

Ojetes

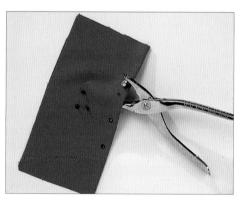

1 Usamos ojales de hilo para abrochar los botones en el borde del cuello; los hacemos sobre el doblez de la tela. Usando un hilo fuerte damos varias puntadas largas con la longitud adecuada, atravesando la tela. Dejamos la holgura suficiente en función del grosor del botón.

2 Damos puntadas de ojal sobre el lazo de hilo, de forma que queden derechas y bien juntas. Nos aseguramos de que el lazo de hilo no se tuerce al darle las puntadas. Acabamos con un par de pequeños puntos por el revés.

1 Marcamos la posición del ojete con un lápiz y perforamos un agujero a través de la tela en cada marca. El agujero debe tener el tamaño justo para que el ojete lo pueda atravesar.

2 Insertamos el ojete desde el derecho de la tela. Usamos unos alicates para colocarlo en el agujero.

Automáticos

Estos cierres de apertura rápida son útiles para fundas de cojines y bordes superpuestos de tela donde hay poca tensión. Son de color negro, plateado o de plástico y se elaboran en una amplia variedad de tamaños para adaptarse a las diferentes necesidades. Cosemos el «macho» del automático sobre la parte interior de la capa superior de la abertura usando un hilo duro, ya que los hilos finos tienden a romperse por el roce con el metal afilado del borde de los agujeros. Las puntadas deben darse atravesando la tela exterior y la entretela solamente.

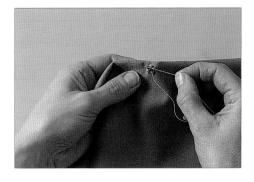

1 Damos varios pequeños pespuntes donde vayamos a colocar la base del automático. Sujetamos el automático en su sitio y realizamos cuatro o cinco puntos de ojal en cada uno de los agujeros para fijarlo en su sitio.

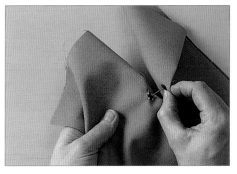

2 Pasamos un alfiler a través de la tela y de la base cosida. Colocamos la otra pieza del automático sobre ella y ponemos el otro lado de la prenda encima. Por último, sujetamos el automático en su sitio y cosemos con varias puntadas de ojal.

Remaches

Hay muchos tipos de cierres de remache en el mercado que se adaptan a una amplia variedad de prendas de sport. Los paquetes de remaches incluyen una pequeña herramienta que, con ayuda de un martillo, permite fijarlos en su posición. Siempre debemos seguir las instrucciones del fabricante.

Se recomienda probar sobre un trozo de tela sobrante antes de empezar. Siempre debemos comprobar bien la posición de los remaches antes de fijarlos porque no podremos retirarlos una vez que los hayamos fijado en su sitio.

1 Marcamos la posición del remache sobre la capa superior de la prenda y usamos un alfiler para trasladar esa misma posición a la capa inferior. Colocamos las partes correspondientes en la herramienta y las ponemos a cada lado de la tela.

Velcro

Este es un cierre fácil de usar, que puede ser sustituido por la mayoría de otros tipos de cierres. Es útil para la ropa de los niños y en aquellas situaciones en que se necesite ajustar la prenda, como puede ser el caso de la ropa premamá o el de quienes tienen problemas con otras clases de cierres.

El velcro está disponible en tiras y en pequeños círculos. Un lado tiene ganchitos de plástico que se fijan en los blandos bucles del otro lado. El velcro autoadhesivo se usa mucho en los cierres de la ropa de hogar.

1 Elegimos una pieza de velcro con ganchitos y la fijamos sobre la parte superior de la tela con pequeñas puntadas de dobladillo.

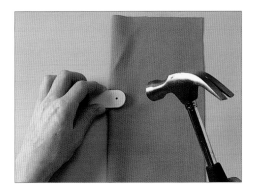

2 Damos un golpe seco de martillo contra la herramienta para unir ambas partes.

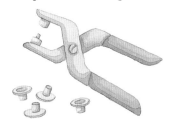

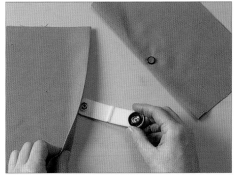

1 Colocamos las secciones para la parte inferior del remache en la herramienta de plástico y las fijamos en la tela usando el martillo. Nos aseguramos de que la sección inferior está bien alineada con la superior.

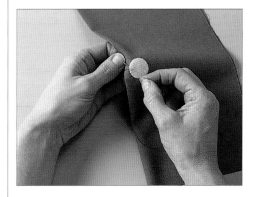

2 Comprobamos la colocación de la capa inferior y cosemos la pieza de velcro con bucles a mano o a máquina.

Elegir y colocar cremalleras

Las cremalleras son uno de los cierres más utilizados para abrochar, unir o ajustar pendras. Disponemos de un tipo adecuado para cada tela o costura. Se agrupan en tres categorías: las que tienen dientes de metal o plástico (cremalleras en cadena), las que se enganchan mediante espirales de nailon o poliéster y las cremalleras invisibles.

Las cremalleras invisibles tienen el aspecto de una costura vista por el derecho de la tela. Las cremalleras de dientes son más fuertes pero abultan más, mientras que las cremalleras de espiral tienen mayor flexibilidad, aunque pueden abrirse si soportan demasiada presión. Elegiremos las cremalleras que hagan juego con la tela y el tipo de prenda: por ejemplo, una chaqueta necesita una cremallera de final abierto; los vaqueros y los pantalones, en cambio, requieren cremalleras más resistentes.

Cremallera para falda o escote

Estas son las cremalleras de tamaño más habitual y se encuentran disponibles en diferentes longitudes. Están diseñadas para insertarse en la costura de una prenda, bajando por el centro de la espalda o a un lado de las prendas.

Cremallera ligera

La cinta de una cremallera ligera es mucho más fina que la de una cremallera normal. Esto la hace más delicada, y más flexible, que las cremalleras normales, por lo que es muy apropiada para telas finas. Está disponible en longitudes de entre 18 y 56 cm.

Cremallera para vaqueros (latón)

Esta es una cremallera resistente, hecha con grandes dientes de latón sobre una cinta muy fuerte. Abulta bastante y solo es adecuada para pantalones que hayan sido realizados con telas gruesas, como la vaquera o de pana.

Cremalleras de final abierto

Existen cremalleras de final abierto con varias anchuras que se adaptan a las diferentes necesidades de cada prenda. Algunas son similares a las cremalleras resistentes para vaqueros; otras, en cambio, son fuertes, pero más ligeras, y se adaptan a otra clase de prendas. También hay cremalleras para vestir con final abierto que se pueden encontrar en diferentes longitudes.

Coser una cremallera a mano

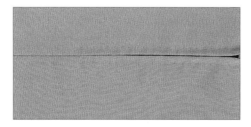

Este método sirve para colocar cremalleras en telas transparentes o delicadas. Pese a ser bastante firme, es mejor emplearlo donde no vaya a producirse una tensión excesiva.

1 Cosemos la costura a la parte inferior de la abertura de la cremallera. Hilvanamos a mano o a máquina la abertura de la cremallera y planchamos la cremallera abierta. Colocamos la cremallera a lo largo de la línea de costura y la sujetamos en su sitio con alfileres.

2 Desde la derecha, hilvanamos a 5 mm de cada lado de la línea de costura. Cosemos con puntadas cortas, cada 3-5 mm, a lo largo de la línea hilvanada.

3 Tiramos de los hilvanes para sacarlos.

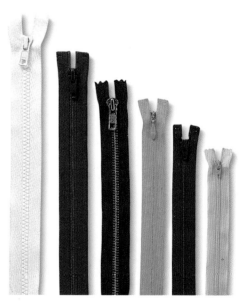

ARRIBA: De izquierda a derecha, cremalleras para chaqueta, de final abierto, para vaqueros (de latón), invisible, para seda y estrecha.

Colocar una cremallera semioculta

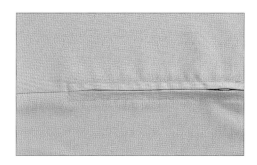

Esta labor se realiza para la parte central del frente o de la espalda de una prenda, o en una abertura sobre una costura lateral o de la espalda.

1 Cosemos a máquina la costura hasta llegar al extremo inferior de la abertura de la cremallera. Giramos bajo el borde de la costura e hilvanamos a unos 5 mm del pliegue.

ARRIBA: Las cremalleras son una buena opción para la ropa infantil.

2 Colocamos la lengüeta 5 mm por debajo de la línea superior de la costura. Prendemos la tela con alfileres a cada lado de la cremallera de modo que los dobleces queden por encima del centro de los dientes.

3 Hilvanamos en diagonal los dobleces juntos para evitar que se abran mientras cosemos. Hilvanamos a lo largo de las marcas y quitamos los alfileres. Usando una presilla para coser cremalleras, cosemos justo por fuera de las líneas de hilván por uno de los lados.

4 Dejamos la aguja atravesando la tela y giramos para coser en perpendicular por la parte inferior para luego ascender a lo largo del otro lateral.

Poner una cremallera oculta

Es para colocar una cremallera en la costura de una falda. También es muy apropiada para cojines, ya que el resultado es un cierre bonito y limpio que no estorba, al quedar la cremallera cubierta por un pliegue de tela. No afecta al ajuste porque la línea de costura se desplaza hacia adelante 3 mm en la parte de atrás y otros 3 mm por delante, pero hacia atrás.

1 Cosemos a máquina la costura hasta llegar a la parte inferior de la abertura de la cremallera. Planchamos la abertura a lo largo de la línea de costura sobre la parte posterior de la prenda. Doblamos el margen de la costura 3 mm hacia fuera de la línea planchada e hilvanamos.

2 Hilvanamos una línea de referencia en la parte delantera, a 7,5 mm del doblez. Colocamos la lengüeta bajo la parte superior de la línea de costura, a 5 mm. Sujetamos con alfileres e hilvanamos la parte posterior junto a los dientes de la cremallera. Cosemos a máquina muy cerca del pliegue.

3 Colocamos en su sitio con alfileres e hilvanamos la sección delantera, ajustando las líneas originales de la costura. Cosemos a máquina a lo largo de la línea de referencia. Dejamos la aguja en la tela, giramos, y cosemos atravesando la parte inferior de la cremallera.

Cómo hacer borlas decorativas

Las borlas son muy versátiles. Disponibles en todas las formas y tamaños, se usan para decorar prendas y cojines, y pueden transformarse en unos más que eficaces lazos traseros. Aunque existe una variedad enorme en el mercado, a veces no es posible encontrar el color deseado o el tipo de hilo adecuado. No debe importarnos porque unas borlas sencillas son fáciles de hacer. Con hilo de bordar, algodón de ganchillo y lana para tapices o estambres, podremos confeccionar las más adecuadas para el efecto que deseemos transmitir.

Borlas sencillas

1 Cortamos un trozo de cartón algo más ancho que la longitud final que queramos dar a la borla. Enrollamos hilo alrededor del cartón hasta que dispongamos del suficiente en función del grosor de la borla.

2 Pasamos otro hilo dos veces por debajo de la madeja que hemos formado y lo anudamos para mantener los hilos juntos. Sujetamos los hilos con cuidado y cortamos a lo largo del borde inferior.

3 Doblamos un hilo formando un lazo largo y lo sujetamos contra la borla con el doblez hacia arriba. Liamos el otro extremo varias veces alrededor de la borla para formar un cuello.

4 Pasamos el extremo liado a través del lazo y tiramos del otro extremo para introducir el bucle en la parte enrollada de la borla. Cortamos los extremos del hilo y recortamos la borla para dejarla bonita.

DERECHA: Las borlas son rápidas de hacer y necesitan muy pocos materiales. Para obtener un efecto sutil podemos utilizar varios tonos de un mismo color.

Borlas con gancho

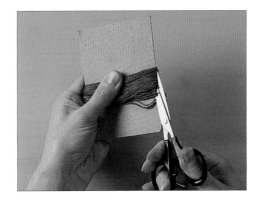

1 Cortamos un trozo de cartón ligeramente más ancho que la longitud de la borla una vez acabada. Enrollamos hilo alrededor del cartón hasta disponer del suficiente para que la borla tenga el tamaño deseado; cortamos uno de los bordes.

2 Hacemos un nudo grande con una pieza de hilo para formar un bucle y lo colocamos sobre el conjunto de hilos de forma que el nudo quede justo por debajo del centro. Atamos un hilo fuerte alrededor de la borla por encima del nudo.

ARRIBA Y ABAJO: Estas elaboradas borlas son muy apropiadas para trabajos de tapicería, como lazos o decoraciones de esquinas.

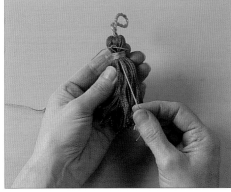

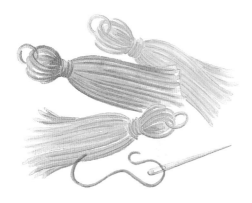

3 Soltamos los hilos repartiéndolos alrededor del nudo para cubrirlo y, a continuación, dejamos que los hilos de arriba caigan sobre el nudo para formar la borla.

4 Liamos un hilo alrededor de la borla para formar el cuello (véanse los pasos 3 y 4 de las borlas sencillas). Recortamos con cuidado los bordes de la borla.

Así se hacen los cojines

Los cojines brindan el toque final a cualquier habitación haciendo que parezca más cómoda y atractiva. Pueden ser sencillos y elegantes, si acompañan a una silla de época, o de colores más audaces para animar un sofá liso. Conviene elegir una tela que vaya a juego con el resto de telas de la habitación.

Los cojines se pueden rellenar con una gran variedad de materiales. Los más lujosos son la pluma y el plumón, aunque hay alternativas más económicas, como las virutas de espuma o la guata de poliéster. Si decidimos hacer nuestro propio cojín, usaremos una tela de calicó fuerte para la cubierta con el fin de evitar que el relleno se salga. También deberemos introducir en el cojín bastante relleno, dado que este se aplanará con el uso. Asimismo, prepararemos una funda ligeramente más pequeña que el tamaño del cojín para

asegurarnos de que este adquiera volumen cuando lo enfundemos. Si hemos hecho una funda de 45 cm de lado, encajará perfectamente en un cojín del mismo tamaño. Cuando la tela tenga un diseño atrevido, por ejemplo a rayas, es una buena idea hacer un patrón para asegurarnos de que los motivos encajarán bien y el resultado sea perfecto.

Aunque podemos poner la cremallera en cualquier posición por la parte de atrás del cojín, el lugar más idóneo es a unos 5-7 cm desde el borde superior.

Cierre con cremallera

1 Cortamos la pieza en papel de calco y marcamos las líneas centrales con un rotulador. Colocamos el patrón sobre la tela y lo fijamos con alfileres. Añadimos los márgenes para los dobladillos y cortamos la pieza.

ARRIBA: Este estampado queda perfecto con un cojín de este tamaño.

2 Cortamos la pieza trasera añadiendo 4 cm extra como margen para el dobladillo. Cortamos a través de la pieza a 7,5-10 cm del borde superior. Doblamos 15 mm a lo largo de todo el borde superior de la pieza mayor y la sujetamos con alfileres a la cinta de la cremallera. Hilvanamos y cosemos a maquina cerca de la cremallera usando una presilla para cremalleras en la máquina de coser.

4 Hilvanamos y luego cosemos a máquina a lo largo de la línea hilvanada usando una presilla para cremallera. Retiramos todos los hilvanes y abrimos la cremallera ligeramente antes de coser los paneles frontal y trasero con los lados derechos hacia fuera.

3 Doblamos 2 cm a lo largo del borde inferior de la pieza más estrecha e hilvanamos una línea a 15 mm del doblez. Sujetamos con alfileres el borde doblado sobre la cremallera de modo que cubra justo los puntos de la máquina.

Abertura de sobre (superpuesta)

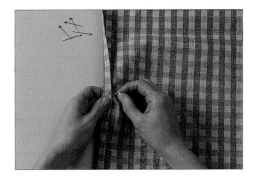

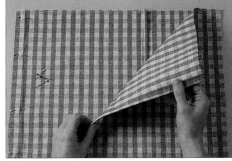

1 La abertura de sobre es una forma discreta y fácil de hacer la boca de un cojín. Cortamos el trozo frontal del tamaño adecuado más los márgenes para el dobladillo. Asimismo, cortamos dos piezas para la parte de atrás; su anchura debe medir la mitad que la del panel frontal más 7,5 cm extra. Planchamos un pequeño dobladillo a lo largo de uno de los bordes de ambas piezas. Las cosemos a máquina en su posición.

2 Colocamos sobre una superficie plana la pieza frontal con el derecho hacia arriba. Prendemos con alfileres una de las piezas traseras en la parte izquierda y la otra en la parte derecha, haciendo coincidir los bordes externos. Superponemos ambas piezas de forma que la que esté situada debajo provenga de la parte superior del cojín, y prendemos con alfileres las costuras laterales.

3 Cosemos a máquina el borde del cojín. Hacemos que la costura en las esquinas forme un ángulo recto, dejando la aguja pinchada en la tela antes de girar el cojín para seguir cosiendo por el siguiente lado. Cosemos hacia atrás en la superposición para reforzar muy bien la puntada. Recortamos en las esquinas para reducir el bulto que puedan formar y le damos la vuelta al cojín.

Hacer un reborde

Cortamos una pieza frontal del cojín y hacemos la parte trasera bien con apertura de sobre, bien con cremallera. Hilvanamos con los reveses de ambas piezas frente a frente. Cuando cortemos el reborde, si la tela tiene un patrón sencillo o forma ondas, tendremos que cortar cuatro piezas horizontalmente y otras cuatro verticalmente.

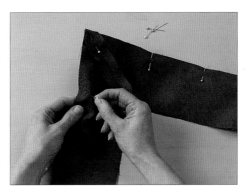

1 Cortamos ocho tiras de 7,5 cm de ancho y unos 15 cm más largas que el lado del cojín. Doblamos hacia atrás una esquina de cada cinta hasta que los bordes queden alineados. Cortamos las diagonales.

2 Sujetamos con alfileres los anversos de las esquinas y cosemos, parando a 15 mm del borde interior. Hacemos dos piezas de reborde cuadradas de esta manera y las planchamos, dejando las costuras planas.

3 Juntamos las dos piezas por el derecho, sujetándolas con alfileres. Cosemos a máquina a lo largo del borde exterior. Cortamos las esquinas.

4 Volvemos la pieza dejando el derecho hacia fuera. Planchamos. Introducimos los bordes del cuerpo del cojín hilvanado entre los rebordes. Luego coser a máquina.

Abertura de solapa

Una abertura de solapa se coloca normalmente en el frontal del cojín. La solapa puede tener distintas formas y abrocharse con botones, lazos, ojetes o un velcro. Las instrucciones que detallamos son para hacer un cojín de 45 cm. Es una buena idea cortar tiras para las piezas frontal y posterior en direcciones perpendiculares para evitar problemas de encaje.

ARRIBA: Las barras dispuestas en perpendicular nos evitan problemas a la hora de acoplar las rayas a las costuras.

1 Cortamos una pieza trasera de 45 x 60 cm y una solapa de 30 x 45 cm. Con los derechos de la tela frente a frente, prendemos con alfileres la solapa a la parte superior de la pieza trasera. Cortamos la pieza delantera, un cuadrado de 45 cm de lado, usando el orillo como borde superior del cuadrado o dejando un poco de margen para un pequeño dobladillo.

2 Cosemos a máquina a 15 cm de los lados y a lo largo del borde superior. Recortamos el sobrante de las costuras y la esquina. También recortamos el margen de la costura donde las puntadas finalizan en ambos lados.

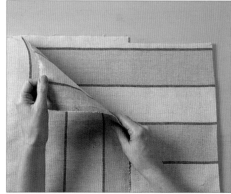

3 Volvemos la solapa del revés, sacamos bien las esquinas y planchamos. Sujetamos con alfileres la pieza frontal con la trasera, con el derecho de la tela frente a frente. Cosemos a lo largo de los otros bordes, recortamos los sobrantes de las costuras, como antes, y le damos la vuelta al cojín. Por último, le ponemos el tipo de cierre que hayamos elegido.

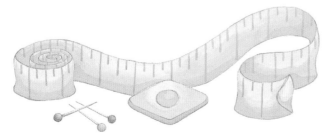

Añadir un ribete

Podemos adornar los cojines colocando un cordón alrededor del borde, una vez que los hayamos finalizado.

ARRIBA: Elegimos un cordón que tenga el mismo tono que la tela o que haga un fuerte contraste para acentuar los colores.

1 Descosemos unos 2,5 cm de la costura inferior. Comenzando en este lugar, cosemos el cordón fuertemente, pero sin que se vea, a la línea de costura por la parte frontal del cojín.

2 Recortamos los extremos dejando un margen de 2,5 cm que recogemos por la abertura descosida. Cosemos el hueco sujetando los extremos del cordón para que no caigan.

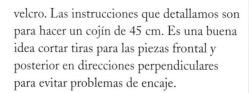

Añadir cordeles trenzados o cordoncillos

Estos dos remates decorativos proporcionan un borde en resalte, que puede fijarse cosiéndolo a la tela del cojín: el cordel trenzado se sujeta con una cinta de tela, mientras que el cordoncillo se fija directamente.

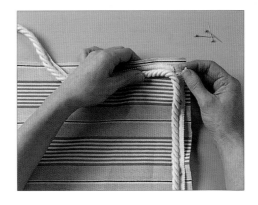

1 Sujetamos con alfileres el cordel a lo largo de la línea de costura de la parte frontal del cojín o, si es cordoncillo, directamente a la tela. Remetemos la cinta para que el cordel vaya justo sobre los bordes. Cosemos a máquina el cordel trenzado o el cordoncillo, usando una presilla para cremalleras en la máquina de coser.

2 Prendemos con alfileres por el reverso de la pieza e hilvanamos. Cosemos a máquina tan cerca como podamos del cordel o cordoncillo. Recortamos las esquinas y volvemos el cojín del derecho.

Elaborar un cojín cilíndrico

Los cojines cilíndricos, que pueden elaborarse en una amplia variedad de tamaños, tienen una forma muy distinta a la del resto de los cojines.

La cubierta es un tubo de tela con dos piezas de tejido en los extremos. Estas pueden ser circulares o unirse en el centro. La abertura del cojín suele ubicarse a lo largo de la costura del tubo; dejaremos un hueco para coserla a mano o acoplar una cremallera. Cabe decorar el extremo del cojín cilíndrico con un cordel por el borde, o dejarlo tal cual. Otras opciones son rematar el extremo con una borla a juego o un botón forrado que contraste con su gama de colores.

DERECHA: Los cojines se han asociado tradicionalmente a un mobiliario de corte clásico, aunque lo cierto es que se adaptan a prácticamente todos los estilos decorativos.

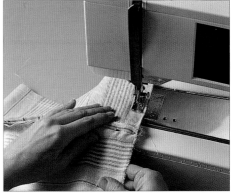

1 Después de medir la longitud y la circunferencia del forro del relleno, cortamos una pieza de tela que se adapte a ese tamaño. Añadimos una holgura de 2,5 cm al radio del relleno. Cortamos dos tiras con la suficiente anchura para que encajen en los extremos del tubo. Sujetamos con alfileres el cordón trenzado a lo largo de los dos bordes cortos de la tela, por el derecho de la misma, y cosemos ambos a máquina cerca del cordón usando una presilla para cremalleras.

2 Con los derechos de las telas enfrentados, prendemos con alfileres los trozos de tela de las bases del cilindro y los cosemos a máquina tan cerca como podamos del cordón usando una presilla para cremalleras. Damos dos pasadas de puntos a lo largo del borde externo de cada base.

3 Con los derechos de las telas enfrentados, prendemos con alfileres y cosemos la costura larga de la pieza principal del cojín. Si el cordel es muy gordo, tendremos que coser a mano la parte de la costura más próxima a él. Unimos los extremos de las bases del tubo, introducimos una borla y enrollamos tan firmemente como sea posible con un hilo fuerte para rematar.

Material para confeccionar cortinas

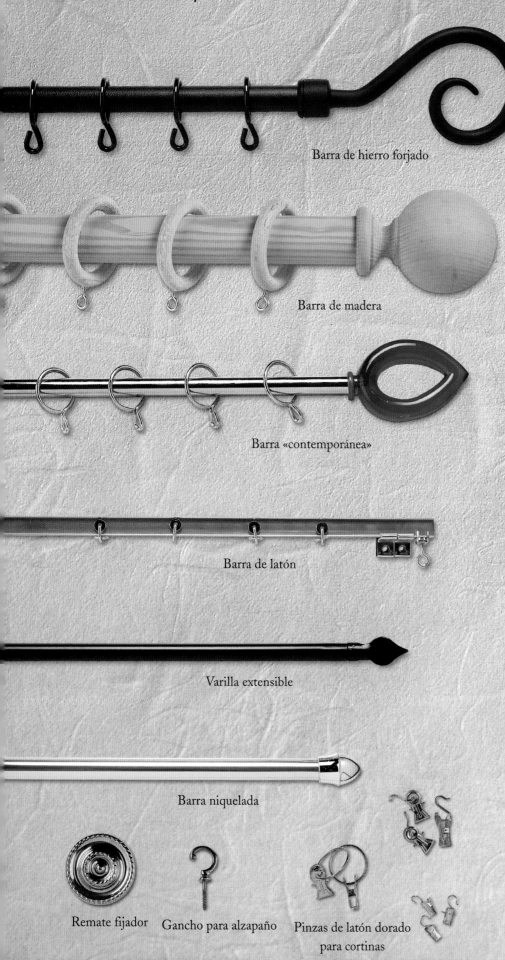

Barra de hierro forjado

Barra de madera

Barra «contemporánea»

Barra de latón

Varilla extensible

Barra niquelada

Remate fijador   Gancho para alzapaño   Pinzas de latón dorado
para cortinas

Barra «contemporánea»

Los remates de esta barra de cortina con aire retro se pueden conseguir en una gran variedad de formas y colores para que hagan juego con la decoración. Podemos elegir entre varios tipos de barras diferentes y sujeciones a juego para crear un conjunto personal y distintivo.

Barra de hierro forjado

Las barras de hierro forjado dan un aire de distinción al hogar. Son menos pesadas que las barras tradicionales de hierro forjado y son adecuadas para telas de peso ligero o medio. Pueden llevar varios tipos de remates que se adaptan a diferentes estilos de decoración.

Barra de madera

Las barras de madera se suministran, normalmente, con aros de madera a juego. Están disponibles en distintos tipos de madera y barnizados, y con toda clase de remates tallados.

Barra de PVC

Esta es una barra de uso general, muy fácil de poner y quitar. Se adapta bien a cortinas de peso medio y se puede doblar para adecuarse a la forma de la ventana.

Barra encordada

Estas barras están ya encordadas para facilitar la apertura y cierre de las cortinas sin tocarlas. Sirven como barras rectas con cortinas de peso medio.

Barra flexible

Esta barra se sitúa detrás de los ganchos de la cortina y se puede doblar para ponerla en ventanas saledizas. Es lo suficientemente fuerte como para usarse con todo tipo de cortinas.

Barra niquelada

Esta preciosa barra dorada es demasiado elegante para cubrirla. Puede usarse con cortinas con jareta, pero queda especialmente bien cuando las cortinas cuelgan sujetas con pinzas de latón dorado.

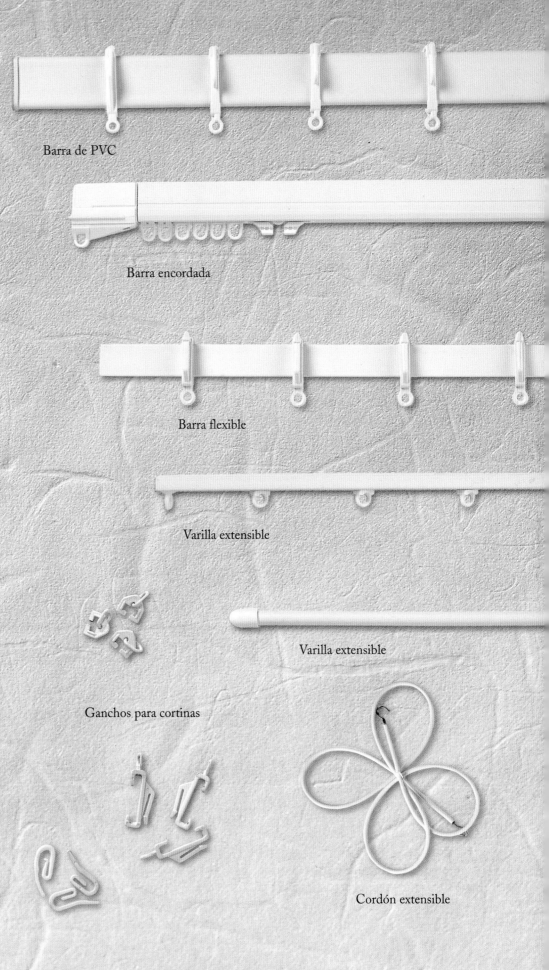

Gancho de sujección para cordeles

Los ganchos se usan para alejar las cortinas de la ventana. En algunos casos, la cortina simplemente se lía cubriendo la barra y se sujeta en el gancho mediante un disco, y en otros se sujeta al gancho con un cordón.

Ganchos para cortinas

Los ganchos para cortinas son diferentes para cada tipo de barra. Los ganchos de los extremos suelen llevar un tornillo para mantenerlos fijos en su sitio. Los ganchos más pequeños se usan para sujetar los forros a la cinta de la cortina.

Gusanillo (para visillos)

Este muelle de acero con una cubierta de plástico se puede cortar con la longitud precisa y colocarse con unos ganchos. Es adecuado para visillos y cortinas ligeras con una simple jareta.

Pinzas de latón dorado para cortinas

Las pinzas para cortinas son una alternativa a los ganchos tradicionales. Permiten que nos deshagamos de las cintas para cortinas y se adaptan muy bien a los diseños sencillos. Esta clase pinzas se distribuyen uniformemente a lo largo del borde superior de la cortina (de la misma manera que los clips dentados sujetan el papel), y se desplazan a lo largo de la barra con su gancho superior.

Riel de bronce

Este riel tradicional de gran calidad es apropiado para balcones cerrados o galerías acristaladas porque soporta bastante bien las altas temperaturas sin deformarse. Hay algunos diseños muy singulares que se pueden colocar en hogares ultra-modernos. Los ganchos metálicos se deslizan muy suavemente.

Varilla extensible

Esta barra ligera y extensible es adecuada para visillos y telas ligeras. Algunas pueden encajarse en la ventana con ganchos o accesorios. Otras tienen extremos adhesivos para usarse en ventanas con marcos de plástico o de PVC.

Barra de PVC

Barra encordada

Barra flexible

Varilla extensible

Varilla extensible

Ganchos para cortinas

Cordón extensible

Confeccionar cortinas

No es difícil hacer cortinas que tengan un aspecto profesional. Todo lo que necesitamos es una máquina de coser y habilidad para trazar líneas de costura rectas. Las cortinas se hacen para cubrir una ventana y decorar una habitación, pero también para matizar la luz, dar intimidad, amortiguar el ruido y añadir calidez. El tipo de cortinas que elijamos dependerá de la forma y posición de la ventana, la profundidad del hueco y del efecto que deseemos crear.

Las cortinas transparentes sujetas con gusanillo se colocan normalmente en el interior del hueco de la ventana, mientas que las barras o rieles se sitúan sobre esta y se extienden más allá de cada lado. Cuánto se extiendan dependerá de la posición de la ventana y del espesor de la tela utilizada. Lo ideal es poder tirar de las cortinas hasta dejar la ventana prácticamente libre y permitir el paso del máximo de luz.

Antes de calcular la cantidad de tela necesaria, debemos decidir qué tipo de barra o riel queremos y dónde lo vamos a colocar. La mayor parte de las cortinas son entre dos y tres veces más anchas que la barra o el riel, dependiendo del tipo de cabecilla usado. Las cenefas generalmente tienen más pliegues y requieren una cantidad de tela aproximadamente cuatro veces superior a la anchura del vano.

En la práctica, la anchura de la tela determina el fruncido final de las cortinas porque el número de piezas de tela que haya que coser para hacer la cortina suele estar disponible en un ancho sencillo o doble. La mayor parte de las telas para cortinas tienen 120 cm de ancho y la medida se suele redondear al múltiplo de 60 más próximo, ya sea por encima o por debajo. Así, por ejemplo, para una ventana de 200 cm de ancho, cada cortina debería tener entre 400 y 600 cm de ancho. Dos largos para cada lado darían 480 cm, que es algo más del doble de la anchura; mientras que dos largos y medio a cada lado darían exactamente tres veces el ancho. Los trozos de media anchura se cosen en el exterior de cada cortina.

Uniendo largos de tela para hacer la cortina

Las cortinas deben coincidir a lo largo de cada costura y entre las dos cortinas, así que puede que haya que comprar tela adicional si esta es estampada. Uniremos la tela orillo con orillo, dejando los paños de medio ancho en los bordes externos.

Dentro del hueco

Las cortinas que cuelgan en el interior del hueco de la ventana normalmente se ciñen al borde superior, salvo que sean cortinas de las que van a media altura (como las de los cafés). Medimos el interior del hueco en ambas direcciones para averiguar el ancho y el largo. Multiplicamos la anchura por 1,5 y 2,5 y, a continuación, calculamos el número de largos de tela necesarios para que la longitud quede entre los dos valores anteriores. Añadimos unos 20 cm a la longitud de cada largo para los dobladillos.

Fuera del hueco

Las barras y los rieles para cortinas se colocan justo encima del hueco de la ventana con la cortina colgando hasta debajo del alféizar de la ventana o hasta el suelo. Esta medida será la que determine el largo. La anchura de la cortina depende de la longitud de la barra o del riel más que del ancho del hueco. Dependiendo del tipo de cinta superior usada (las cintas de fantasía pueden requerir más tela en función de los pliegues que se necesiten), multiplicamos la anchura por dos y por tres; seguidamente, calculamos el número de largos de tela necesarios para que quede entre ambos valores, redondeando hacia arriba mejor que hacia abajo. Por último, agregamos unos 20 cm a la longitud de cada largo para los dobladillos.

Arriba: Las telas lisas en colores crema o las blancas siempre quedan elegantes en una ventana. La cenefa a juego da un aire formal a la habitación.

Arriba: Estas originales cortinas realizadas con una tela con rayas blancas y negras se rematan con una cenefa y un nudo decorativo de diseño.

Cortinas sin forro

Las cortinas sin forro son fáciles de hacer pero pueden decolorarse bajo la luz del sol. Siempre que utilicemos raso o terciopelo, coseremos los dobladillos a mano.

Cortaremos la tela de acuerdo con el tipo de cortina que estemos haciendo y uniremos los largos tal y como sea necesario.

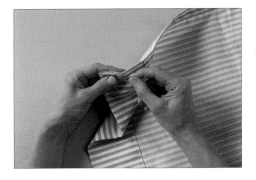

1 Hacemos un dobladillo de unos 12 mm bajo cada lado y cosemos a máquina.

2 Tomamos un dobladillo de unos 12 mm a lo largo del borde inferior y, a continuación, hacemos un segundo dobladillo de entre 5 y 7,5 cm. Cosemos a máquina y, seguidamente, damos una puntada en los huecos de cada extremo del dobladillo.

Cortinas con forro

Las cortinas con forro tienen una mejor caída que las cortinas sin forro y proporcionan más aislamiento. El forro se vende en anchos menores que la tela de las cortinas, por lo que el mismo número de largos puede que no requiera un ajuste en anchura.

1 Cortamos la tela según el estilo de la cortina y unimos los largos. Cortamos el forro 15 cm más corto y unos 13 cm más estrecho que las cortinas. Doblamos unos 7,5 cm hacia arriba el bajo de la cortina, hacemos un dobladillo de 5 cm en el bajo del forro, y cosemos.

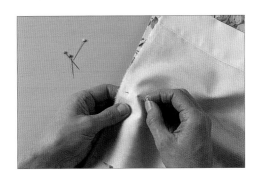

2 Con los derechos frente a frente, prendemos con alfileres el forro de forma que su dobladillo se superponga a la parte superior del dobladillo de la cortina en unos 2,5 cm. Cosemos a máquina las costuras laterales y las planchamos hacia fuera.

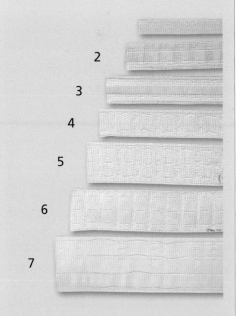

3 Damos la vuelta a la cortina y centramos el forro. Prendemos con alfileres a lo largo del borde superior e hilvanamos hacia abajo cada lateral, asegurándonos de que la cortina y el forro quedan planos. Damos una puntada a las esquinas del dobladillo.

TIPOS DE CINTAS PARA CORTINAS

El tipo de cinta que elijamos determinará el aspecto de las cortinas y la cantidad de tela que necesitemos comprar.

- **Cinta estrecha:** adecuada para cortinas sencillas que se colocan en el interior del hueco de la ventana o bajo una cenefa o galería.
- **Cinta «pliegue de lápiz»:** cinta sencilla para cortinas que requieren alrededor del doble de anchura de tela para tener un aspecto bonito. Los pliegues son de unos 12 mm de ancho.
- **Cinta triple pliegue:** esta es una de las cintas más sofisticadas que necesitan una anchura específica de tela para que la cortina caiga adecuadamente. Normalmente requiere unas tres veces el ancho. Se usa para entornos más formales.

- **Cinta de forro suelto:** cinta estrecha que se coloca a lo largo del borde superior del forro. Se une con ganchos normales a la cinta de la cortina.
- **Cinta para visillos:** cinta ligera y transparente hecha especialmente para visillos y telas transparentes. Se usa si las cortinas son abiertas.
- **Cinta para cortinas de velcro:** cinta con bandas en la parte de atrás que se fijan al velcro. Se emplea para colocar cortinas en el interior del hueco de las ventanas y sobre las galerías para que queden fijas.

ARRIBA: 1) cinta de forro; 2) velcro para visillos; 3) cinta para visillos; 4) cinta estrecha; 5) cinta «pliegue de lápiz»; 6) cinta «pliegue de lápiz» para velcro; 7) cinta triple pliegue.

Cinta estrecha

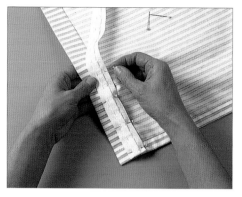

1 Necesitaremos entre una y media y dos veces la anchura de la cortina para este tipo de cinta. Atamos los cordeles a uno de los extremos de la cinta.

2 Hacemos un dobladillo sencillo de 5 cm en la parte superior. Sujetamos con alfileres e hilvanamos. Cortamos los extremos de la cinta y la doblamos hacia dentro.

3 Cosemos a máquina a lo largo de cada borde de la cinta. Tiramos de los hilos hasta conseguir la anchura correcta y los anudamos.

Cinta «pliegue de lápiz»

Cinta triple pliegue

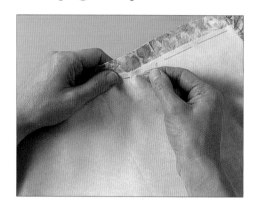

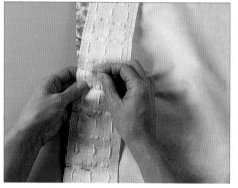

1 Necesitaremos entre dos y tres veces la anchura de la cortina cuando usemos esta cinta. Hacemos un dobladillo de unos 2 cm a lo largo del borde superior de la cortina. Anudamos los cordones.

2 Cogemos con alfileres la cinta a lo largo del borde superior de la cortina doblando los extremos por debajo del dobladillo. Cosemos a lo largo de las guías de arriba y abajo de los bordes de la cinta.

Para este tipo de cinta necesitaremos alrededor de tres veces el ancho de la cortina.

1 Fijamos la cinta a la cortina de la misma manera que hemos hecho con la de «pliegue de lápiz», asegurándonos de que la cinta esté colocada en la dirección correcta para que, cuando tiremos de ella, los pliegues se abran un poco por arriba.

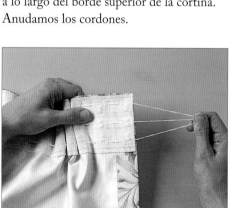

3 Tiramos de los cordones de uno en uno al principio y, a continuación, lo hacemos de los tres a un tiempo para dejar la cortina con el ancho deseado. Atamos los cordones para asegurarlos y los remetemos entre la cinta y la cortina.

CONSEJO

Con cortinas muy anchas conviene atar los extremos de los cordones al picaporte de una puerta antes de tirar de ellos.

Forro desmontable

Este tipo de forro puede utilizarse con la mayoría de las cintas para cortinas y es una buena elección cuando estas se van a lavar o limpiar en seco a menudo. El forro no necesita llevar tanta tela como la cortina. Cortamos el forro de forma que tenga una anchura entre una y media y dos veces la anchura de la ventana o barra y la misma longitud que la cortina. Después, le damos vuelta y cosemos un dobladillo doble a cada extremo de la tela.

Extendemos la cinta y la colocamos sobre el borde del forro. Sujetamos con alfileres y cosemos a máquina la cinta en su sitio. Recortamos el extremo de la cinta y la remetemos. Tiramos de los cordones y repartimos el forro para dejarlo a la medida del ancho de la cortina. Hacemos un dobladillo doble a lo largo del borde inferior de forma que el forro quede unos 2,5 cm más corto que la cortina y lo cosemos a máquina. Fijamos el forro a la cinta de la cortina usando unos ganchos normales.

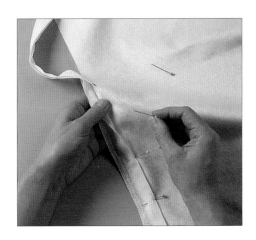

Jaretas

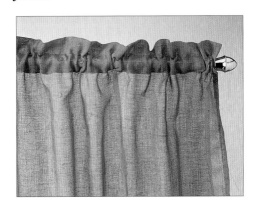

Los visillos o las cortinas de tela de red que vayan a permanecer «cerrados» (extendidos) pueden colgarse de un gusanillo en una ventana estrecha y de varillas de latón o barras delgadas en ventanas más anchas. En ambos casos doblaremos la parte superior de la cortina para formar un hueco a lo largo. No es necesario que unamos las costuras si hay varios largos, ya que los orillos se ven menos que las costuras.

1 Hacemos el dobladillo de arriba como para una cortina sin forro. Hacemos otro dobladillo de entre 3 y 5 cm a lo largo de la parte superior, dependiendo del grosor del gusanillo o de la barra. Cosemos a máquina la parte inferior del dobladillo, y volvemos a coser a 1 o 2 cm de distancia para crear el hueco para la barra.

2 Atamos los extremos de los hilos y planchamos la cortina. Retiramos el remate de un extremo de la barra. Introducimos la barra o el gusanillo por el hueco que hemos formado en la cortina. Igualamos los pliegues a lo largo de la longitud de la cortina. Colgamos la barra de sus ganchos por cada extremo.

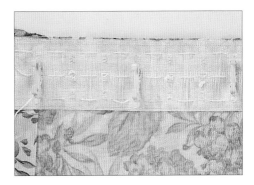

Colocación de los ganchos en la cortina

Normalmente, los ganchos de las cortinas van colocados en la banda central de agujeros de la cinta de la cortina, a menos que la cortina esté dispuesta en un raíl muy ceñido al techo. Introducimos un gancho cada 10 o 15 cm a lo largo de la cinta, dependiendo del peso de la tela. Una tela más pesada requerirá que dejemos menos espacio entre los ganchos. Colocamos un gancho con tornillo en el último hueco, a la derecha o a la izquierda dependiendo del lado por el que abramos la cortina. Medimos la barra de la cortina y juntamos ambas cortinas para que al colgarlas ocupen la mitad de barra. Podemos desplazar los ganchos sobre la guía o encajarlos con una simple presión. Cerramos las cortinas y distribuimos los pliegues de forma que se repartan uniformemente a lo largo de la barra.

Cortinas con lazo

Las cortinas con lazo se elaboran a partir de una cortina sencilla sin forro cosida a máquina con un dobladillo de 2 cm a lo largo del borde superior. Estas cortinas se utilizan para crear una atmósfera informal.

Los lazos se pueden hacer de cordel o de cinta y se colocan de la misma forma que las cintas de tela mostradas aquí.

1 Decidimos qué longitud necesitan los lazos sujetando con un alfiler el centro de una cinta de tela a la cortina y haciendo el lazo con los extremos sobre la barra. Calculamos cuántas cintas hacen falta, espaciándolas cada 10 o 15 cm. Cuando calculemos la cantidad de tela es necesario tener en cuenta también los márgenes para los dobladillos.

2 Cortamos cada cinta con el doble del ancho necesario, más 1 cm de margen para el dobladillo. Doblamos las cintas por la mitad a lo largo. Cosemos a máquina a lo largo de la cinta, dejando un hueco en el centro para luego darle la vuelta, y también ambos extremos, a unos 5 mm del borde de la tela. Doblamos haciendo coincidir los extremos.

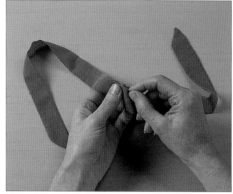

3 Recortamos los bordes y damos la vuelta a la cinta. Nos aseguramos de que en los extremos queda la vuelta bien dada usando una varilla embotada, o el extremo opuesto a la punta de una aguja de lana. Giramos la cinta para que las costuras queden exactamente en los bordes y la planchamos para alisarla. Cerramos el hueco que habíamos dejado dando unas puntadas invisibles.

4 Doblamos la cinta por la mitad, a lo ancho, y sujetamos el doblez con un alfiler por el revés del dobladillo de la parte superior de la cortina. Usando un hilo de buena calidad, cosemos un cuadrado para sujetar la cinta. Anudamos los extremos del hilo. Cosemos de la misma manera las demás cintas en su posición, a intervalos regulares a lo largo de la cortina.

Cortinas con ojetes

1 Elaboramos una cortina sin forro y le hacemos un dobladillo en el borde superior de unos 2,5 cm. Realizamos una marca cada 7,5 cm a lo largo del dobladillo, siempre a la misma distancia del borde. Usamos la herramienta especial que se suministra con los ojetes y un martillo para perforar los agujeros en el centro del dobladillo, sobre cada marca.

2 Ponemos la cortina con el revés hacia arriba. Introducimos la parte con tubo del ojete a través del agujero, desde abajo, y colocamos el anillo encima. Colocamos la herramienta especial en su sitio y golpeamos con el martillo para terminar de colocarlo.

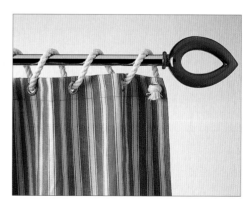

3 Pasamos el cordel a través de cada agujero dejando un hueco para que pase la barra. Hacemos un nudo en los extremos del cordel y lo recortamos para dejarlo limpio. Este tipo de cortinas queda muy bien en barras de madera y con telas de estética náutica.

Cortinas de café

Las cortinas de café son una forma atractiva de velar la parte inferior de una ventana y, al mismo tiempo, permitir que la luz penetre por su mitad superior. Normalmente, las cortinas cuelgan en el interior del hueco de la ventana, pero pueden sobrepasar ese espacio utilizando una barra. La anchura de la cortina dependerá de si queremos que cuelgue lisa o con pliegues. Las cortinas festoneadas pueden hacerse en un único color o con dos telas que contrasten, tal y como se muestra en este ejemplo.

Dibujamos un patrón para el borde superior de la cortina. Decidimos la longitud, asegurándonos de que la cortina llegará al alféizar de la ventana, y añadimos 5 cm de margen para el dobladillo. El borde de las lengüetas puede tener cualquier forma: simplemente modificamos el patrón de más abajo antes de cortarlo. Probamos nuestro patrón de papel sobre la barra antes de empezar a cortar la tela.

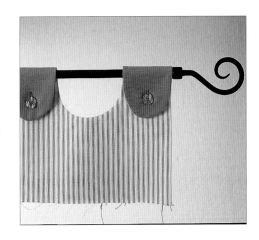

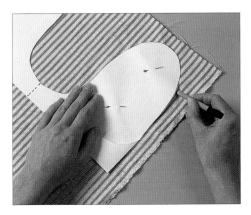

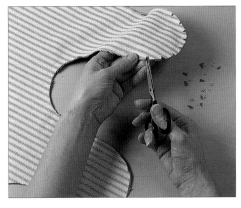

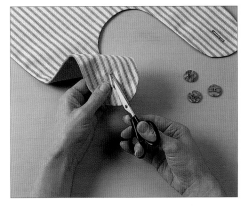

1 Doblamos el patrón por la mitad para hacer un borde recto y lo sujetamos con alfileres a la tela. Marcamos el borde del patrón con tiza de sastre y lo rodeamos todo hasta completar la forma. Cortamos a lo largo de las líneas, así como la tela de contraste a juego.

2 Con las telas juntas por el derecho, cosemos a lo largo de las curvas. Recortamos las costuras hasta dejar unos 5 mm. Cortamos unas muescas por el exterior de las curvas, como se ve en la foto, y recortamos el sobrante en las curvas cóncavas. Damos la vuelta a la cortina y la planchamos.

3 Hacemos un ojal vertical. Comprobamos la colocación del ojal (el botón deberá quedar por encima del ojal). Cosemos los botones en su sitio. Colocamos la cortina sobre la barra y prendemos el dobladillo con alfileres. Haremos el dobladillo de 1 a 2,5 cm más corto por el interior de la cortina.

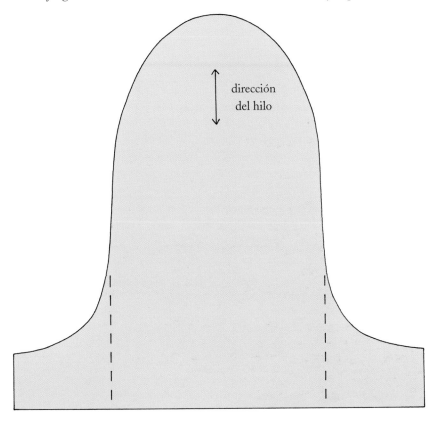

dirección del hilo

ARRIBA: Las cortinas de café son una buena elección en habitaciones en las que queramos combinar la intimidad con la luz.

IZQUIERDA: Ampliamos la plantilla al tamaño deseado, de modo que se adapte exactamente a la anchura de nuestra tela.

PATCHWORK

Las técnicas de patchwork las crearon mujeres con recursos escasos que necesitaban elaborar ropa de cama cálida para que sus familiares no pasaran frío. Aprovechaban retales y ropas que ya no usaban y cosían las piezas para hacer una manta grande. A esta manta se le añadía un relleno y una tela que después se cosía y remataba mediante la técnica del acolchado. Además, para muchas de estas mujeres pioneras, elaborar un edredón patchwork ofrecía la oportunidad de dar rienda suelta a la imaginación y la alegría de vivir en unos tiempos marcados por la dificultad. Preparar edredones terminó convirtiéndose en un acto social que congregaba a numerosas mujeres para coser juntas.

Materiales y equipo

Se necesita una amplia cantidad de materiales para realizar trabajos de patchwork y acolchado. Esta lista nos ayudará a escoger el equipo más adecuado.

Alfileres para patchwork
Los alfileres largos, finos y con cabeza de cristal son los más adecuados para sujetar capas de tela provisionalmente antes de hilvanar.

Bastidores
Los bastidores más fuertes y resistentes nos permiten sujetar varias capas de tela firmemente.

Bolígrafo soluble
Las marcas que realicemos con este bolígrafo se lavan y desaparecen con facilidad. Son muy útiles para dibujar líneas provisionales en zonas pequeñas.

Cera de abeja
Si pasamos el hilo por cera de abeja se suavizará y evitaremos que se formen nudos mientras realizamos la labor.

Cúter y regla
Utilizaremos una regla metálica cuando cortemos plantillas con un cúter. Sostendremos la regla manteniéndola sobre la plantilla. Repasaremos la línea varias veces en lugar de intentar cortarla a la primera.

Dedales
Es importante utilizar un dedal metálico en el dedo corazón de la mano con la que cosamos y un dedal para acolchar en el dedo índice de la otra mano.

Descosedor
Utilizaremos este utensilio cuando tengamos que deshacer una costura, tirando del hilo desde el revés de la tela.

Hilo
Para coser labores de appliqué escogeremos un hilo que sea del mismo color que los motivos decorativos o que el fondo; de no ser así, optaremos por un tono más oscuro. Utilizaremos un hilo para acolchado que sea resistente y lo untaremos ligeramente con cera de abeja. Si acolchamos a máquina lo mejor es utilizar hilo transparente.

Imperdibles
Utilizaremos imperdibles especiales para mantener juntas las capas de acolchado. Estos imperdibles especiales tienen uno de sus lados más curvados para poder acomodar la guata sin tener que aplastarla.

Lápiz y sacapuntas
Es importante que el lápiz que utilicemos para las plantillas esté bien afilado.

Malla fusible
Este tipo de malla sirve para adherir un motivo appliqué a la tela ya que actúa como pegamento al calentarse.

Medidor de márgenes
Con este utensilio nos aseguraremos de que nuestros márgenes de costura siempre tengan la misma medida, generalmente, 5 mm.

Metro de modista
Es adecuado para medir telas pero no para añadir costuras.

Papel de calco y bolígrafo
Dibujamos la imagen invertida (con efecto reflejo) de un diseño sobre papel de calco y colocamos el papel boca abajo sobre la tela. Repasaremos la línea para que el dibujo pase a la tela.

Papel de congelar
Este tipo de papel (papel encerado para envolver comida) se utiliza para cortar pequeñas piezas o hacer labores de appliqué. Uno de sus lados está cubierto por una capa de cera que no deja marca y permite que podamos planchar el papel a la tela temporalmente.

Papel milimetrado
Este papel nos facilitará la elaboración de patrones y plantillas. Para realizar triángulos o rombos utilizaremos un papel isométrico.

Pegamento en espray
Este tipo de pegamento es ideal para pegar plantillas de papel en un trozo de cartulina.

Plantilla de plástico
Utilizaremos un acetato algo grueso para cortar plantillas reutilizables. Calcaremos nuestro diseño directamente en el acetato utilizando un lápiz blando.

Plantillas
Es importantísimo que las plantillas sean muy precisas. Realizaremos a mano las plantillas para las piezas cortadas o los detalles en el tamaño final, no a escala. Es necesario tener en cuenta los márgenes de costura antes de cortar la tela. Las plantillas para realizar piezas con la máquina de coser también deberían incluir los márgenes de costura. Los materiales más adecuados para realizar plantillas para patchwork son el plástico y el metal.

Set de corte circular
Este set incluye una base de corte y reglas para usar con cuchillas rotatorias, muy adecuadas para realizar cortes limpios y formas geométricas.

Tela
La tela para patchwork suele venderse en los llamados «grandes cuadrados» (45 x 45 cm), pero es más económico escoger los colores y la cantidad necesaria de antemano y después comprarla en «piezas largas» (23 x 115 cm). Estas son las medidas habituales

Tijeras
Es conveniente utilizar tijeras diferentes para tela y papel, ya que este desafila la hoja de la tijera. Las mejores tijeras para cortar tela son las de modista; para trabajar sobre zonas muy pequeñas o cortar hilos sobrantes, las más indicadas son las de bordado.

Transportador
El transportador nos permitirá medir ángulos y curvas con exactitud. También utilizaremos una serie de compases para dibujar plantillas redondas y algunas otras formas geométricas.

Colores, tonos, saturación y brillo de las telas

La mayoría de los diseños de patchwork se elaboran creando contrastes entre tejidos más o menos claros u oscuros. El resultado de nuestra labor dependerá de los colores o patrones que elijamos. El brillo de un color es muy importante para algunos diseños, como los realizados a base de un gran número de pequeños cuadrados (*Tumbling Blocks*) porque las telas más claras resaltan, mientras que las oscuras se mantienen en segundo plano. Podemos crear diferentes efectos ópticos disponiendo los colores con delicadeza y pensándolo de antemano.

El grado de claridad u oscuridad de un color se denomina brillo. No es difícil establecer el brillo en el color de una tela, pero este varía cuando se combina con otras telas. Las telas parecen más claras si se rodean con otras más oscuras, y más oscuras si se combinan con tejidos muy claros.

Las telas de colores sólidos (sin estampado) suelen utilizarse para añadir zonas de contraste en los diseños de patchwork. Podemos comprar una gran variedad de telas que, vistas a cierta distancia, parecen tener colores sólidos, pero si se observan de cerca muestran un sutil estampado. Estas telas suelen estar estampadas en dos tonos de un mismo color, pero con diferentes grados de saturación; se pueden utilizar junto con piezas de un color sólido para añadir interés a la composición.

Estampados

Es muy habitual asociar las telas estampadas con el patchwork. Podemos mezclar estampados de estilo contemporáneo con diseños algo más tradicionales para crear una apariencia poco habitual, o elaborar un

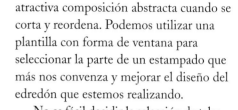

ARRIBA: Los colores sólidos atraen la mirada cuando se utilizan en pequeñas cantidades entre patrones.

edredón de aire «antiguo» seleccionando cuidadosamente los estampados.

Los estampados muy pequeños tienden a parecer sólidos vistos de lejos, pero aportan contraste y textura cuando se observan de cerca. Los tonos templados son probablemente los más típicos y populares en los tejidos utilizados para hacer patchwork. Hay que tener cuidado si combinamos dos tejidos con este tipo de tonalidad, ya que si son muy similares puede que se diluya el efecto óptico.

Los estampados grandes dan mucho juego porque permiten obtener diferentes tonalidades de una misma pieza de tela. Normalmente, un motivo decorativo de grandes proporciones se convierte en una

ABAJO: Escogeremos los patrones cuidadosamente. Los estampados grandes no suelen quedar bien en áreas pequeñas, y los estampados muy pequeños parecen lisos vistos de lejos.

atractiva composición abstracta cuando se corta y reordena. Podemos utilizar una plantilla con forma de ventana para seleccionar la parte de un estampado que más nos convenga y mejorar el diseño del edredón que estemos realizando.

No es fácil decidir la selección de telas para un edredón a partir de piezas pequeñas. Lo más aconsejable es visitar la tienda de patchwork más cercana, ver los diferentes rollos de tela disponibles y hacer pruebas con ellas hasta encontrar una disposición que nos satisfaga. Combinando una tela vieja con otra nueva descubriremos nuevas agrupaciones de telas con colores y tonalidades complementarias. Cuando sustituyamos una tela que combinaba bien por otra que no haga tan buen juego, dará la sensación de que la gama de colores se ha «removido». Aún así, es necesario ser valientes y probar con combinaciones poco habituales, pues podemos encontrarnos con sorpresas agradables que convertirán nuestros edredones en creaciones mucho más originales.

Utilizar la rueda cromática

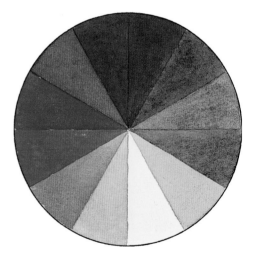

Si nos cuesta elegir los colores, una rueda cromática nos será de mucha ayuda. El magenta, el amarillo y el azul cian son los colores primarios, a partir de los cuales se forman todos los demás. Si mezclamos los colores primarios a partes iguales, conseguiremos colores secundarios: naranja, verde y violeta. Los colores terciarios, como el turquesa, se obtienen a partir de la mezcla de dos colores secundarios.

Elegiremos tres o cuatro colores para crear un efecto armonioso; por el contrario, utilizaremos tonos complementarios para

ESCOGER EL TEJIDO

- Se suele pensar que el patchwork es una buena forma de aprovechar retales y trozos de tela sobrantes, pero lo cierto es que suele ser necesario comprar telas nuevas si nuestra intención es hacer una labor de grandes proporciones, como un edredón.

- Los llamados *fat quarters* (piezas de 45 x 45 cm), que se exponen en las tiendas e incluyen diferentes tejidos que combinan exquisitamente entre sí, son muy tentadores. Sin embargo, derrocharemos el dinero si compramos estas pequeñas piezas antes de haber diseñado nuestra labor y calculado la cantidad de tela que necesitaremos.

- Aunque solo vayamos a usar una pequeña cantidad de un tejido, merece la pena comprar un *long quarter* (pieza de 23 x 115 cm), aunque nos sobre tela.

- La mayoría de los aficionados utilizan telas especiales para patchwork, pero también podemos recurrir a otro tipo de tejidos que se usan para la confección de prendas.

- Es importante que todas las telas utilizadas en una labor de patchwork tengan el mismo contenido en fibra y sean de buena calidad.

- Los tejidos finos o desgastados no durarán mucho, y la pelusilla de la guata terminará por surgir sobre la capa exterior, provocando un efecto poco estético.

- Las telas que utilicemos deben tener un tejido apretado, pero no hasta el punto de dificultar la costura.

- Antes de arrancarnos a comprar grandes cantidades de tejido, visualizaremos el diseño de la labor de patchwork y lo dibujaremos sobre papel para asegurarnos de que los colores combinan bien y nos agrada el resultado.

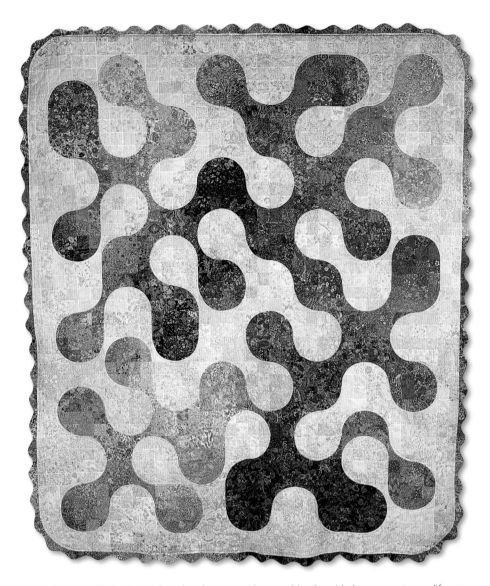

ARRIBA: Para este diseño de patchwork se han escogido y combinado cuidadosamente tonos diferentes del espectro cromático para crear un atractivo efecto de degradado. Esta labor, compuesta por más de 1.500 piezas, se ha realizado siguiendo escrupulosamente sutiles patrones a pequeña escala.

establecer un contraste. Las combinaciones cromáticas que suelen tener más éxito se forman con tres colores adyacentes en la rueda cromática y un color complementario, que aporta contraste. Los colores primarios imprimen mucha vitalidad a la labor; los colores terciarios, en cambio, transmiten un efecto más sutil.

Preparar la tela

Algunas personas recomiendan lavar y planchar la tela antes de cortarla, mientras que otros prefieren trabajar con la textura crujiente que tiene la tela recién comprada, y les agrada el aspecto «antiguo» que adopta la labor cuando se forman arruguitas después de lavar el edredón por primera vez. Si escogemos el segundo método, debemos asegurarnos de que los tejidos que hemos utilizado no destiñan.

Si queremos lavar las telas, hay que separarlas en tonos claros u oscuros y lavar cada grupo por separado, añadiendo un poco de suavizante. No es necesario añadir detergente si la tela está limpia. Después, enjuagaremos bien la tela y la tenderemos de los orillos para que se seque. La plancharemos cuando esté aún algo húmeda. Estiraremos los extremos y la trama de la tela antes de cortarla.

Escoger la guata

La guata es una capa de tela que se coloca entre la cara y el forro de un edredón. Antiguamente se empleaba cualquier retal o tela para elaborarla. Hoy en día se fabrica un tejido especial hecho de fibras de poliéster, lana, algodón, o incluso seda. Las tiendas de patchwork venden distintos tipos de guata; cada uno de ellos se adapta a una determinada clase de edredón o tejido.

Cada tipo de fibra tiene unas propiedades específicas que inciden de manera diferente en el resultado final. El grosor o el manejo del edredón dependerán del tipo de guata que se haya insertado entre el forro y la capa principal. La guata de poliéster suele ser elástica y abultada, mientras que la de lana o algodón permite un acabado más plano y su drapeado es mejor. La mayoría de la gente escoge guata de poliéster para elaborar su primer patchwork, pero esta clase de guata suele ser muy gruesa y difícil de manejar y acolchar. Es recomendable comprar una cantidad pequeña de cada tipo de guata y probarlas entre dos piezas de calicó u otros tejidos de algodón antes de tomar una decisión. Coseremos a mano o a máquina pequeños trozos con estos materiales para comprobar cómo quedan.

Muchas veces la decisión será una cuestión de lógica. Si tenemos intención de realizar un edredón muy grande y coserlo a máquina, llegará un momento en el que tengamos que ir enrollándolo, y el rollo tendrá que poder entrar en la máquina de coser. Una vez dispuesto en la máquina de coser, deberemos ser capaces de manejarlo.

Tipos de guata

Es importante tomarse un tiempo y escoger la guata con cuidado, ya que no podremos cambiar de idea una vez que esté cosida. En algunos de los tipos de guata mencionados a continuación, tendremos que dejar un espacio de no superior a 7,5-10 cm entre las líneas de acolchado para evitar que se rompan al lavarse. En otras telas podemos dar un margen de hasta 25 cm.

1) 50 g poliéster: esta guata es fina (90 cm de ancho) y adecuada para acolchar o como relleno. Es muy apropiada para hacer franjas rellenas y para forrar bordados haciendo que el diseño cobre volumen.

2) 115 g poliéster: se trata de la guata más habitual para la elaboración de edredones. Es bastante barata y fácil de manejar, pero su drapeado no es muy bueno. Se suele vender en rollos o en piezas ya cortadas.

3) 170 g poliéster: esta guata es muy abultada y demasiado gruesa para coserse; generalmente se emplea para el llamado «acolchado con nudos» (*tie quilt*).

4) Guata tejida: es de poliéster 100% y muy adecuada para realizar tapices y bolsas que cuelguen de la pared. Mantiene muy bien su forma una vez acolchada.

5) Guata *polydown*: se trata de una guata de poliéster ligada con resina muy suave y fácil de coser.

6) Thermore®: esta guata es 100% poliéster. Su drapeado es muy bueno y no se deshilacha cuando se procede al acolchado. Es muy apropiada para decoraciones de pared.

7) Lana: la guata de lana se acolcha muy fácilmente y su drapeado es magnífico. No debemos dejar más de 7,5-8 cm entre las líneas de acolchado. Un edredón hecho con guata de lana es muy cálido, pero es necesario lavarlo a mano o en seco.

8) Algodón: compuesta en un 80% de algodón y un 20% de poliéster, la guata de algodón es algo elástica debido al poliéster, aunque también encoge un 5%, lo que aporta un aire antiguo a los edredones.

9) Algodón orgánico: esta guata, ecológica e hipoalergénica, es muy apropiada para realizar acolchados a mano. Si queremos acolcharla a máquina, tendremos que protegerla con una trasera, lo que nos permitirá dejar una separación de unos 25 cm entre las líneas de acolchado.

10 y 11) Guata 100% algodón: esta guata es muy fácil de acolchar. Sus fibras se han cosido con gran consistencia creando una guata regular, estable y, además, muy resistente. Se vende en diferentes grosores, se cose tanto a mano como a máquina y es posible separar bastante las líneas de acolchado.

1   2   3   4   5   6   7   8   9   10   11

Comenzar a trabajar

Realizar un edredón de grandes proporciones es todo un desafío, tanto por el tiempo como por el dinero que requiere. Solo pensar en cómo empezar y elegir el diseño puede resultar intimidatorio. Es bueno recordar que los mejores especialistas, capaces de realizar las creaciones más asombrosas, fueron principiantes en algún momento. Por otra parte, los primeros artesanos del patchwork disponían de muy pocos recursos para realizar sus extraordinarios trabajos; el fundamental era su gran creatividad.

En la actualidad, disponemos de tantos utensilios elaborados especialmente para facilitarnos el trabajo de patchwork que elegir los más adecuados y saber por dónde empezar puede resultar una tarea complicada para los principiantes. Las siguientes pautas nos servirán de guía en nuestros primeros pasos por el universo del patchwork. Comenzaremos admirando los trabajos presentados en las exposiciones, o aquellos que hayan elaborado amigos y conocidos para decidir qué diseños y combinaciones de color nos gustan más. Si trabajamos a mano en vez de a máquina,

tendremos que asumir que el patchwork es una actividad que requiere mucho tiempo y nos concentraremos en proyectos más modestos (decoraciones de pared, cobertores para cuna) antes de embarcarnos en la realización de un edredón para una cama de matrimonio.

Otra opción es hacer diferentes labores de patchwork con distintos diseños y después unirlas todas para formar un edredón o una colcha. Esta es una manera cómoda de aprender muchas de las técnicas básicas y descubrir qué tipo de diseños y colores nos son más agradables.

Cuando tengamos un diseño en mente, el siguiente paso será decidir las dimensiones de nuestra labor una vez finalizada. En las tablas de la página siguiente se muestran las medidas básicas de las principales labores de patchwork; además, tendremos que pensar si queremos que el edredón llegue al borde de la cama o hasta el suelo. Dibujaremos un rectángulo sobre papel milimetrado que represente nuestra creación patchwork. Trabajaremos a escala y primero dibujaremos un boceto provisional.

Terminología patchwork

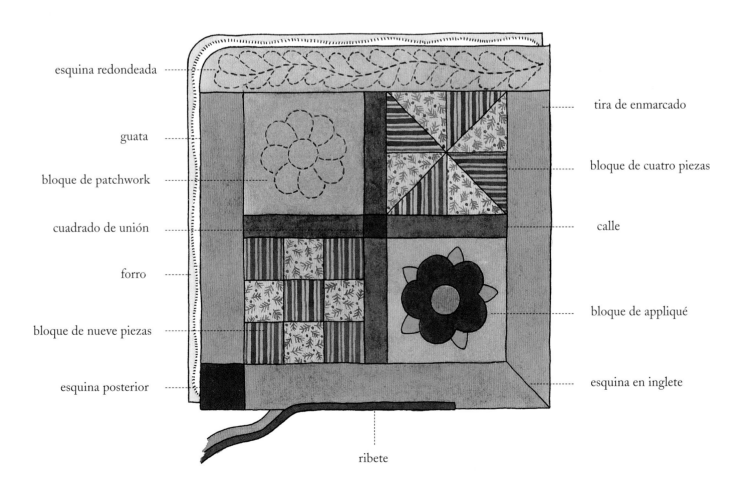

esquina redondeada

guata

bloque de patchwork

cuadrado de unión

forro

bloque de nueve piezas

esquina posterior

tira de enmarcado

bloque de cuatro piezas

calle

bloque de appliqué

esquina en inglete

ribete

Preparar un diseño patchwork

Los edredones realizados por bloques son más fáciles de planear que los hechos en mosaico. Independientemente del modelo que elijamos, es fácil calcular la cantidad de tela necesaria para un área pequeña, y después multiplicar esta para saber cuánta necesitamos en total.

La composición del edredón

Aunque en algunas labores el trabajo de patchwork se extiende hasta los bordes, en la mayoría de los edredones hay cenefas que los enmarcan, o tiras, llamadas calles, que separan los bloques. Los marcos y las calles de un trabajo de patchwork pueden variar su tamaño y apariencia finales considerablemente.

Lo primero que haremos será dibujar un boceto y colorearlo para ver dónde colocaremos las distintas telas y, sobre todo, identificar qué zona ocuparán las más claras y las más oscuras. Si fuésemos a realizar muchos bloques iguales, podemos realizar fotocopias. Probaremos con diferentes disposiciones y después buscaremos una tela que combine bien para el marco y las calles.

Una vez que estemos satisfechos con la disposición, dibujaremos nuestro diseño a escala sobre papel milimetrado. Esto nos permitirá calcular el tamaño final y la cantidad de tela necesaria. El tamaño no es lo más importante si vamos a colgar nuestro trabajo en la pared, pero el diseño y las dimensiones generales sí lo son.

Las calles y las tiras de enmarcado

Las calles y las tiras de enmarcado se cortan a lo largo de la trama de la tela. Es necesario añadir unos 5 cm adicionales a la longitud total de las tiras de enmarcado, así como 12 mm para los márgenes de costura de cada tira. Primero averiguaremos cuántas tiras caben en el ancho de la tela, y calcularemos la cantidad total de tela que necesitaremos.

El reverso o forro

El reverso de una colcha o edredón suele hacerse con una tela que combine con su superficie; muchas veces, incluso, se trata de una tela que ya hemos utilizado en esa zona. Calcularemos el tamaño de nuestro edredón o colcha y a esta cantidad le sumaremos entre 5 y 10 cm. Si el reverso del edredón es más grande que la tela de la que disponemos, será necesario juntar varios trozos de tela, manteniendo las costuras equidistantes con respecto al centro.

Ribetes

También es necesario cortar varias tiras al bies para realizar los ribetes con los que remataremos el edredón. Los ribetes suelen venderse en tiras de 5 cm de ancho. Existen ribetes rectos que están cortados a lo largo de la trama, y ribetes al bies, cortados diagonalmente entre la trama y la urdimbre. De una tela con dimensiones de 1 m de largo por 115 cm de ancho podemos sacar unos 21 m de ribetes rectos o unos 19 m de ribetes al bies. Conviene hacer muy bien todos los cálculos.

IZQUIERDA: Los bloques de esta labor de patchwork están unidos por calles y cuadrados de unión.

TABLA DE CONVERSIONES

Resultará más sencillo utilizar el equivalente en decimales a las medidas en pulgadas cuando calculemos las cantidades con una calculadora.

Centímetros	Pulgadas	Pulgadas con decimales
3 mm	1/8 in	0,125 in
5 mm	1/4 in	0,25 in
9 mm	3/8 in	0,37 in
1,2 cm	1/2 in	0,5 in
1,6 cm	5/8 in	0,625 in
1,9 cm	3/4 in	0,75 in
2,2 cm	7/8 in	0,875 in
2,5 cm	1 in	1,0 in
5 cm	2 in	2,0 in
7,5 cm	3 in	3,0 in
10 cm	4 in	4,0 in
13 cm	5 in	5,0 in
15 cm	6 in	6,0 in

DIMENSIONES DEL EDREDÓN

Utilizaremos esta tabla como guía para saber el tamaño que debería tener nuestro edredón, pero recordando que este variará dependiendo del tipo de patchwork que realicemos y de las dimensiones de los bloques. Igualmente, tendremos que medir la cama para establecer la medida exacta de nuestro edredón.

Capazo	90-115 cm de ancho	x	115-137 cm de largo
Cuna	107-122 cm de ancho	x	137-152 cm de largo
Individual	142-162 cm de ancho	x	213-254 cm de largo
Doble	178-203 cm de ancho	x	213-254 cm de largo
Matrimonio	193-213 cm de ancho	x	228-264 cm de largo
Matrimonio grande	234-254 cm de ancho	x	228-264 cm de largo
Gigante	304-315 cm de ancho	x	304-315 cm de largo

CALCULAR LA TELA NECESARIA: BLOQUE «CAMINO AL CIELO»

CALCULAR BLOQUES Y PARCHES

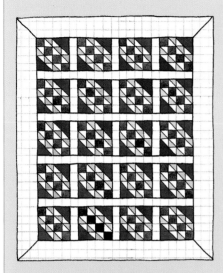

- Dibujamos un boceto en papel milimetrado, incluyendo las calles y las tiras de enmarcado. Coloreamos el dibujo para diferenciar las distintas telas que vayamos a utilizar.

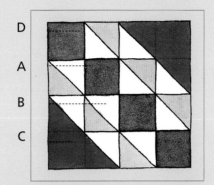

- Etiquetamos cada motivo con una letra distinta y después contamos cuántas piezas hay de cada tipo y color en cada bloque.

Por ejemplo, este bloque necesita:

Triángulos pequeños:
10 de tela clara A
6 de tela media B

Triángulos grandes:
2 de tela media C

Cuadrados:
4 de tela oscura D

- Multiplicamos la cantidad de piezas necesarias en cada bloque por la cantidad de bloques que tenga el edredón.
- Calculamos cuántas piezas podemos cortar del ancho de una tela, incluyendo un poco de tela extra para las costuras.
- Restamos unos 5 cm de desgaste a lo ancho de la tela para los bordes sin rematar y el encogimiento de la tela.
- En lugar de cortar triángulos, cortamos cuadrados y después los cortamos por la mitad en diagonal.

CALCULAR LA TELA

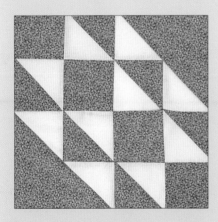

Este ejemplo nos muestra cómo calcular la tela necesaria para hacer un edredón «Camino al cielo» formado por un total de 20 bloques de 30 cm² cada uno. Añadimos tela adicional para las calles y las tiras de enmarcado, y para que no vayamos muy justos de tela.

- Tela clara A: cada bloque contiene diez triángulos cortados de cinco cuadrados de 9,7 cm cada uno. Para 20 bloques necesitamos cortar 100 cuadrados. Como podemos cortar una fila de diez cuadrados en una tela de 115 cm de ancho, necesitamos suficiente tela como para poder cortar diez filas, lo que sumará 97 cm de largo. Calcular bien antes de cortar es la clave.
Total de tela clara necesaria:
97 cm de largo de una tela de 115 cm de ancho.

- Tela media B: en este caso cada bloque contiene seis triángulos cortados de cinco cuadrados de 9,7 cm cada uno. Para 20 bloques necesitamos cortar un total de 60 cuadrados. Ya que podemos cortar una fila de diez cuadrados en una tela de 115 cm de ancho, necesitamos suficiente tela como para poder cortar seis filas, lo que sumará 58,2 cm de largo.
Total de tela B necesaria:
58,2 cm de largo de una tela de 115 cm de ancho.

- Tela media C: cada bloque contiene dos triángulos cortados de un cuadrado de 17,5 cm. Para 20 bloques necesitamos 20 cuadrados. Ya que en 115 cm del ancho de la tela nos cabe una fila de seis cuadrados, tendremos que cortar cuatro filas, lo que sumará un largo de 70 cm.
Total de tela C necesaria:
70 cm de largo de una tela de 115 cm de ancho.

- Tela oscura D: para esta tela cada bloque contiene cuatro cuadrados, cada uno de 9 cm. Para 20 bloques necesitamos 80 cuadrados. Ya que en una tela con 115 cm de ancho cabe una fila de 12 cuadrados, necesitamos siete filas, que sumarán 63 cm de largo.
Total de tela D necesaria:
63 cm de largo de una tela de 115 cm de ancho.

Hacer y utilizar plantillas

Utilizaremos diferentes tipos de plantillas para patchwork, acolchado y labores de appliqué. Las plantillas para realizar piezas a mano y trabajos de appliqué se cortan al tamaño final, mientras que las plantillas para realizar piezas a máquina deben incluir una holgura de 5 mm para las costuras. Algunas plantillas de patchwork cuentan con ventanas que nos permiten dibujar las líneas de costura y de corte a la vez. Las plantillas de acolchado también pueden tener ventanas para poder marcar todas las líneas de acolchado.

Las plantillas nos permiten reproducir una misma forma exactamente igual tantas veces como queramos. Las plantillas deben estar hechas con un material resistente, sea cartulina, acetato o metal, que permita un uso repetido.

El acetato es mejor que la cartulina en varios aspectos: es transparente, lo que permite calcar formas directamente, y tiene más resistencia, con lo que podremos utilizar la plantilla más veces. Si utilizamos cartulina, lo mejor es pintar los extremos con barniz para protegerlos y hacerlos más resistentes. Las plantillas que compramos ya hechas suelen ser de acetato o metal.

1 Calcamos la forma en el papel con un lápiz blando y afilado. Puede que nos resulte más fácil dibujar un punto en cada extremo y después unirlos con una regla. Dibujamos un marco que rodee la forma con un margen de unos 5 mm, si vamos a hacer un plantilla para coser a máquina o una plantilla con ventana.

2 Para cortar la plantilla utilizamos una regla metálica y un cúter, realizando el corte poco a poco y no intentando rematarlo a la primera. Sujetamos la regla firmemente para evitar que se nos resbale, haciendo que al menos uno de los extremos sobresalga del acetato. Si vamos a hacer la plantilla para coser a máquina, nos aseguramos de cortar la línea de fuera en lugar de la de dentro.

3 Para realizar una plantilla-ventana cortamos las líneas de dentro con mucho cuidado. Le damos vueltas al acetato y repetimos el corte hasta que hayamos concluido. Necesitaremos repasar la línea varias veces antes de cortarla.

Marcar la tela

Al marcar la tela es importante hacerlo con la mayor precisión posible para que las piezas encajen a la perfección posteriormente. Si cometemos pequeños errores en varias piezas, la suma de todos ellos será muy apreciable en el resultado final. Marcaremos las piezas con un lápiz afilado por el revés de la tela; siempre que podamos, mantendremos las líneas rectas en paralelo con respecto a la trama.

Para no malgastar tela, trazaremos las tiras de enmarcado y las calles en un determinado color antes de cortar las piezas. Dispondremos las piezas de patchwork en fila en lugar de repartirlas al azar por la tela.

1 Las plantillas para realizar piezas, appliqué y acolchado a mano se cortan al mismo tamaño que el resultado final y se utilizan para marcar únicamente la línea de costura. Colocamos la plantilla sobre el revés de la tela con los laterales siguiendo la trama. Marcamos tantos cuadrados como sea necesario, dejando suficiente espacio entre uno y otro para los márgenes de costura.

2 Medimos 5 mm a partir de cada lateral y juntamos las líneas; un medidor de márgenes puede facilitarnos mucho esta tarea.

Equipo de corte circular

El corte circular es una manera rápida y precisa de realizar piezas de tela de diferentes formas. Lo más fácil es realizar cuadrados, rectángulos y triángulos; con la práctica también nos resultará muy sencillo cortar rombos. Para realizar este trabajo necesitaremos una base de corte, reglas especiales para corte rotatorio (marcadas con líneas-guía) y un cúter rotatorio. Estos materiales pueden parecer caros, pero ahorran muchas horas de trabajo, ya que permiten cortar diversas formas sin tener que marcarlas previamente. Las instrucciones que se exponen a continuación son para diestros; les daremos la vuelta en caso de ser zurdos.

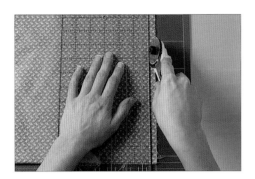

1 Doblamos la tela por la mitad, haciendo que coincidan los bordes sin rematar. Planchamos las dos capas con vapor. Volvemos a doblar por la mitad y planchamos. Colocamos la tela doblada sobre la base de corte. Alineamos las líneas de la regla con el pliegue. Utilizamos el cúter hacia arriba y abajo a lo largo de los bordes sin rematar.

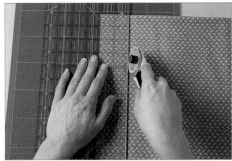

2 Giramos la tela de modo que el lado cortado quede a la izquierda. Utilizamos las líneas de la regla para cortar una tira con el ancho que deseemos más 12 mm adicionales para los márgenes de costura. Cortamos tantas tiras como sea necesario. Es importante recordar que cada tira tiene cuatro capas, ya que las hemos doblado anteriormente.

3 Giramos la primera tira para colocarla horizontalmente. Cortamos 9 mm de uno de sus extremos y después cortamos la tira en cuadrados. Cada cuadrado tendrá que medir lo mismo que el cuadrado final más 12 mm adicionales para los márgenes de costura.

4 Cortamos triángulos a partir de los cuadrados, añadiendo 2,2 cm al tamaño del triángulo final, y medimos uno de sus laterales para saber el tamaño del cuadrado. Cortamos los cuadrados para hacer los triángulos. Si queremos realizar triángulos de un cuarto de cuadrado, cortamos cuadrados 3 cm más grandes que el tamaño final del triángulo, y volvemos a cortar diagonalmente.

5 Para elaborar un rombo, o diamante corto, cortamos tiras con el ancho del rombo más 12 mm para los márgenes de costura. Alineamos el extremo de la tira con la línea de 60° marcada en la regla y lo cortamos. Manteniendo la línea de 60° en el extremo de la tira, cortamos los rombos del mismo ancho que las tiras, utilizando las líneas de la base de corte como guía.

6 Para cortar un rombo, o diamante largo, seguimos la misma técnica, pero esta vez utilizando la línea de 45° en lugar de la de 60° de antes.

UTILIZAR LAS TIJERAS

- Cortamos siempre la tela con unas tijeras afiladas, haciéndolo a lo largo de la línea marcada con lápiz.
- Las tijeras se adaptan mejor a las formas complicadas que el cúter.

- Mantenemos la tela cerca de la mesa. Realizamos cortes largos alrededor de las líneas principales antes de trabajar los detalles. Para ser más precisos cortamos capa por capa.

Motivos en mosaico

En los tiempos en que las telas eran consideradas bienes de lujo y la gente evitaba desperdiciar el retal más modesto, los restos de prendas viejas o la ropa de casa en desuso se atesoraba hasta que había suficiente como para, juntando los trozos, hacer una labor de patchwork.

Patchwork de una o dos piezas

Antiguamente, la tela de patchwork se rellenaba con sábanas para hacer colchas. Las piezas de la superficie se cosían juntas al azar o en tiras pero, a medida que comprar tela dejó de ser un lujo, la gente comenzó a realizar colchas y edredones de diseños geométricos y patrones algo más complicados que los hechos hasta entonces.

Las creaciones en mosaico fueron los primeros diseños de patchwork que se hicieron populares. Se elaboran con uno o dos motivos que, al unirse, crean un patrón que cubre una superficie entera; por eso se conocen como patchwork de una o dos piezas. Estas creaciones solían hacerse a base de hexágonos o rombos. Las piezas se realizaban siempre a mano y se cosían sobre papel. «El jardín de la abuela» es probablemente el diseño más conocido. Muchas veces el papel no se retiraba y esto permitía conocer la antigüedad de un viejo edredón.

«Bloques que caen» y «Vuelta al mundo» son dos ejemplos de los patrones patchwork en mosaico más contemporáneos que se pueden encontrar.

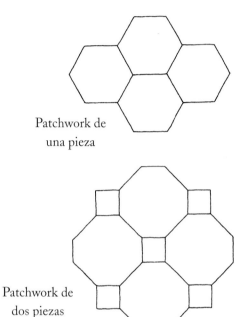

Patchwork de
una pieza

Patchwork de
dos piezas

ABAJO: Este patrón de «Bloques que caen» es un ejemplo de labor hecha a base de miles de pequeños rombos. Mirándolo desde distintas posiciones se perciben diferentes ilusiones ópticas, que enriquecen la labor.

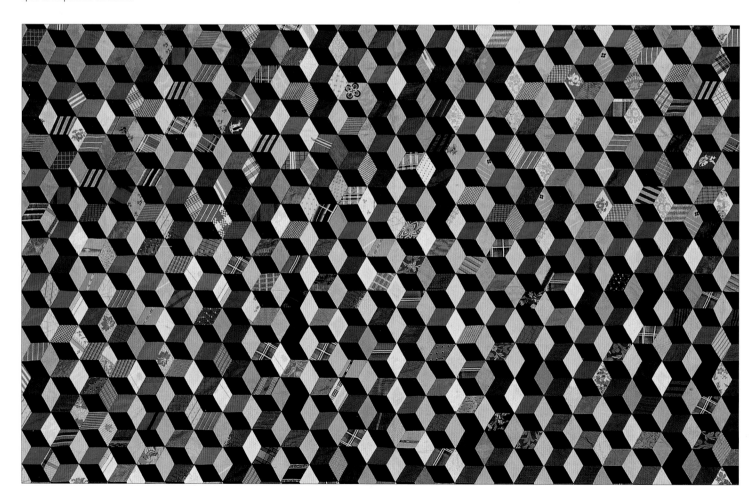

Coser a mano un patchwork de una pieza sin papel

«Bloques que caen», un patrón elaborado a base de rombos del mismo tamaño, es uno de los diseños de patchwork más populares. Los rombos se van uniendo de tres en tres para formar hexágonos. Si utilizamos telas de distintos colores para cada uno de los tres rombos podemos crear un efecto óptico fascinante; cada hexágono está formado por un rombo de tela clara, uno de tela oscura y otro de una tela con una tonalidad intermedia.

Este sencillo ejemplo de «Bloques que caen» está formado por rombos y hexágonos que siempre tienen el mismo tamaño; es la forma en la cual se colocan lo que afecta al resultado final. El rombo oscuro puede parecer que está situado encima, a la derecha o a la izquierda del bloque, dependiendo del punto de observación. Podemos hacer un diseño aún más elaborado escogiendo telas de distintos colores, pero manteniendo siempre las telas clara, oscura e intermedia en la misma posición a medida que vayamos uniendo los hexágonos.

1 Utilizamos una plantilla con ventana para dibujar la forma de rombo en el reverso de la tela, manteniendo los dos lados opuestos paralelos a la trama del tejido. Nos aseguramos de marcar bien el margen de costura en la tela. Cortamos las piezas cuidadosamente a lo largo de la línea exterior. En caso de utilizar una plantilla normal, en lugar de una con ventana, es importante que recordemos añadir 5 mm de margen en todos sus lados.

2 Colocamos dos rombos con sus anversos juntos y los prendemos con alfileres. Nos aseguramos de que las esquinas marcadas con lápiz coinciden perfectamente clavando ambos lados con un alfiler. Comenzamos realizando un par de pespuntes y después cosemos uno de los laterales a pespunte a lo largo de la línea marcada con lápiz. Nos detendremos al llegar a la primera esquina y volveremos a realizar otro par de pespuntes para asegurar el hilo.

3 Doblamos el tercer rombo por la mitad y lo introducimos entre los otros dos. Lo clavamos con alfileres para completar el hexágono. Sujetamos el punto donde los tres rombos coinciden y lo aseguramos con un pespunte.

4 Cosemos a lo largo de ambos lados, asegurándonos de hacerlo siempre por la línea marcada y de realizar un par de pespuntes al terminar, para que el hilo no se suelte.

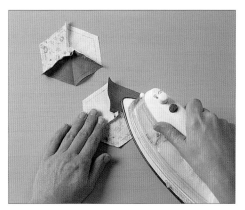

5 Planchamos las costuras siempre en la misma dirección de modo que las costuras se arremolinen en el centro. Realizamos seis hexágonos para cada bloque, como se muestra en el siguiente punto.

6 Colocamos los hexágonos con el rombo oscuro y el claro siempre en la misma posición y los cosemos haciendo coincidir cuidadosamente los puntos de unión. Planchamos las costuras hacia un lado.

Coser a mano un patchwork de una pieza con papel

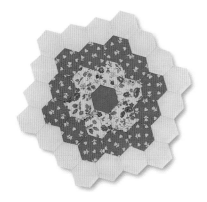

El diseño «Jardín de la abuela» toma su nombre de la forma en la que están dispuestos los hexágonos, dibujando flores rodeadas por un sendero. El «sendero» suele realizarse con hexágonos de color crema, para representar la piedra, o verdes, si se quiere crear la ilusión de un césped. A pesar de ser un diseño bastante sencillo, podemos combinar los hexágonos y colores de múltiples formas. En el ejemplo que sirve de muestra se han utilizado dos telas oscuras (azul y rosa oscuro), una tela de tono intermedio (crema con estampado floral) y una clara (crema para el sendero).

La manera más sencilla de coser hexágonos es hacerlo sobre piezas de papel. Cortaremos los papeles con la medida exacta y los hilvanaremos en su sitio; también podemos utilizar papel de congelado para obtener extremos más firmes.

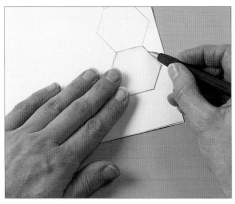

1 Cortamos una plantilla de acetato con forma de hexágono y la utilizamos para dibujar y recortar 37 hexágonos de papel. Usamos un papel grueso para poder doblar y manejar bien la tela.

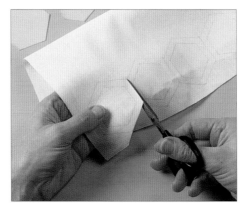

2 Dibujamos el hexágono en el revés de la tela, añadiendo 5 mm para los márgenes de costura. Cortamos el número de hexágonos que necesitemos para cada color.

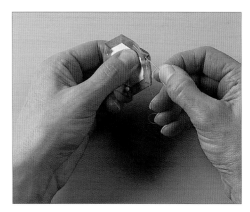

3 Clavamos un alfiler que atraviese el centro de la tela y del papel y vamos doblando e hilvanando cada margen de costura en su sitio. Plegamos un borde y lo hilvanamos. Realizamos un pequeño punto de hilván en cada esquina de modo que los pliegues queden planos. Lo mejor es comenzar con un nudo y terminar con un pespunte para que sea fácil retirar el hilo posteriormente.

4 Sujetamos dos hexágonos, derecho contra derecho, asegurándonos de que las esquinas coinciden. Comenzamos cosiendo dos pequeños pespuntes en el margen de costura, y después unimos ambas piezas por uno de los lados. Utilizamos una aguja fina para que las puntadas sean muy pequeñas. Nos aseguramos de que clavamos bien la aguja de modo que los dos hexágonos queden planos al abrirse.

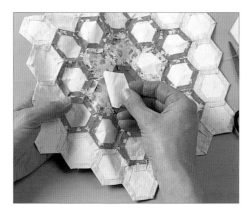

5 Realizamos el diseño trabajando de fuera hacia dentro, formando anillos. Una vez que el diseño esté completo, retiramos los hilvanes cuidadosamente. A continuación, retiramos los papeles con delicadeza, ya que puede que los hayamos unido a la costura definitiva sin darnos cuenta, y planchamos la superficie para que quede lisa. Podemos utilizar el diseño «Jardín de la abuela» para elaborar la cubierta de un cojín o, uniéndolo con otros motivos, en un edredón.

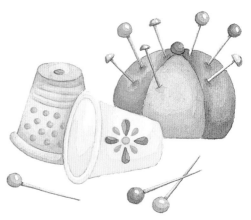

ARRIBA: Este sencillo edredón, o *quilt,* de una sola pieza ha sido acolchado a mano; después se le han añadido pequeños botones decorativos.

IZQUIERDA: Este «Jardín de la abuela» tradicional se ha cosido enteramente a mano.

ABAJO A LA IZQUIERDA: El diseño de un suelo romano ha sido la base para realizar este *quilt* de dos motivos, cuyas piezas se han hecho sobre papel. Los dos motivos utilizados son cuadrados y hexágonos alargados.

ABAJO: Este edredón de dos piezas está formado por rombos y cuadrados.

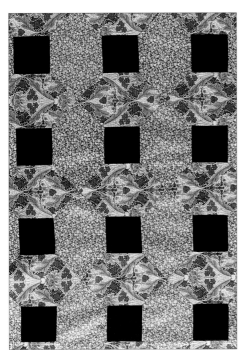

Unir piezas de patchwork a máquina

Coser a máquina es una manera rápida y precisa de unir las piezas de patchwork. Dado que los márgenes de costura se incluyen en las plantillas para coser piezas de patchwork a máquina, no es necesario marcarlos en la tela previamente. En su lugar, utilizaremos el lateral del pie prensatelas como guía para coser una costura a 5 mm.

Es recomendable realizar una prueba antes de comenzar a coser, colocando la tela justo en el extremo del pie prensatelas; de este modo podemos comprobar y medir el margen de costura. Puede resultar más sencillo mover la posición de la aguja en lugar de ir desplazando la tela hacia dentro o hacia fuera. Un pequeño error se disimula bien cuando cosamos tiras o cuadrados, pero llama mucho la atención si trabajamos con triángulos o rombos.

Si hemos planchado la tela con vapor y la hemos cortado mediante un corte circular, no será necesario utilizar alfileres, aunque los principiantes se sentirán más seguros si lo hacen. Recurriremos a los alfileres cuando encajemos distintas formas o bordes curvados.

Coser cuadrados

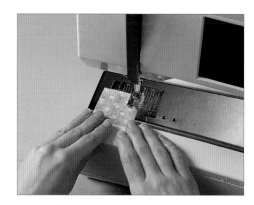

Disponemos dos piezas con los derechos enfrentados y las colocamos debajo del pie prensatelas. Utilizamos la rueda manual para clavar la aguja en la tela con el margen de costura deseado, y después cosemos a máquina, parando a la misma distancia del borde que el margen prensatelas.

Coser series de piezas

Las piezas de patchwork se pueden unir formando series. Cosemos hasta el final de una pieza y levantamos la aguja todo lo que podamos. Levantamos también el pie prensatelas y colocamos debajo de él la siguiente pieza. Continuamos cosiendo y dejando pequeños espacios entre cada pieza; a continuación, los cortamos y planchamos.

Coser rombos

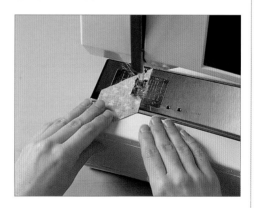

Es aconsejable asegurar los extremos de las costuras que vayan a encajar con otras realizando pespuntes al final de cada costura. Marcamos con una señal el punto donde los márgenes de costura se unan, antes de coserlos. Unimos los lados oblicuos, como los de los rombos o los triángulos, con las esquinas desplazadas 5 mm de modo que los lados se alineen perfectamente al plancharse.

Coser triángulos rectángulos

1 Un gran bloque de patchwork está formado por muchas piezas pequeñas unidas entre sí. Es necesario tener claro el orden de colocación de las piezas antes de comenzar a coser, así como unir los triángulos rectángulos para formar cuadrados primero. Planchamos la costura hacia un lado y cortamos los extremos, como se muestra en la imagen.

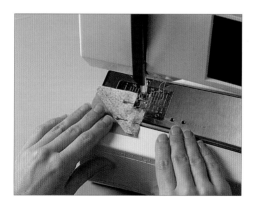

2 Utilizamos alfileres para juntar las piezas mientras las vayamos cosiendo. Intentamos coser a través de la costura planchada de modo que el pie prensatelas se deslice con soltura. Cosemos despacito cuando pasemos por encima de los alfileres, para evitar que la aguja choque con alguno y se parta.

Planchar las costuras

Planchar no es precisamente la tarea más entretenida cuando realizamos una labor de patchwork, pero no por eso deja de ser fundamental. La plancha y la tabla de planchar deberán estar siempre listas para su uso, ya que es necesario ir planchando todas las piezas a medida que las vayamos cosiendo. Si nos saltamos este paso, nuestras costuras no quedarán perfectamente uniformes.

Alisar con el dedo

Las piezas pequeñas de patchwork se pueden abrir y plegar provisionalmente con la yema del pulgar. Trabajaremos por el lado derecho de la tela, manteniendo ambos márgenes de costura doblados hacia un lado. Solo recurriremos a este procedimiento si trabajamos con cuadrados o rectángulos; para las costuras en curva debemos usar siempre una plancha.

Planchar costuras rectas

Siempre plancharemos los márgenes de costura hacia un lado. Esto hará que la costura sea más resistente y evitará que se abra. Lo mejor es planchar los márgenes hacia el lado oscuro si es posible, o hacia fuera del área que vaya a acolcharse. Utilizaremos un trozo de tela para evitar que salgan brillos no deseados cuando planchemos por el lado derecho.

Planchar costuras en curva

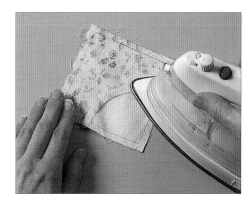

Para planchar la tela, iremos levantando y bajando la plancha alternativamente, en lugar de moverla sobre la tela. Lo mejor es utilizar una plancha de vapor. Plancharemos las costuras en curva para que los márgenes queden planos. Si el margen de costura que se muestra en la imagen se hubiese planchado hacia el otro lado, se habrían formado unos pliegues antiestéticos.

Planchar varias costuras

1 Cuando planchemos las costuras de varias piezas ya unidas, lo haremos siempre en la misma dirección, para reducir el volumen. Una vez que hayamos planchado todas las costuras hacia un lado, damos la vuelta a las piezas y las planchamos por el lado derecho.

2 Planchamos las costuras hacia el lado opuesto donde se junten para reducir el volumen. Planchamos el bloque entero por el revés. En este bloque todas las costuras están planchadas hacia el lado oscuro, siempre que ha sido posible; donde se juntan dos costuras cada una está planchada en una dirección opuesta.

3 No importa lo delicados y cuidadosos que seamos cuando coloquemos las piezas del patchwork, siempre se formarán pequeñas arrugas en zonas donde se junten varias costuras. Los bloques hechos con telas de algodón pueden plancharse por el lado derecho para suavizar las arrugas antes de proceder al acolchado.

Elaboración rápida de bloques de una pieza

El cuadrado es la forma más básica que podemos coser. «Vuelta al mundo», conocido también como «Sol y sombra», es un bloque muy simple hecho con cuadrados. El patrón está formado cuidando mucho la disposición de los cuadrados y teniendo en cuenta sus colores y su tonalidad. Dependiendo de dónde coloquemos los colores oscuros, podemos crear un tablero de ajedrez o una superficie con rombos dispuestos en filas más claras u oscuras que crean un juego de luces y sombras.

Vuelta al mundo

Dibujaremos un boceto en papel milimetrado coloreando los cuadrados con los colores (oscuros, claros e intermedios) que vayamos a utilizar. Podemos usar los diseños que se muestran abajo como guía. Una vez que hayamos decidido la disposición, calcularemos cuántos cuadrados necesitaremos de cada tela para completar una fila. Sumaremos la cantidad de cuadrados necesarios para completar el trabajo. También deberemos sumar una cantidad extra de tela para los márgenes de costura, las calles, las tiras de enmarcado y los ribetes. Si nuestra labor va a ser grande, dispondremos los cuadrados sobre una superficie plana antes de comenzar a coser.

ABAJO: Aquí se muestran algunos ejemplos sobre cómo disponer los cuadrados en esta clase de diseño.

 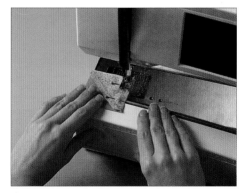 

1 Colocamos las distintas telas una encima de otra y las planchamos con vapor. A continuación, las extendemos sobre una base de corte. Cortamos los bordes sin rematar y después vamos cortando las tiras con el ancho necesario, dejando 12 mm para los márgenes de costura. Giramos las tiras para colocarlas horizontalmente y las cortamos en cuadrados.

2 Colocamos los cuadrados según el diseño que hayamos escogido. Cogemos los primeros dos cuadrados de la primera fila y los unimos. Cosemos el resto de cuadrados de la fila en serie para ahorrar tiempo.

3 Planchamos la costura de los dos primeros cuadrados hacia un lado. Continuamos añadiendo cuadrado por cuadrado hasta terminar la primera fila. Cosemos el resto de las filas del mismo modo, y los márgenes de costuras en las filas adyacentes en direcciones opuestas.

4 Sujetamos con alfileres las dos primeras filas, asegurándonos de que las costuras estén bien alineadas. Si las costuras se han planchado correctamente, deberían doblarse en direcciones opuestas. Cosemos las filas que queden hasta completar el bloque. Planchamos todas las costuras en la misma dirección. Hacemos lo mismo con todas las costuras de las filas. Conseguimos así una unión muy resistente.

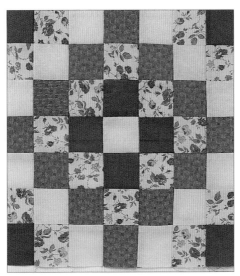

ARRIBA: Los cuadrados utilizados en este diseño tipo «Vuelta al mundo» pueden cortarse más pequeños, para combinar una serie de bloques y calles, o más grandes, y rodearlos con tiras de enmarcado estilo amish.

ARRIBA: Los bloques de este cobertor han sido diseñados con un estilo amish. Las labores que realizan los miembros de esta secta anabaptista se realizan, trabajando desde el centro hacia fuera, siguiendo un diseño general y no bloque por bloque. Este cobertor tiene las características tiras anchas de enmarcado, pero las telas utilizadas no son genuinamente amish. Las labores amish solían tener una forma cuadrada con colores sólidos, ya que los miembros de este credo consideraban las telas estampadas demasiado sofisticadas. Prefieren tejidos planos y oscuros que reflejan su austero estilo de vida.

Trabajar con triángulos rectángulos

Muchos diseños de patchwork se crean a partir de la unión de dos o cuatro triángulos rectángulos que se cosen para formar cuadrados. La rayuela, los triángulos mágicos y babor y estribor son algunos de los ejemplos de bloques hechos con una misma pieza de distintas telas a base de triángulos rectángulos. Estas piezas se pueden coser a máquina y formando series, o también a mano, de la manera tradicional.

Para hacer un bloque de 30 cm utilizaremos cuadrados de 9,7 cm cortados por la mitad. Es importante que los triángulos sean perfectos cuando los cortemos y los cosamos. La mejor manera de conseguirlo es utilizando una tela con

un acabado algo crujiente, y cortando con mucha precisión. Después coseremos a 5 mm de la línea marcada. Si la tela es muy ligera aplicaremos un espray de algodón y la plancharemos muy bien antes de cortarla.

Para cuadrados realizados con triángulos rectángulos de distintos colores cortaremos dos cuadrados 2,2 cm más grandes que el tamaño final. Para hacer triángulos de un cuarto de cuadrado cortaremos dos cuadrados 3 cm más grandes que el tamaño final.

Rayuela

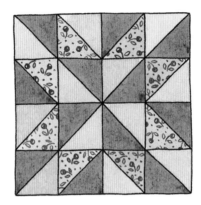

La elección de Margaret

Molino eléctrico

Triángulos mágicos

Babor y estribor

Puzzle holandés

Cuadrados de dos triángulos

Plancharemos con vapor dos telas de colores que contrasten, con los lados derechos encontrados. Dibujaremos una línea diagonal que vaya de una esquina a otra por el revés de la tela. Realizaremos dos costuras a 5 mm de la línea dibujada, por ambos lados, y cortaremos a través de la línea dibujada.

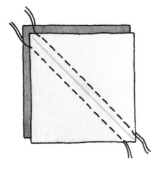

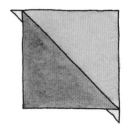

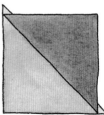

ARRIBA: Con solo dos tipos de bloques podemos crear este asombroso diseño. El bloque liso negro está rodeado por diez cuadrados formados por dos triángulos cada uno, negros y rosas. Los bloques se unen y disponen de tal manera que reproducen la forma de un pez. El diseño parece muy difícil, pero es un excelente ejemplo que muestra cómo los bloques más sencillos pueden colocarse de forma que parezcan muy complejos.

Triángulos de un cuarto de cuadrado

Realizaremos dos cuadrados de dos triángulos en colores que contrasten. Pondremos los lados derechos de la tela cara a cara, haciendo que los colores no coincidan. Plancharemos ambas telas. Dibujaremos una línea en diagonal para unir las esquinas opuestas. Coseremos a 5 mm de la línea y cortaremos como antes.

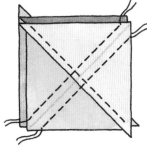

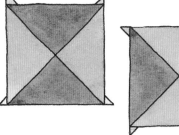

Cortar y coser cuadrados de dos triángulos rápidamente

Si queremos reducir el tiempo que empleamos en dibujar la plantilla sobre la tela y recortarla, podemos utilizar este método para cortar y coser muy rápidamente cuadrados formados por dos triángulos. Realizaremos cuadrados 2 cm más grandes que el triángulo final. Marcaremos los cuadrados por el revés de la tela más clara y dibujaremos líneas diagonales que atraviesen cada cuadrado. También podemos comprar una plantilla especial para marcar las líneas de costura, lo que facilitará aún más la tarea. Si ponemos cuidado cuando cortemos estas series de triángulos, el resultado será excelente.

ARRIBA: Si seguimos este método rápido, nos ahorraremos horas de trabajo de corte.

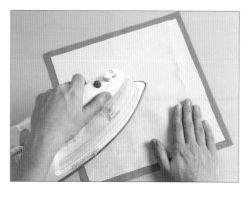

1 Con los lados derechos encontrados, colocamos la tela más clara sobre la oscura. Hacemos coincidir las líneas de trama y planchamos con vapor: esto sella las capas y hace que el corte sea más fácil.

2 Colocamos la plantilla y marcamos por las ranuras. También podemos dibujar la cuadrícula y marcar las líneas diagonales que atraviesen las esquinas. Cosemos a 5 mm de las líneas diagonales, por ambos lados.

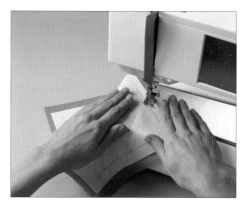

3 Cosemos a máquina a lo largo de las líneas diagonales, hasta más allá de las líneas marcadas. Obtenemos dos cuadrados de dos triángulos por cada cuadrado dibujado.

4 Colocamos la tela ya cosida sobre una base de corte. Cortamos por en medio de las líneas de costura y después a lo largo de las líneas de cuadrícula para hacer cuadrados de dos triángulos.

5 Sujetamos con alfileres y después cosemos dos cuadrados. Planchamos la costura hacia el lado oscuro. Las piezas de cuadrados de dos triángulos pueden coserse en una serie, dejando espacio para poder cortarlos después.

6 Cuando los cuadrados de dos triángulos se cosen juntos en tiras, las esquinas no llegan siempre hasta el final. Es lo que llamamos «punto perdido». Realizamos cada puntada a 5 mm del borde sin rematar para conseguir unas esquinas perfectas.

7 Sujetamos con alfileres una fila de triángulos, encajando cuidadosamente las costuras y los lados sin rematar. Los cosemos a máquina a 5 mm del borde. Planchamos las costuras hacia el lado oscuro siempre que sea posible.

Bloques en el patchwork estadounidense

Los colonizadores ingleses llevaron consigo el arte del patchwork a América, pero a lo largo de los años se fue desarrollando en el Nuevo Mundo una tradición propia. En el siglo XIX, los edredones y cobertores se elaboraban en Estados Unidos para conmemorar acontecimientos especiales. Algunos de los patrones más antiguos, como los de forma de estrella, se crearon para celebrar la constitución de un nuevo estado, como es el caso de la Estrella de Ohio. Estas estrellas se realizaban a partir de formas muy simples colocadas en bloques cuadrados, que después se cosían con calles.

El diseño por bloques se convirtió en el pilar del patchwork estadounidense. Las piezas se disponían para crear patrones, y se les otorgaban nombres dependiendo de la forma que reprodujesen. Estos nombres también variaban dependiendo del lugar en que se había hecho la labor, y normalmente reflejaban el estilo de vida y el entorno de quien los había creado. A menudo, el mismo diseño recibía denominaciones diferentes. Las labores de patchwork hechas mediante bloques se diseñan en una cuadrícula. Las más habituales se basan en cuatro o nueve piezas que forman un bloque. En muchos edredones también se combinan varios bloques para crear un patrón global para todo el trabajo.

Tipos de bloques

 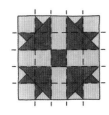

Cuatro piezas

Un bloque de cuatro piezas puede dividirse en cuatro cuadrados iguales. Cada pieza no contiene necesariamente el mismo patrón, pero en algunos casos, como en el del diseño «Molino de viento», la misma pieza va rotando para formar el patrón. Los bloques de cuatro piezas suelen ser bastante sencillos, ya que las piezas de que se componen suelen ser grandes y fáciles de coser. Son una buena opción para los principiantes.

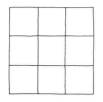 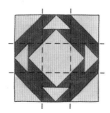

Nueve piezas

Los bloques de nueve piezas están diseñados en una cuadrícula de tres por tres cuadrados. Se puede crear una amplia variedad de patrones sencillos a partir de una o dos formas; la más sencilla es unir nueve cuadrados simples. Uno de los bloques de nueve piezas más complejos se conoce como «Cestitas». Se crea con triángulos de diferentes tamaños y un cuadrado.

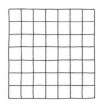 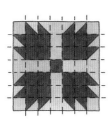

Cinco piezas

Los bloques de cinco piezas son menos corrientes. Están diseñados sobre una cuadrícula de 5 por 5. Las piezas no siempre son pequeñas, ya que algunas cubren dos o tres cuadrados de la cuadrícula. En este ejemplo podemos apreciar cómo los triángulos grandes de las esquinas podrían cortarse como triángulos grandes o como un cuadrado y dos triángulos pequeños. Determinaremos el orden de costura antes de comenzar.

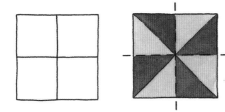

Siete piezas

Los bloques de siete piezas están diseñados sobre una cuadrícula de 7 por 7. El más conocido es «Pata de oso», también llamado «Manos al aire» o «Huella de pato en el barro». El bloque recuerda a cuatro patas de oso impresas hacia el exterior. Es muy llamativo si se realiza en dos tonos que contrasten. Cortaremos las piezas lo más grandes posible, utilizando tiras en lugar de cuadrados entre pata y pata para diferenciarlas bien

Bloques de cuatro piezas

Los bloques de patchwork tradicionales siguen siendo uno de los métodos más utilizados para realizar edredones o cobertores. Podemos realizarlos a base de repetir el mismo tipo de bloque o ensamblar bloques distintos, asegurándonos de que los colores combinen unos con otros, y unirlos con calles. En la actualidad disponemos de mucho menos tiempo para realizar este tipo de trabajos y buscamos la manera de acelerar su elaboración. Existen numerosos libros en el mercado que contienen plantillas para preparar una inmensa variedad de bloques, pero lo más rápido y seguro es elaborarlos siguiendo el corte circular. A continuación, se detallan las instrucciones de corte necesarias para hacer bloques de cuatro piezas de 30 cm, formando distintos diseños tradicionales. A pesar de que los diferentes tamaños pueden parecer algo prolijos en un primer momento, pronto nos familiarizaremos con las medidas más habituales.

Los planes de corte sirven para coser tanto a mano como a máquina. Una vez hayamos cortado todas las piezas, analizaremos el bloque para establecer el orden adecuado para coserlas. Lo mejor es unir primero las filas y luego ensamblarlas. Un buen método es unir los triángulos para formar cuadrados, después coser los cuadrados para formar filas y, por último, coser las filas para formar bloques. Si queremos realizar las piezas siguiendo el método rápido, es importante tener cuidado a la hora de seleccionar las telas. El método rápido funciona bien en telas lisas o con pequeños estampados que no tienen una dirección muy definida. Si los estampados tuviesen que estar dispuestos de una manera especial, lo mejor es no seguir el método rápido con este tipo de telas.

Molinillo doble

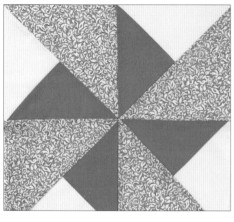

Corte

1 Cortamos un cuadrado de 18,4 cm de una tela color beige. Cortamos en ambas diagonales para obtener un total de cuatro triángulos (A).

2 Cortamos un cuadrado de 18,4 cm de una tela color azul algo oscuro para formar cuatro triángulos (B).

3 Cortamos dos cuadrados de 17,5 cm de una tela estampada. Cortamos cada cuadrado por su diagonal para formar cuatro triángulos en total (C).

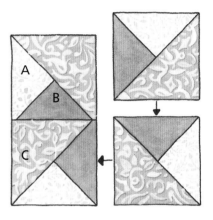

1 Cortamos todas las piezas necesarias para realizar el bloque. Sujetamos con alfileres los triángulos pequeños por uno de sus lados cortos y los cosemos a máquina dejando un margen de costura de 5 mm. Planchamos la costura siempre hacia la tela más oscura de todas.

2 Sujetamos muy bien con alfileres el lado largo del triángulo a los triángulos pequeños que acabamos de unir. Los cosemos a máquina y planchamos las costuras hacia la tela oscura. Recortamos las puntas de tela que sobresalgan por fuera del cuadrado.

3 Colocamos los cuadrados para formar un bloque con forma de molinillo. Prendemos con alfileres y cosemos los dos cuadrados de la izquierda y, a continuación, unimos los otros dos. Planchamos las costuras en direcciones opuestas. Juntamos y cosemos los dos rectángulos para completar el bloque.

Molinillo

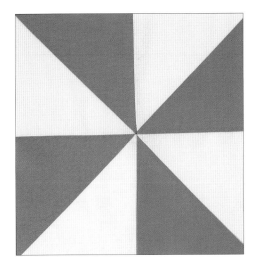

Cortes

1 Cortamos dos cuadrados de 17,5 cm de una tela color beige. Cortamos diagonalmente cada uno de los cuadrados en dos triángulos (A).

2 A continuación, cortamos dos cuadrados de 17,5 cm de una tela color azul. Dividimos cada uno de los cuadrados en dos triángulos (B).

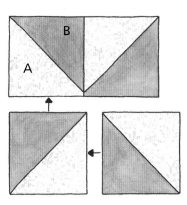

Camino al cielo

Cortes

1 Cortamos cinco cuadrados de 10 cm de una tela color crema. Después cortamos cada uno diagonalmente para obtener un total de diez triángulos (A).

2 Cortamos un cuadrado de 17,5 cm de color azul. Después lo dividimos por la mitad para formar dos triángulos (B).
- Con la misma tela hacemos tres cuadrados de 10 cm. Cortamos cada uno por la mitad para obtener un total de seis triángulos (C).

3 Cortamos cuatro cuadrados de 7,5 cm de una tela negra (D).

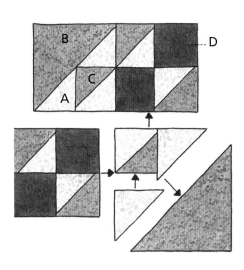

Cesta de flores

Cortes

1 Cortamos un cuadrado de 17,5 cm de color crema. Lo cortamos diagonalmente para obtener dos triángulos (A). Retiramos uno de los dos triángulos.
- Con la misma tela cortamos dos rectángulos, cada uno de 9 x 16,5 cm (B).
- También cortamos ocho cuadrados de 10 cm de esta misma tela, y los cortamos diagonalmente (C).

2 Cortamos tres cuadrados de 10 cm en azul y los dividimos en triángulos (D).

3 Cortamos un cuadrado de 17,5 cm de negro. Lo cortamos diagonalmente y nos deshacemos de un triángulo (E).
- Con esta misma tela cortamos un cuadrado de 10 cm y lo dividimos en dos triángulos (F).

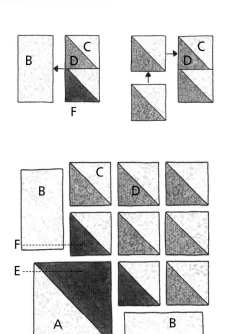

Bandada de gansos

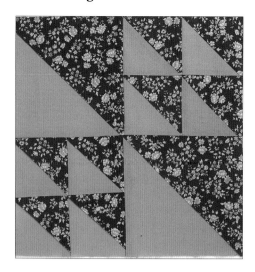

Cortes

1 Cortamos un cuadrado de 17,5 cm de color rosa. Lo cortamos diagonalmente para obtener dos triángulos (A).
• Con esta misma tela cortamos cuatro cuadrados de 10 cm. Cortamos cada uno de ellos diagonalmente en dos triángulos (B).

2 Cortamos un cuadrado de 17,5 cm de una tela estampada. Lo cortamos diagonalmente para formar dos triángulos (C).
• Con esta misma tela estampada cortamos cuatro cuadrados de 10 cm y los cortamos diagonalmente por la mitad (D).

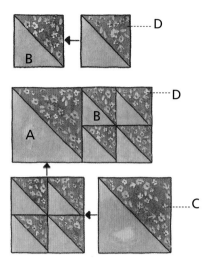

Crockett Cabin

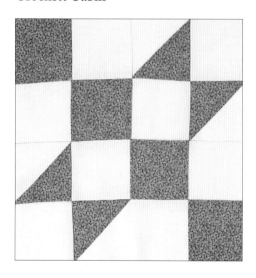

Cortes

1 Cortamos dos cuadrados de 10 cm de color crema. Cortamos cada uno por la mitad diagonalmente para formar dos triángulos (A).
• Con la misma tela, cortamos ocho cuadrados, cada uno de 8,9 cm (B).

2 Cortamos dos cuadrados de 10 cm de tela rosa y los dividimos en dos triángulos cada uno (C).
• Con la misma tela cortamos cuatro cuadrados de 8,9 cm (D).

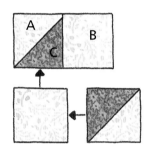

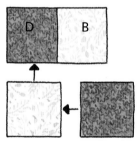

Diábolos

Cortes

1 Cortamos un cuadrado de 17,5 cm de una tela verde. Lo cortamos diagonalmente para formar dos triángulos (A).
• Con la misma tela, cortamos dos cuadrados de 10 cm para formar cuatro triángulos (B).
• De nuevo con la misma tela, cortamos cuatro cuadrados de 8,9 cm (C).

2 Cortamos un cuadrado de 17,5 cm de tela estampada. Lo cortamos diagonalmente por la mitad para obtener dos triángulos (D).
• Con la misma tela, cortamos dos cuadrados, cada uno de 10 cm, y los dividimos diagonalmente para obtener cuatro triángulos (E).

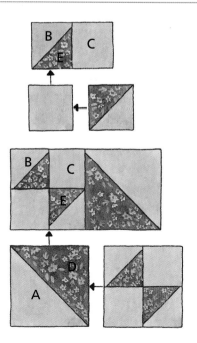

Carretes y bobinas

Cortes

1 Cortamos dos cuadrados de 16,5 cm de una tela color crema (A).
• Con la misma tela cortamos dos cuadrados de 10 cm y los dividimos diagonalmente para formar un total de cuatro triángulos (B).

2 Cortamos un cuadrado de 17,5 cm de una tela rosa. A continuación, lo cortamos en diagonal para formar dos triángulos (C).
• Cortamos otros dos cuadrados de la misma tela, esta vez de 8,9 cm (D).

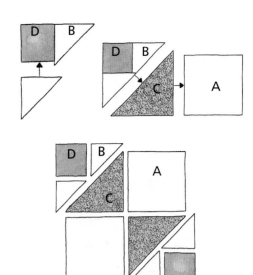

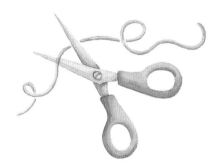

DERECHA: Los paneles de este trabajo de patchwork muestran nueve clases de bloques: «Pata de oso» (1, 3, 13 y 15); «Miel de abeja» (2); «Llave inglesa» (4 y 11); «Puzzle holandés» (5); «Esquina de la paciencia» (6 y 10); «Estrella de la esperanza» (7, 12 y 14); «Estrella Le Moyne» (8); «Estrella de Jenny» (9).

Los bloques son de cuatro, siete y nueve piezas. Aunque parezca que los bloques se han colocado al azar, en realidad están dispuestos para que los colores y las esquinas queden simétricos. Las calles están hechas de tres tiras, dos finas oscuras y una más ancha color crema, y los cuadrados de unión son bloques de nueve piezas.

Elaborar una pieza de patchwork con múltiples bloques es una forma excelente de probar muchos diseños nuevos. Lo único que debe preocuparnos es que los colores combinen bien entre sí y que los bloques mantengan medidas uniformes.

1	2	3
4	5	6
7	8	9
10	11	12
13	14	15

Bloques de nueve piezas

Si disfrutamos trabajando con piezas pequeñas, preparar bloques de nueve piezas es una manera excelente de aprender a realizar costuras con gran precisión. Muchos de los diseños que se muestran a continuación se pueden dividir aún más para hacer el ensamblaje de las piezas aún más difícil. Todo dependerá de la habilidad y experiencia.

Esposa rebelde

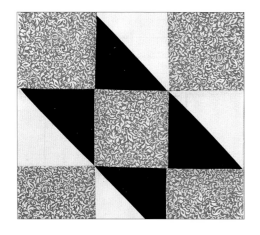

Cortes

1 Cortamos dos cuadrados de 12,4 cm de tela color crema y dividimos cada uno por la mitad para formar un total de cuatro triángulos (A).

2 Cortamos cinco cuadrados de 11,4 cm de tela azul estampada (B).

3 Cortamos dos cuadrados de 12,4 cm de tela negra. A continuación, cortamos diagonalmente para obtener dos triángulos de cada uno (C).

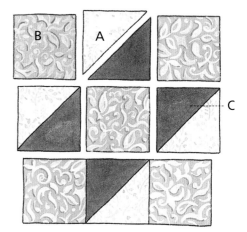

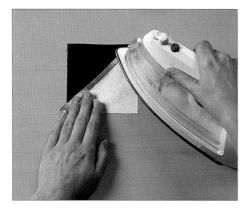

1 Prendemos con alfileres los rectángulos por sus lados largos y los cosemos a máquina a 5 mm del borde. Planchamos hacia el triángulo oscuro. Recortamos las protuberancias que pueda haber en los bordes.

2 Para las filas superior e inferior prendemos un cuadrado azul en los lados de la pieza cosida en el paso anterior. Lo cosemos a máquina dejando un margen de costura de 5 mm. Planchamos la costura en dirección contraria al color más claro.

3 Para la fila central, prendemos con alfileres y cosemos a cada lado de los cuadros lisos un cuadro hecho con dos triángulos, dispuestos en la dirección adecuada. Unimos las filas y planchamos las costuras en una única dirección.

Llave inglesa

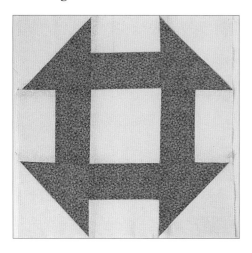

Cortes

1 Cortamos dos cuadrados de tela beige, cada uno de 12,4 cm y dividimos cada cuadrado en dos triángulos (A).
- Cortamos un cuadrado de 11,4 cm de la misma tela (B).
- Cortamos cuatro rectángulos de 6,4 cm x 11,4 cm de la tela beige (C).

2 Cortamos dos cuadrados de tela azul, cada uno de 12,4 cm y los dividimos por la mitad para obtener un total de cuatro triángulos (D).
- Cortamos cuatro rectángulos de la misma tela, cada uno de 6,4 cm x 11,4 cm (E).

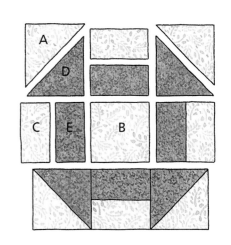

Escalera de Jacob

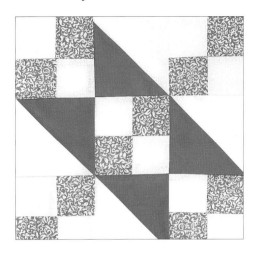

Cortes

1 Cortamos dos cuadrados de tela color crema de 12,4 cm y dividimos cada uno por la mitad para formar un total de cuatro triángulos (A).

- Cortamos diez cuadrados de la misma tela de 6,4 cm (B).

2 Cortamos diez cuadrados de tela azul estampada de 6,4 cm (C).

3 Cortamos dos cuadrados de tela azul lisa de 12,4 cm y dividimos cada uno por la mitad para formar un total de cuatro triángulos (D).

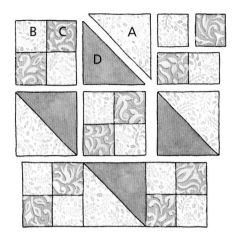

Cestitas

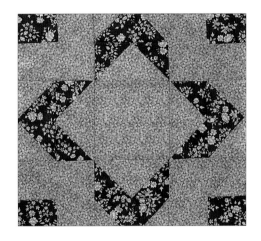

Cortes

1 Cortamos un cuadrado de 13,3 cm de tela rosa estampada. Después lo cortamos diagonalmente en cuatro triángulos (A).

- Cortamos dos cuadrados de la misma tela, cada uno de 12,4 cm. A continuación, la cortamos por la mitad diagonalmente para formar dos triángulos con cada uno (B).
- Cortamos un cuadrado de 11,4 cm, también de tela rosa, para el centro (C).
- Seguidamente, cortamos ocho cuadrados, de la misma tela de nuevo, cada uno de 7,3 cm. Cortamos cada uno de estos cuadraditos en dos triángulos (D).

2 Cortamos un cuadrado de 13,3 cm de una tela oscura estampada y lo cortamos por las dos diagonales para formar cuatro triángulos (E).

- Cortamos cuatro cuadrados de la misma tela, cada uno de 7,3 cm. Cortamos cada cuadrado diagonalmente para obtener un total de cuatro triángulos (F).
- De la misma tela estampada, cortamos cuatro cuadrados, de 6,4 cm, para las esquinas (G).

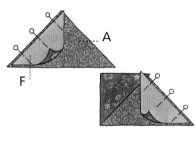

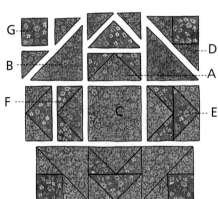

Aves veloces

Cortes

1 Cortamos tres cuadrados de tela clara estampada de 12,4 cm. Dividimos cada cuadrado por la mitad para que formen dos triángulos (A).

- Cortamos un cuadrado de 11,4 cm de la misma tela (B).

2 Cortamos dos cuadrados de tela rosa de 12,4 cm. Cortamos cada uno de los cuadrados en dos triángulos (C).

3 Cortamos un cuadrado verde de 12,4 cm. Lo dividiremos en dos triángulos (D).

- Cortamos dos cuadrados de la misma tela verde, cada uno de 11,4 cm (E).

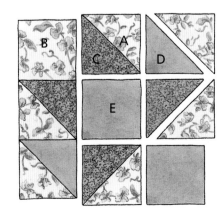

Camino al altar

Cortes

1 Cortamos seis cuadrados de tela color crema, cada uno de 6,4 cm (A).

• Cortamos otros tres cuadrados de la misma tela, cada uno de 7,3 cm. Los cortamos por la mitad para formar un total de seis triángulos (B).

• Cortamos otros dos cuadrados de la misma tela, esta vez de 11,4 cm (C).

• Por último, cortamos otros dos cuadrados de 12,4 cm de la misma tela color crema. Después los cortamos por la mitad diagonalmente para formar un total de cuatro triángulos, de los cuales nos quedamos solo con tres (D).

2 Seguidamente, cortamos nueve cuadrados de tela rosa estampada, cada uno de 6,4 cm (E).

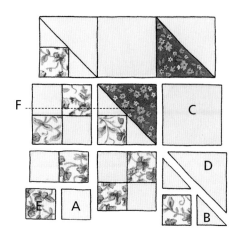

3 Finalmente, cortamos un cuadrado de 12,4 cm de una tela oscura estampada. Después lo cortamos diagonalmente para obtener dos triángulos (F).

Estrella excéntrica

Cortes

1 Cortamos cuatro cuadrados de tela color crema con estampados de 12,4 cm. Después los cortamos por la mitad para formar dos triángulos (A).

2 Cortamos un cuadrado de 11,4 cm de tela rosa estampada para colocarlo en el centro (B).

3 Cortamos cuatro cuadrados de tela roja, cada uno de 12,4 cm. Después los cortamos por la mitad para formar un total de ocho triángulos (C).

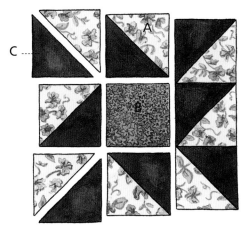

Vuelo de mosca

Cortes

1 Cortamos cuatro cuadrados de 12,4 cm de tela rosa. Cortamos cada uno en dos triángulos (A).

• A continuación, cortamos cuatro cuadrados de 11,4 cm de la misma tela (B).

2 Cortamos dos cuadrados de tela oscura estampada de 12,4 cm. Cortamos cada cuadrado por la mitad para obtener cuatro triángulos (C).

• Finalmente, cortamos otro cuadrado de la misma tela, esta vez de 11,4 cm (D).

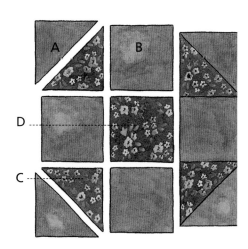

Cunitas de gato

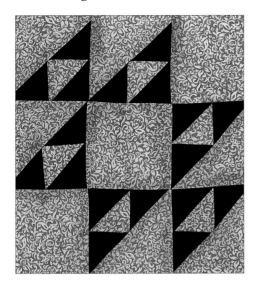

Cortes

1 Cortamos tres cuadrados de tela azul estampada, cada uno de 12,4 cm (A).

- A continuación, cortamos tres cuadrados, cada uno de 11,4 cm, de la misma tela. Los dividimos por la mitad diagonalmente (B).
- También cortamos tres cuadrados de 7,3 cm con la misma tela azul estampada. Después cortamos cada uno por la mitad diagonalmente para obtener seis triángulos (C).

2 Finalmente, cortamos nueve cuadrados de tela negra, cada uno de 7,3 cm. Cortamos cada cuadrado por la mitad diagonalmente (D).

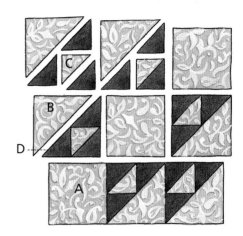

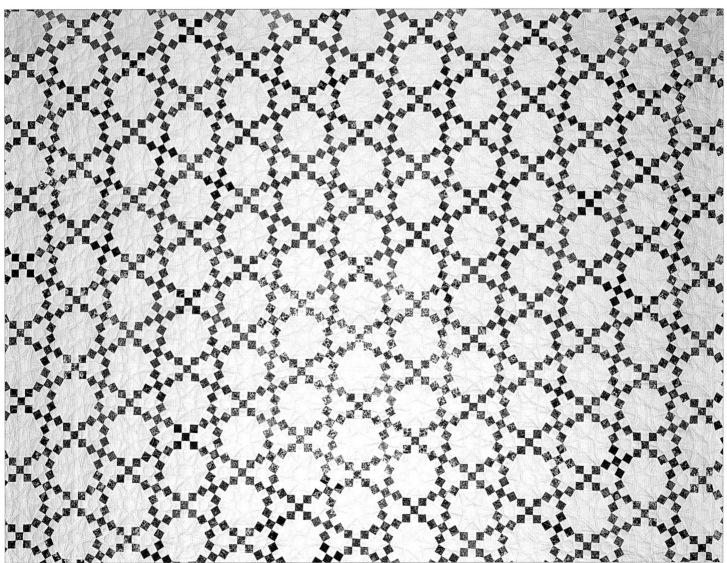

ARRIBA: Este exquisito diseño geométrico está completamente cosido a mano. Los bloques de nueve piezas están hechos con cuadrados de 2,5 cm de color crema y de telas estampadas, con motivos florales. El resto de la manta se compone de triángulos y hexágonos. Si lo miramos desde lejos, parece que el diseño está formado por círculos entrecruzados.

Diseños con estrella

La estrella, uno de los motivos más populares en los diseños de patchwork, se ha utilizado a lo largo siempre como símbolo de la divinidad en las artes decorativas de todas las civilizaciones. El sencillo motivo de una estrella se multiplica en una infinidad de formas a lo largo y ancho del mundo con un número siempre cambiante de puntas.

La estrella era un motivo muy popular en la América colonial. Algunos diseños con estrellas se elaboraron para conmemorar la constitución de un estado, como las estrellas de Ohio o de Virginia, y otras, como la de Le Moyne, recibían su nombre en honor a algún personaje notable o famoso que era admirado.

Las estrellas de patchwork suelen tener seis, ocho o 12 puntas y, por lo general, se elaboran a partir de triángulos o rombos. Las más fáciles de preparar se basan en un diseño en bloque. La «Estrella de Ohio» es un bloque de nueve, como también lo es la menos conocida «Estrella de la guerra» o «54/40». Otras estrellas, como la de «Le Moyne», se crean utilizando rombos y cosiéndolos con una costura de ocho lados.

DERECHA: Esta «Estrella de la India» está compuesta por varios bloques de estrellas hechas con sedas de tonos saturados y apagados.

Estrella de la guerra o 54/40

En el siglo XIX las mujeres estadounidenses no tenían derechos políticos pero, a menudo, muchas de ellas expresaban sus ideas a través de los diseños de sus labores de patchwork. La «Estrella de la guerra», o «54/40», se creó como respuesta a la disputa que tuvo lugar en 1818 entre la Compañía de la Bahía de Hudson británica y Estados Unidos sobre la frontera septentrional de este país. Los números se refieren a los grados de latitud donde los estadounidenses querían establecer su frontera con Canadá. Después de un litigio bastante amargo, en 1846 se firmó un tratado que estableció los actuales límites fronterizos entre ambos países.

1 Utilizando las plantillas del final del libro, calcamos las piezas de patchwork en una plantilla de acetato y las cortamos. Calculamos el número de piezas necesarias y las dibujamos en telas diferentes. Marcamos un margen de costura de 5 mm alrededor de cada pieza y las cortamos.

2 Juntamos la esquina de tamaño mediano de un triángulo oscuro y la de un triángulo claro. Utilizamos un alfiler o una aguja para encajar las esquinas de los márgenes de costura con precisión. Cosemos ambas piezas a lo largo de las líneas marcadas en el lado largo con una serie de puntos seguidos. Juntamos el otro triángulo oscuro al otro lado.

Derecha: La base de este diseño está constituida por una amplia serie de triángulos de medio y de un cuarto de cuadrado, además de piezas enteras. El trabajo, que tiene el aspecto de un collage, se ha elaborado utilizando una paleta de colores que incluye azules, violetas, rosas y grises.

3 Planchamos las costuras hacia el lado oscuro; a continuación, juntamos cuatro pequeños cuadrados para formar cinco bloques. Planchamos las costuras hacia fuera, en espiral, para reducir el volumen. Sujetamos con alfileres y cosemos los cuadrados en filas en el orden correcto. Planchamos las costuras hacia un lado y las costuras en las filas hacia el lado contrario.

4 Sujetamos las filas con alfileres, poniendo cuidado para que las costuras encajen. Cosemos las filas y planchamos las costuras hacia un lado.

Arriba: La «Estrella de la guerra», un bloque de nueve piezas, parece difícil de hacer, pero cinco de los nueve bloques están elaborados con un diseño sencillo de cuatro piezas, al que se acoplan pequeños cuadrados.

Estrella Le Moyne

La «Estrella Le Moyne» está compuesta por ocho rombos que se juntan en el centro mediante una costura de ocho lados. Se necesita cierta práctica para dominar este diseño porque es fundamental medir las piezas perfectamente y cortarlas con precisión.

Podemos realizar esta estrella tanto a mano como a máquina. El centro de una costura de ocho lados se plancha en diagonal para reducir el volumen. Una vez esté hecha la estrella, podemos incluirla dentro de un bloque añadiendo cuadrados en las esquinas y triángulos a lo largo de cada lado.

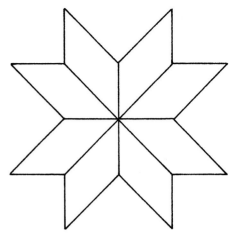

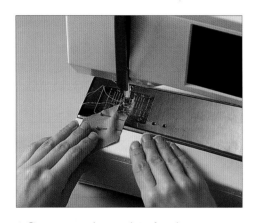

1 Cortamos ocho rombos de tela y trazamos una marca en las esquinas de los márgenes de costura por el revés de la tela. Los sujetamos con alfileres y los cosemos en parejas, entre los puntos, realizando pespuntes al comienzo y al final de cada costura. Planchamos las costuras hacia un lado. A continuación, sujetamos dos pares de rombos haciendo que las costuras encajen.

2 Colocamos las piezas debajo del pie prensatelas. Giramos la rueda manual para asegurarnos de que la aguja atraviese justo el punto señalado en el margen de costura. Cosemos la costura y la plancharemos hacia un lado. Unimos las dos mitades de la estrella con alfileres, asegurándonos de que el centro y las costuras coinciden. Cosemos cuidadosamente sobre los alfileres.

3 Cuando cosamos la estrella a máquina planchamos todas las costuras finales en la misma dirección. Si hemos cosido la estrella a mano, planchamos las costuras en espiral y las abrimos en el centro. A continuación, planchamos el centro para que quede liso.

ESTRELLA DE VIRGINIA

La «Estrella de Virginia» es un bloque bastante complicado hecho con una gran cantidad de rombos.

- A pesar de que la estrella pueda coserse a máquina, es más seguro hacerlo a mano, ya que los rombos requieren un trabajo preciso para quedar colocados con la mayor precisión posible.
- Utilizaremos esta plantilla.

Insertar piezas de patchwork

Cuando utilicemos piezas de patchwork para rellenar huecos, como los espacios entre las puntas de la «Estrella Le Moyne», debemos saber cómo «insertar» estas piezas. Este trabajo puede hacerse a mano o a máquina, pero debemos tener cuidado de que las costuras de la estrella estén cosidas con exactitud a lo largo del margen de costura y terminen a 5 mm del borde. Aseguraremos los extremos de la costura de ocho lados anudando los hilos o con varios pespuntes.

1 Con los lados derechos encontrados, sujetamos con alfileres la pieza que vayamos a insertar a lo largo de uno de los lados de la estrella, encajando las esquinas encajen. Cosemos de punto a punto.

2 Sujetamos con alfileres la pieza añadida a lo largo del otro lado. Insertamos la aguja exactamente en el punto señalado y cosemos. Después, planchamos la costura hacia un lado.

DERECHA: Los bloques con forma de cesta que componen esta creación patchwork están hechos con cuatro rombos, cosidos en pares. Se ha insertado un triángulo rectángulo a los lados. Las dos mitades de la parte superior de cada cesta están cosidas juntas, y después se ha intercalado un cuadrado entre las puntas. La base de la cesta está compuesta por un gran triángulo situado sobre un cuadrado de dos triángulos. Después, a cada lado de la base se han añadidos dos piezas rectangulares.

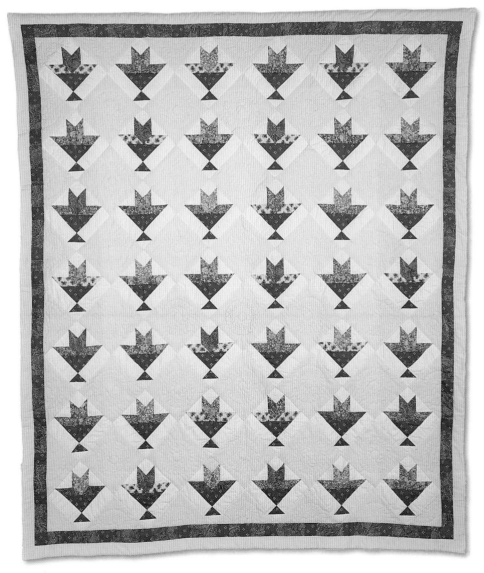

IZQUIERDA: Este diseño en cesta es similar al de arriba, excepto que aquí la base de la cesta está hecha con cuadrados de dos triángulos.

Unir costuras en curva

Los diseños curvilíneos son más difíciles de coser que los que tienen costuras rectas porque los extremos en curva no quedan lisos cuando se cosen. Es necesario sujetar cada costura a la siguiente. Para facilitar este proceso la zona curvada deberá estar cortada al bies. Colocaremos los lados rectos de la plantilla en línea con la trama del tejido, y la curva estará en el bies.

El sendero del borracho

Este es uno de los muchos diseños de patchwork realizados a partir de dos piezas. Se elabora con 16 cuadrados idénticos, cada uno de ellos con un cuarto de círculo en una de sus esquinas. Las piezas se pueden colocar de distintas maneras para formar diferentes diseños (como los mostrados a la derecha y abajo). En el Reino Unido las piezas se colocan tradicionalmente para formar un diseño llamado «Robbing Peter to Pay Paul» («Desnudar un santo para vestir otro»).

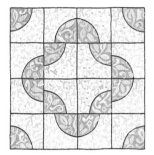 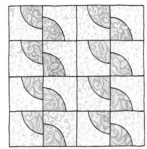 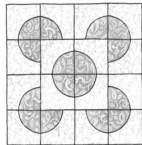

1 Calcamos y cortamos las plantillas del final del libro. Cortamos la plantilla en dos partes a lo largo del arco marcado. Doblamos las piezas en diagonal a través del arco y marcamos la línea central de cada pieza. Marcamos la mitad entre la línea central y cada lado.

2 Colocamos la plantilla sobre telas de diferentes colores.

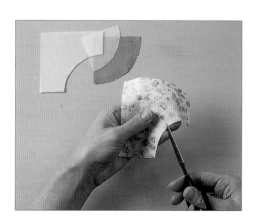

3 Manteniendo los lados rectos a lo largo de la trama de la tela, calcamos cada plantilla en las telas. Añadimos los márgenes de costura (5 mm) y cortamos. Realizamos unas pequeñas muescas en cada marca a lo largo de las curvas, para que resulte más fácil encajarlas.

4 Con los lados derechos encontrados y el cuarto de círculo hacia arriba, encajamos las muescas y sujetamos las telas con alfileres, asegurándonos de que quedan bien acopladas. Utilizamos tantos alfileres como sea necesario para que la línea sea lo más suave posible.

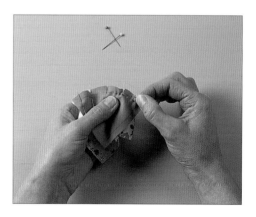

5 Realizamos dos o tres pequeños pespuntes y, a continuación, cosemos pequeños puntos seguidos a lo largo de la línea en curva. Cortamos el resto de las piezas y las unimos para formar 16 cuadrados.

DERECHA: El diseño «Flores en el sendero del borracho» está realizado enteramente a máquina, tanto las piezas, como las labores de appliqué y el acolchado.

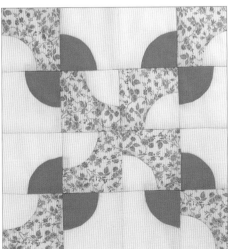

6 Si vamos a coser las piezas a máquina, sujetamos el lado curvado con el lado más grande arriba, ya que esto hace que la tela sea más fácil de manejar. Trabajamos despacio, retirando los alfileres a medida que vayamos llegando a ellos. Planchamos las costuras hacia el lado que sea más largo.

7 Colocamos los cuadrados para formar el diseño que deseemos y los cosemos en filas. Planchamos las costuras de filas adyacentes en direcciones opuestas. Sujetamos las filas con alfileres con los lados derechos encontrados, encajando las costuras delicadamente. Cosemos todas las filas para formar el bloque completo.

ARRIBA: El diseño «El camino del borracho» tiene un grado de dificultad algo superior a los patrones vistos hasta ahora porque incluye piezas curvas.

«Crazy patchwork» inglés

En el caso del «Crazy patchwork», al contrario de lo que ocurre en otras modalidades de patchwork, no es necesario el uso de plantilla alguna. Se trata de un diseño formado por piezas de tela irregulares, colocadas de manera aleatoria sobre una tela y cosidas después, lo que convierte todas las labores de «Crazy patchwork» en piezas únicas.

El origen del «Crazy patchwork» es incierto, pero la mayoría de la gente cree que se trata de una simple evolución del patchwork más antiguo que se utilizaba para realizar colchas. En cualquier caso, después de añadir una considerable cantidad de piezas diferentes, el resultado podría calificarse de «patchwork desordenado». El «Crazy patchwork» se hizo muy popular en el Reino Unido y Estados Unidos a finales del siglo XIX, cuando los muebles se tapizaban de manera muy ornamental y recargada. Se cortaban piezas irregulares de tela de seda y terciopelo y, una vez finalizada la labor, se decoraba con lazos y bordados.

Los cobertores de «Crazy patchwork» no se suelen acolchar por la dificultad que tiene coser a través de la tela base. De hecho, los de mayor tamaño son bastante difíciles de manejar durante el proceso de costura. Es más fácil hacer pequeños bloques y después unirlos para formar el cubrecama.

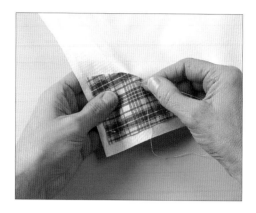

1 Cortamos una pieza de calicó algo más grande que la necesaria para que sirva de base de nuestro proyecto. Esta puede tener el tamaño final de la labor que vayamos a realizar o ser un cuadrado de 30 cm con el que realizar un bloque como el que se muestra en estos cuatro pasos. Cortamos la primera pieza irregular de tela y la hilvanamos a una de las esquinas de la tela base. Escogemos telas que tengan un peso similar, evitando utilizar retales muy desgastados.

2 Sujetamos con alfileres una segunda pieza de tela, que se superponga a la primera ligeramente, unos 5-12 mm. El grado de solapamiento dependerá de lo gruesa que sea la tela y de la facilidad con que se deshilache. Doblamos hacia dentro el borde sin rematar de la segunda pieza allí donde se solape con la primera. Realizamos puntadas de dobladillo, cosiendo la pieza a través de todas las capas hasta la tela base. Continuamos añadiendo piezas hasta cubrir todo.

ARRIBA: Los trabajos de «Crazy patchwork» siempre se realzan con unos tradicionales puntos de bordado hechos a mano.

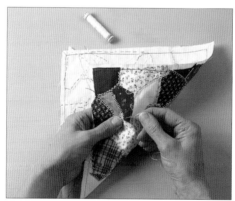

3 Realizamos un punto de bordado, como el punto de espiga, a lo largo de cada costura del patchwork. Utilizamos un hilo de bordado, como el algodón trenzado, para las telas de algodón y lana para bordar para las telas de terciopelo u otras telas pesadas.

4 Cosemos con puntos de bordado las piezas de patchwork individuales, con puntadas aisladas y pequeños motivos decorativos. También podemos decorar el patchwork con diversos tipos de cuentas y lazos.

ARRIBA E IZQUIERDA: El «Crazy patchwork» alcanzó su momento de mayor popularidad durante la época victoriana, cuando estaban de moda los terciopelos opulentos, los brocados y las telas de seda gruesa. Es raro que este tipo de labores se utilizasen como cubrecamas, ya que su recargada decoración no se adaptaba bien a este propósito. En lugar de ello, se utilizaron como cubiertas para el mobiliario.

Las piezas de «Crazy patchwork» pueden disponerse de forma totalmente aleatoria, con la superficie cubierta por un laberinto de piezas, o unirse en pequeños bloques, que posteriormente se cosen. Los ejemplos más antiguos de «Crazy patchwork» también incluyen otros bloques incorporados en el diseño, como el llamado «Log Cabin» (cabaña de madera). Estos trabajos pueden servirnos como fuente de ideas o para aprender cómo coser un bloque.

Diseños «Log Cabin»

Este tipo de diseños representan la pared de troncos de una cabaña. Normalmente, el cuadrado central es rojo para representar el fuego de la chimenea calentando el hogar. Las piezas claras y oscuras se supone que son las zonas soleadas y en sombra de la cabaña.

Aunque decidamos no utilizar una tela roja para el cuadrado central, mantendremos una misma gama de colores para unificar el diseño del *quilt*. Los diseños «Log Cabin» tienen infinitas variantes, no solo en la forma en que se cortan las tiras, sino en el modo en que se unen y se cosen los bloques, siempre sin utilizar calles. Las variaciones más conocidas son «Luces y sombras», «Construcción de un granero» y «Surcos rectos».

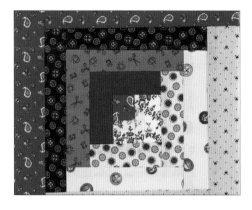

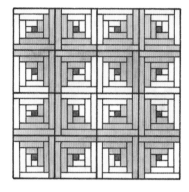

ARRIBA: El diseño «Luces y Sombras» se forma al coser juntos grupos de cuatro bloques, dejando las esquinas oscuras hacia dentro.

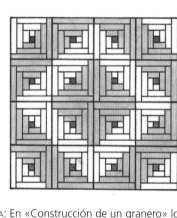

ARRIBA: En «Construcción de un granero» los bloques se han colocado de modo que forman rombos oscuros y claros dispuestos, alternativamente, desde el centro hacia fuera.

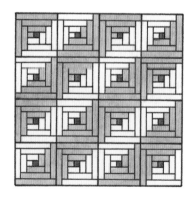

ARRIBA: Esta labor, realizada con un diseño de «Construcción de un granero», está compuesta por 100 bloques. Cada uno de estos bloques está formado por tiras de seda, algodón y satén.

MÁS ARRIBA: Un bloque de «Log Cabin» suelto. Escogeremos patrones a pequeña escala o colores lisos en tonos claros y oscuros para obtener un resultado óptimo.

ARRIBA: Para realizar «Surcos rectos» los bloques se disponen de modo que formen líneas diagonales, alternando las esquinas claras y las oscuras.

Realizar las piezas para un «Log Cabin»

El tamaño final del bloque dependerá de la anchura de las tiras que utilicemos. Añadiremos un margen de costura de 12 mm a cada tira. Una tira estándar tendrá un ancho de 4 cm.

La manera más habitual de coser un «Log Cabin» es hacerlo sobre una tela base. Escogeremos un tejido similar en peso y contenido de fibra, para que pueda lavarse y manejarse del mismo modo. Una buena opción puede ser una tela de calicó de peso mediano. Un bloque tipo dispone de nueve tiras, de modo que si nuestras tiras tienen un ancho de 2,5 cm, cortaremos un cuadrado de 24 cm para la tela base.

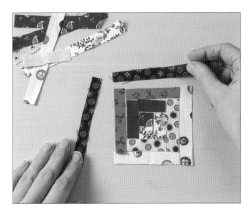

1 Preparamos el bloque cortando tiras de 9 mm de colores claros y oscuros en una mezcla de tonos. Cortamos el mismo número de telas claras que oscuras para cada bloque. Para un bloque estándar necesitamos cuatro telas claras y cuatro oscuras, que cortamos en diferentes medidas y disponemos alrededor del centro.

2 Cortamos la tela base en forma de cuadrado y la doblamos en cuatro partes diagonalmente. Después, hilvanamos a lo largo de las líneas marcadas. Cortamos un cuadrado de 4 cm de la tela que situamos en el centro y lo hilvanamos con el derecho hacia arriba, en el centro de la tela base. Los vértices del cuadrado central deben estar situados sobre los hilvanes realizados en la tela base.

3 Sujetamos con alfileres la primera tira de tela clara sobre el cuadrado del centro, y con los derechos encontrados, haciendo que coincidan los bordes sin rematar en el lado derecho. Cosemos a máquina cuidadosamente sobre los alfileres, dejando un margen de costura de 5 mm. Cortamos la tela al llegar al lado izquierdo del cuadrado, lo abrimos y planchamos.

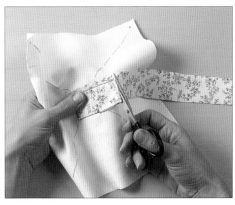

4 Sujetamos con alfileres la segunda tira de esta misma tela a lo largo del borde superior de las primeras dos piezas. Cosemos a máquina dejando un margen de costura de 5 mm hasta el final de los cuadrados, y cortamos lo que sobre.

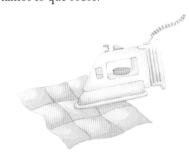

5 Continuamos siguiendo los mismos pasos, alternativamente, añadiendo dos tiras claras seguidas y dos tiras oscuras, consecutivamente. Vamos cortando y planchando las tiras antes de añadir la siguiente. Las guías diagonales nos ayudarán a mantener la forma de cuadrado y a comprobar que estamos cosiendo las tiras adecuadamente.

6 Hacemos suficientes bloques para completar la colcha y los disponemos como habíamos pensado antes de coserlos. Unimos todos los bloques sin utilizar calles. Ya que es muy complicado acolchar a mano a través de la tela base, debido al grosor añadido, solo acolchamos las esquinas y el centro de cada bloque, y rematamos el *quilt* o colcha con un ribete. Como alternativa, podemos acolchar la máquina entre cada bloque o tira.

«Log Cabin» en forma de piña

Al contrario que otros diseños «Log Cabin», el de «Piña» es más fácil de coser si partimos de plantillas que si lo hacemos de tiras. Este diseño también se conoce como «Hojas de molino». Las tiras se cortan con la forma de un triángulo al que se le ha cortado la punta, y se disponen desde el centro hacia fuera, formando bandas claras y oscuras.

Pensaremos previamente el orden en que dispondremos las tiras, y dibujaremos las plantillas de cada una de ellas. Si cosemos a máquina, añadiremos un margen de costura de 5 mm alrededor de cada tira antes de cortar las plantillas. Dibujaremos las piezas por el revés de la tela y las cortaremos. Mantendremos las piezas en su orden y las etiquetaremos, si vamos a hacer muchos bloques, para acordarnos del orden de colocación de las tiras.

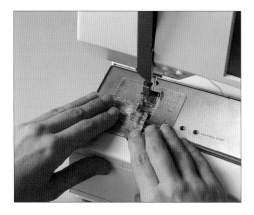

1 Sujetamos con alfileres los dos primeros triángulos en lados opuestos del cuadrado, con los anversos de la tela encontrados y los cosemos dejando 5 mm de margen de costura. Abrimos los triángulos y los planchamos para que queden lisos. Sujetamos con alfileres los otros dos triángulos a los otros dos lados del cuadrado y cosemos. Una vez más, abrimos los triángulos y los planchamos para que queden lisos. Cortamos los márgenes de costura en cada paso cuando sea necesario.

2 Sujetamos otra pareja de triángulos en dos lados contrarios del nuevo cuadrado. Utilizamos los lados del cuadrado como guía cuando sujetemos con alfileres y cosamos los triángulos en su sitio, manteniendo las piezas en su posición exacta. Cosemos como hemos hecho con los primeros dos triángulos y planchamos para que queden lisos. Cosemos los otros dos triángulos de esta capa y planchamos.

3 Comenzamos a añadir las tiras, cosiendo dos de ellas en lados opuestos del cuadrado y planchándolas antes de añadir las dos siguientes. Usamos la junta anterior como guía, así como los bordes sin rematar, para que el bloque quede lo más recto posible mientras lo vamos cosiendo.

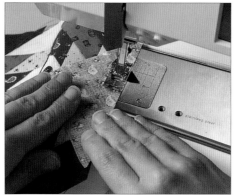

4 Continuamos elaborando el bloque de esta manera, añadiendo las piezas según el orden correcto, y alternando piezas más claras y oscuras en cada grupo de cuatro. Finalmente, añadimos un gran triángulo a cada lado para completar el bloque.

5 Para lograr un resultado excelente, juntamos los bloques sin añadir calles. El diseño final no cobrará forma hasta que no hayamos juntado unos cuantos bloques. Acolchamos el cobertor y lo rematamos con un ribete sencillo.

ARRIBA: Solo se puede apreciar la belleza de un diseño «Log Cabin» en forma de piña una vez que se han juntado varios bloques.

ARRIBA: El diseño «Log Cabin» en forma de piña también da un resultado extraordinario si realizamos las piezas en dos únicas telas cuyos colores contrasten.

ABAJO: Este diseño «Escaleras del juzgado» no tiene guata ni acolchado.

OTROS DISEÑOS «LOG CABIN»

El aspecto del bloque básico se puede modificar variando el orden de costura o la anchura de las tiras.

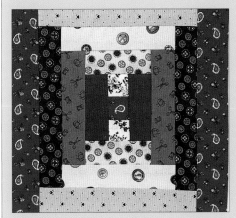

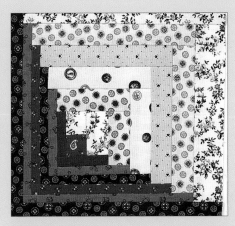

«Escaleras del juzgado»

Este diseño se forma cosiendo dos tiras claras y dos oscuras en lados opuestos del cuadrado central, en lugar de juntas.

«Log Cabin» descentrado

Este diseño se forma utilizando tiras cortadas en dos anchuras diferentes. Cortaremos un grupo de tiras con un ancho de 4 cm y otro con tiras de una anchura de 2,5 cm. Juntaremos varios bloques de este tipo para que formen curvas.

Patchwork seminola

A comienzos del siglo XX los comerciantes suministraban máquinas de coser manuales a los indios seminola de Florida. Utilizando su nuevo equipo, los seminolas diseñaron una nueva tira de patchwork que solo se puede coser a máquina. Los miembros de esta tribu realizaban sus patchwork con colores vivos y agudos contrastes, lo que hacía que las piezas fueran muy llamativas.

La técnica básica del patchwork seminola es unir y coser tiras de tela. Estos paneles están formados por tiras rectas o dispuestas diagonalmente. Después, las nuevas tiras se recolocan y vuelven a coserse para formar diseños preciosos y complicados.

ARRIBA: Se pueden lograr resultados excelentes si las tiras de patchwork seminola se disponen sin calles. Los resultados son igualmente buenos si las tiras se fracturan con otras que formen pequeñas calles. La tela negra resalta extraordinariamente con diseños y colores brillantes.

Cortar las tiras

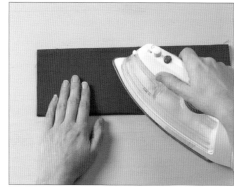

1 Doblamos la tela por la mitad y a lo largo dos veces, marcando los bordes sin rematar, y la planchamos con vapor. Colocamos la tela sobre la base de corte. Alineamos el pliegue de la tela con una de las guías de la regla. Sujetamos la regla firmemente y mantenemos la cuchilla del cúter pegada a la regla. Deslizamos el cúter hacia arriba y hacia abajo para cortar el borde sin rematar de la tela.

2 Giramos la tela de modo que el borde cortado quede a la izquierda. Utilizamos las marcas de la regla para cortar la tira al ancho que necesitemos más un margen de costura de 12 mm.

3 Seguimos moviendo la regla a lo largo de la tela para cortar tantas tiras como necesitemos, sin olvidar que cada tira tendrá cuatro capas.

Tablero de ajedrez

1 Cortamos una tira de 4 cm de ancho de dos telas que contrasten. Juntamos las tiras y las cosemos. Planchamos las costuras hacia un lado. Cortamos las tiras, a su vez, en piezas de 4 cm de ancho.

2 Con los derechos de la tela encontrados, sujetamos las piezas con alfileres de modo que las costuras queden en direcciones opuestas y cada color se superponga al tono contrario. Cosemos las piezas juntas para formar un tablero de ajedrez.

Unir tres tiras

1 Escogemos tres telas de colores vivos que combinen bien y cortamos una tira de cada una; la tira central debe ser la más estrecha. Juntamos las tiras y las cosemos. Planchamos las costuras hacia un lado. Cortamos el extremo de las tiras diagonalmente, formando un triángulo. Después, cortamos piezas en diagonal de la misma anchura.

2 Unimos las piezas con alfileres con los lados derechos de la tela encontrados. Prendemos los alfileres, de modo que el borde superior de la tira central toque el borde inferior de la siguiente. Unimos las piezas cosiéndolas y dejando un margen de costura de 5 mm. Planchamos las costuras hacia un lado.

3 Colocamos el panel sobre la base de corte y cortamos los lados para formar líneas rectas. Giramos el panel y cortamos para formar nuevas líneas rectas.

Unir cinco tiras

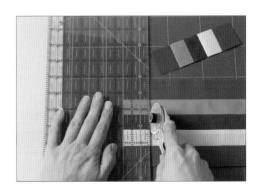

1 Cortamos cinco tiras de cinco telas diferentes y las cosemos. Planchamos las costuras hacia un lado. Cortamos el panel en tiras con el mismo ancho.

2 Unimos las piezas con alfileres con los lados derechos encontrados. Escalonamos las tiras haciendo que coincidan las costuras. Las cosemos y planchamos.

3 Colocamos el panel sobre la base de corte y cortamos los triángulos que se han formado en los bordes. Giramos el panel y eliminamos los triángulos del otro borde.

Unir dos series de cintas

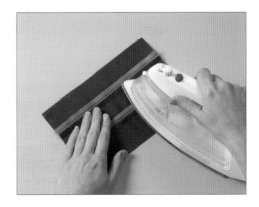

1 Cortamos cinco tiras (tres anchas y dos estrechas) de dos telas. Las cosemos alternando los colores. Recortamos los bordes y «cortamos en tiras más pequeñas de idénticas dimensiones. Plancharemos.

2 Cortamos cuatro tiras anchas y una estrecha de colores que contrasten. Cosemos formando un panel igual de ancho que en el paso anterior. Dividimos la pieza en nuevas tiras.

3 Prendemos con alfileres las tiras de forma que la segunda costura de las tiras del primer panel coincida con la primera costura de las tiras del segundo panel. Cosemos los bordes y los planchamos. Recortamos los bordes.

Labores de appliqué a mano

El término appliqué procede de la palabra francesa «appliquer», que significa aplicar. La técnica consiste en cortar piezas de tela con formas determinadas y coserlas a una tela de fondo. El appliqué ha evolucionado hasta convertirse en un arte decorativo que se cultiva en todo el mundo en diferentes modalidades. Los habitantes de Hawai y Laos, por ejemplo, realizan labores de appliqué al reverso muy complicadas; también en América del Norte se realizan extraordinarios trabajos de estilo figurativo.

Appliqué con bordes sin rematar

Esta técnica puede realizarse con telas que no se deshilachen, como el fieltro, o para dar un acabado irregular a los bordes sin rematar. Plancharemos una entretela muy fina al revés de la tela antes de cortarla, o plancharemos el motivo del appliqué a la tela principal con malla fusible.

Los motivos de appliqué en fieltro dan un resultado especialmente bueno si se rodean con punto de festón u otro punto de bordado decorativo.

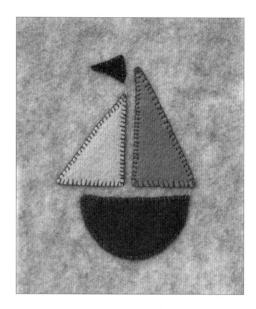

ARRIBA: El fieltro tiene unos bordes sin rematar limpios y que no se deshilachan. Por eso es un tejido muy adecuado para los principiantes. Sin embargo, también podemos trabajar con bordes deshilachados si escogemos telas como, por ejemplo, la gasa u otros tejidos que se deshilachan con facilidad.

1 Cortamos las plantillas al tamaño que deseemos usar. Sujetamos cada plantilla sobre la tela y cortamos las formas, sin dejar márgenes de costura. A continuación, las sujetamos con alfileres a la tela de fondo.

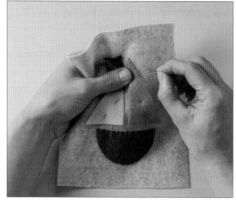

2 Para colocar la pieza en su sitio, cosemos alrededor del borde del motivo que hayamos recortado. Enhebramos una aguja y la clavamos de abajo hacia arriba manteniéndola muy pegada al borde. Volvemos a clavarla hacia abajo, siguiendo un margen mínimo.

Appliqué tradicional

Escogeremos formas sencillas para los trabajos de appliqué porque es difícil dar la vuelta a los bordes sin rematar cuando las formas son muy complejas; tampoco es fácil mantener los extremos lisos en curvas muy cerradas. Cortaremos las piezas de modo que el tejido encaje con la trama de la tela de fondo. El appliqué puede realizarse con ayuda de un bastidor o sin él. Coseremos la tela con cuidado para evitar que se deforme.

1 Cortamos una plantilla con el tamaño final y dibujamos su forma sobre el derecho de la tela. Añadimos un margen de costura de un total de 5 mm alrededor de toda la figura.

2 Realizamos pequeños cortes en las curvas convexas y unas pequeñas muescas en las curvas cóncavas. Practicamos el corte hasta la línea dibujada, pero con cuidado de no ir más allá. No es necesario cortar los bordes rectos.

3 Sujetamos el motivo de appliqué con alfileres e hilvanamos a 12 mm del borde sin rematar. Lo doblamos hacia dentro, de modo que la línea dibujada a lápiz no se vea. Cosemos a lo largo del pliegue con puntadas de dobladillo.

Utilizar papel de cocina

El papel de cocina tiene una capa de cera; se suele utilizar para envolver comida. Si lo planchamos sobre una tela, se pega con firmeza, pero solo temporalmente. Este tipo de papel no mancha y puede retirarse con facilidad.

1 Cortamos una plantilla del tamaño exacto que deseemos para el appliqué y la dibujamos con lápiz en la cara mate del papel. Cortamos la forma a lo largo de la línea.

2 Planchamos el papel al revés de la tela y recortamos la forma obtenida, añadiendo un margen de costura de 5 mm.

ARRIBA: Este trabajo de appliqué se ha elaborado con una serie de tiras y cuadrados de colores vivos y brillantes sobre una tela oscura. Los cuadrados se han deshilachado y después se han cosido con puntos decorativos a máquina.

3 Realizamos muescas en las curvas cóncavas y pequeños cortes en las convexas. Giramos hacia dentro el borde sin rematar e hilvanamos. Planchamos una vez más. La cera del papel ayuda a mantener intacta la forma y a que los bordes queden uniformes.

4 Prendemos con alfileres el appliqué sobre la tela de fondo y lo cosemos realizando puntadas de dobladillo. Utilizamos una aguja pequeña y fina y un hilo que combine con el appliqué o la tela de fondo.

5 Cosemos la mayor parte del appliqué y, a continuación, retiramos el hilvanado. Deslizamos nuestro dedo entre el papel y el appliqué y tiramos de él suavemente. Terminamos de coser el hueco que habíamos dejado.

Appliqué a máquina

El trabajo de appliqué a máquina es una forma sencilla de introducir detalles decorativos sobre una tela de fondo. Si queremos que el borde quede uniforme y limpio, tendremos que fijar los motivos sobre la tela antes de coserlos. El procedimiento más cómodo es utilizar una malla fusible, que permita una inserción pulcra, sin rastros de marcas de agujas o alfileres. Podemos coser motivos de appliqué a máquina con un pie prensatelas o libremente.

Utilizar malla fusible

Antes de comenzar a realizar una labor de appliqué a máquina valiéndonos de un pie prensatelas, respaldaremos la tela de fondo con una entretela o estabilizador de tejido para evitar que se arrugue. Podemos retirar el exceso de estabilizador una vez que

hayamos terminado. La entretela se mantendrá en su sitio.

La malla fusible se vende normalmente en tiras finas o en hojas. Es una mezcla de pegamento sobre papel que sirve para unir piezas de tejidos de manera bastante sencilla y limpia.

1 Cortamos un trozo de entretela para la tela de fondo. La pegamos al revés de la tela con una plancha. Si el tipo de tela no es muy adecuada para utilizar una entretela, recurrimos a un estabilizador.

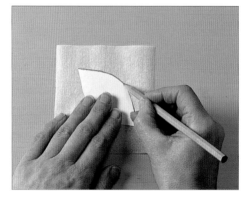

2 Colocamos la plantilla de appliqué boca abajo sobre la cara brillante de la malla fusible y dibujamos la forma.

3 Colocamos la malla fusible, con la parte brillante hacia abajo, sobre el revés de la tela que hayamos escogido para el appliqué. Planchamos a una temperatura media. Dejamos que se enfríe y después recortamos la forma.

4 Retiramos el papel y colocamos la forma en el lugar deseado, utilizando una plancha caliente.

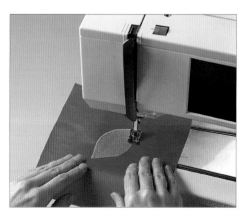

5 Ajustamos la máquina de coser para que realice puntadas de satén de tamaño mediano y reducimos la tensión superior ligeramente. Cosemos alrededor del borde del motivo de appliqué. Si queremos una línea más gruesa, cosemos sobre la primera línea, realizando una costura con dos capas.

6 Podemos añadir detalles como tallos o venas. En este caso, el tallo ha sido realizado con puntos de satén y las venitas con puntadas seguidas.

ARRIBA: Este sugestivo diseño está hecho con bloques diseñados y dispuestos cuidadosamente para crear un efecto de tres dimensiones. El ciclista se ha colocado en la tela mediante la técnica del appliqué, cosiéndolo con puntadas de satén a máquina.

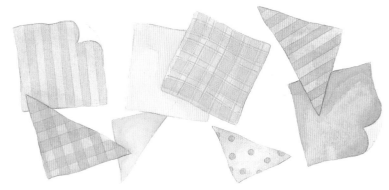

El estilo Baltimore

Antiguamente, los edredones decorados con appliqué se conservaban con un cariño especial debido al enorme trabajo que suponían y también porque son menos resistentes que los edredones normales de patchwork. Las creaciones más exquisitas fueron realizadas por las mujeres de la región de Baltimore. Las preciosas coronas, guirnaldas y cestas de flores eran los motivos decorativos más habituales. Solían elaborarse por partes porque las piezas se solapaban a menudo y eran bastante complejas.

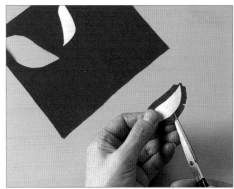

1 Ampliamos el diseño que se adjunta al final del libro y lo transferimos, utilizando el método que prefiramos, sobre el derecho de la tela. Calcamos varias formas sobre la cara brillante del papel de congelar (para invertir el diseño, lo calcamos sobre el lado mate) y las cortamos.

2 Planchamos cada pieza de papel sobre el revés de la tela y las cortamos añadiendo al borde un margen de costura de 5 mm. Realizamos pequeños cortes en las curvas convexas y muescas en las curvas cóncavas. Cortamos las puntas con cuidado para reducir el volumen.

3 Determinamos el orden de costura para cada sección del diseño. Las piezas que formen parte del fondo se coserán primero.

4 Cosemos las piezas en su sitio realizando un punto invisible, y utilizando la punta de la aguja para girar el margen de costura de 5 mm hacia dentro. Escogemos un hilo que combine con las piezas de appliqué, o un color neutro oscuro, como el gris.

5 La cornucopia está formada por tiras de 12 mm de ancho cosidas en bandas más claras, intermedias y oscuras. Cortamos las piezas y las sujetamos con alfileres en la tela de fondo. Doblamos el borde hacia dentro y cosemos utilizando un punto invisible. Planchamos por el lado derecho de la tela colocando un paño entre la plancha y el edredón.

ARRIBA: La cornucopia es un diseño tradicional. Utilizamos para su elaboración el método de costura de appliqué que más dominemos para lograr un acabado pulcro.

Bordado persa

El bordado persa se elabora cortando motivos de una tela, recolocándolos y cosiéndolos en otra tela base. Esta técnica se desarrolló durante los siglos XVII y XVIII para conseguir que los trozos de tela valiosos durasen más.

ARRIBA: Un tapete estilo Baltimore con appliqué cosido a mano y un acolchado realizado a máquina.

Inicialmente, los diseños se realizaban utilizando telas de colores bellos y vivos importadas de la India. Cuando el Gobierno británico prohibió la utilización de estas telas para proteger la industria textil de su país, la técnica del bordado persa cobró una gran popularidad. En Estados Unidos, durante el siglo XIX, se vendían telas con preciosos estampados, diseñadas especialmente para este tipo de técnica.

1 Lavamos y planchamos la tela. Cortamos la forma del appliqué que escojamos, dejando un margen de costura de 5 mm. No recortamos los detalles más pequeños, ya que los añadimos posteriormente. Realizamos pequeños cortes en el margen de costura para que sea más fácil doblar el borde hacia dentro. Asimismo, hacemos pequeñas muescas si se trata de curvas cóncavas. Los cortes no ocuparán más de 3 mm en el margen de costura.

2 Colocamos la pieza en su sitio sobre la tela de fondo. Enhebramos la aguja con un hilo que combine con el tejido. Utilizamos la punta de la aguja para ir metiendo el borde sin rematar hacia dentro, y cosemos la pieza en su sitio realizando un punto invisible, con puntadas pequeñas, casi imperceptibles.

DEBAJO: Los bordados tradicionales persas suelen incluir motivos florales exóticos.

3 Cosemos todas las piezas de appliqué y planchamos por el lado derecho de la tela, intercalando entre esta y la plancha un paño húmedo. A continuación, realizamos tantos detalles de bordado como deseemos para completar el diseño.

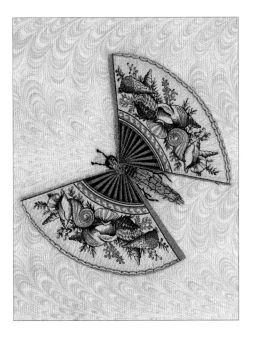

Appliqué en sombra

Los efectos de sombra son muy fáciles de realizar mediante el trabajo de appliqué. La tela de colores vivos se coloca sobre una tela de fondo y se cubre con otra semitransparente. Tanto la tela semitransparente como la tela de fondo suelen ser blancas, pero se pueden conseguir efectos muy diversos y originales utilizando telas de otros colores. El appliqué debe ser muy colorido para que parezca mate cuando se cubra con la capa semitransparente.

1 Realizamos una copia de la plantilla que se adjunta al final del libro, calcando cada figura en una malla fusible. Dibujamos las piezas en grupos según el color de tela que vayamos a utilizar.

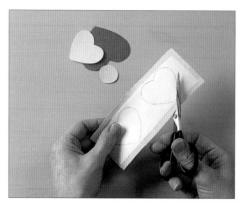

2 Planchamos la malla fusible sobre el revés de la tela siguiendo las instrucciones del fabricante. Cortamos las formas más grandes a lo largo de las líneas del dibujo. Una vez hayamos pegados el papel y se haya enfriado, lo retiramos.

3 Colocamos la tela de fondo sobre la plantilla. Disponemos las piezas sobre la tela utilizando la plantilla como referencia. Cubrimos las piezas con una tela de muselina y las planchamos delicadamente para pegarlas.

4 Seleccionamos una tela semitransparente, como gasa u organdí, y la colocamos sobre el appliqué. Después dispondremos la guata y el reverso del *quilt* por debajo.

5 Realizamos pequeñas puntadas seguidas, muy cerca del appliqué, a través de todas las capas. Cosemos alrededor de cada pieza, aunque alguna se solape con otra. Una vez hayamos terminado el trabajo de appliqué, podemos añadir detalles, como los tallos de las hojas, realizando más puntadas.

ARRIBA: Las piezas de appliqué en sombra pueden ser tan sencillas o complejas como deseemos.

Appliqué hawaiano

Esta técnica de appliqué, colorida y compleja, se realiza en Hawai desde comienzos del siglo XIX. Debido a sus especiales características, el appliqué hawaiano es diferente al resto de trabajos en appliqué al reverso. Se elabora utilizando un recorte de papel. Una vez completo, se rodea con puntadas de acolchado que repiten la forma hacia el exterior, imitando las olas que rompen en las orillas de las islas donde viven estos artesanos.

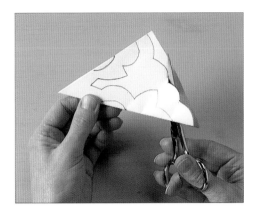

1 Decidimos el tamaño en que queremos realizar el appliqué. A continuación, cortamos un papel cuadrado de ese mismo tamaño añadiéndole 9 mm. Lo doblamos por la mitad dos veces, y después una vez más diagonalmente, de modo que los pliegues queden unidos. Dibujamos un copo de nieve entre dos de los pliegues. Cortamos el borde exterior y después el patrón interno, conservando el borde exterior para después.

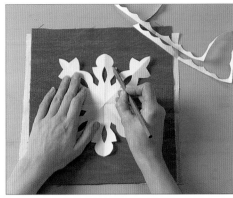

2 El appliqué hawaiano se realiza tradicionalmente en dos colores sólidos, por ejemplo, rojo, azul, verde o naranja, que se combinan con el blanco. Cortamos un trozo de tela de uno de estos colores y otro trozo de tela de color blanco, algo más grande que la plantilla. Colocamos la tela de color sobre la blanca y, a continuación, abrimos el papel en el centro.

3 Calcamos la forma del papel cuidadosamente con un lápiz suave y afilado. Dibujamos también la línea exterior utilizando el borde que habíamos conservado al realizar el copo. Con pequeñas puntadas, realizamos un hilván a 5 mm por el interior de las líneas marcadas del diseño principal, atravesando todas la capas. Después hilvanamos a 5 mm de la línea exterior.

4 Cortamos el appliqué de la tela superior, una sección tras otra, a lo largo de las líneas dibujadas, y utilizando tijeras pequeñas y puntiagudas. Para que resulte más sencillo darle la vuelta a la tela en los extremos, realizamos pequeños cortes o muescas en las curvas más pronunciadas, teniendo cuidado de que los cortes no superen los 3 mm.

5 Utilizamos la punta de una aguja para doblar los bordes sin rematar hacia dentro unos 3 mm. Cosemos la parte plegada a la tela blanca con pequeñas puntadas invisibles, alrededor de toda la aplicación hasta que la hayamos cosido entera. Cosemos el borde interior de la otra pieza roja de la misma manera.

6 Retiramos el hilo que hemos utilizado para hilvanar y planchamos el panel por el derecho de la tela intercalando un trapo húmedo entre la tela y la plancha. Añadimos una capa fina de guata y una tela para el reverso y realizamos una fila de puntos de acolchado alrededor del panel. Después, hacemos filas de acolchado para rodear el appliqué.

Vidrieras en appliqué

Tanto los colores brillantes y llamativos como los motivos sencillos que se utilizan en las vidrieras se adaptan muy bien a la técnica del appliqué. Para realizar esta clase de labores, uniremos las diferentes formas con tiras estrechas de tela. En los últimos tiempos, las vidrieras elaboradas con appliqué se han hecho muy populares, ya que se comercializa un tipo de bies, con el reverso provisto de pegamento, diseñado especialmente para realizar esta tarea. Podemos adquirir este bies en una gran variedad de colores, además del tradicional negro.

El aspecto de una vidriera en appliqué depende de los contrastes entre los colores de los motivos y el color del bies con el que se rodeen. Las telas de colores fuertes siempre dan un resultado muy bueno, pero también podemos utilizar un tejido con un estampado más sutil. Existen muchas telas de patchwork que tienen casi el mismo color de fondo que los estampados y pueden utilizarse para reproducir la textura rugosa de los cristales de las vidrieras. Disponemos de un gran número de libros en los que se muestra una amplia variedad de vidrieras que nos pueden servir de inspiración o modelo para realizar esta clase de trabajos con appliqué. También podemos escoger, para comenzar, este sencillo diseño de Charles Rennie Macintosh (1868-1928).

DERECHA: Escogeremos diseños con líneas muy definidas y colores brillantes para realizar vidrieras en appliqué.

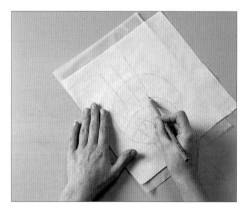

1 Realizamos una plantilla en papel de calco y la transferimos al derecho de la tela utilizando el método que prefiramos. Dibujamos las curvas realizando movimientos hacia fuera para que la línea sea más suave.

2 Decidimos dónde colocar cada color y lo señalamos en una copia de la plantilla. Cortamos la plantilla a lo largo de las líneas para separar las piezas.

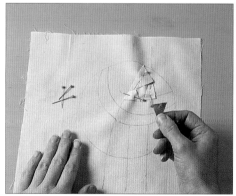

3 Sujetamos con alfileres las plantillas sobre el lado derecho de la tela que vayamos a utilizar, y las cortamos. Comenzamos desde el centro del diseño hacia fuera, ajustando las primeras piezas en la tela de fondo.

Arriba: Esta clásica estrella árabe de siete puntas se ha realizado en colores tradicionales. Hay unos 230 m de bies hecho a mano rodeando las estrellas y los bordes.

Abajo: Las formas estilizadas son una buena fuente de inspiración a la hora de elaborar vidrieras.

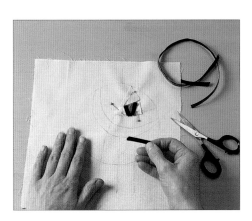

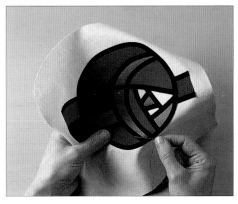

4 Cortamos tiras de bies para rodear los bordes del appliqué y las sujetamos con alfileres. Doblamos el final de cada pieza de bies y cubrimos el final del último trozo. Continuamos de la misma forma, sujetando con alfileres e hilvanando el appliqué.

5 Cubrimos el appliqué con una tela de muselina y la planchamos con vapor para fijar el bies. Si el diseño se va a usar como cuadro, no es necesario coserlo. De no ser el caso, realizaremos puntadas invisibles a ambos lados de los bieses.

Appliqué al reverso

Para realizar un appliqué al reverso, en lugar de añadir piezas de tela, retiraremos secciones del derecho de la tela para crear un diseño. También podemos añadir colores adicionales en algunas zonas del trabajo, evitando así que las capas de tela sean difíciles de manejar.

Uno de los diseños más conocidos de esta técnica es la «Mola», realizado por la etnia Kuna de Panamá. Estos diseños representan formas simplificadas de animales y plantas.

1 Dibujamos y cortamos una plantilla. Escogemos un diseño simple, cuyas secciones más estrechas no sean inferiores a 5 mm. Transferimos el diseño al lado derecho de la tela. Dibujamos una línea exterior a 5 mm del motivo.

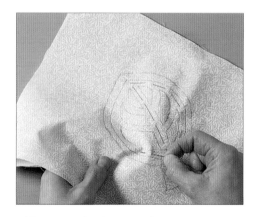

2 Unimos todas las capas de tela. En este caso, hemos utilizado tres capas: la tela estampada de la parte superior, una tela color beige y una tela de fondo blanca. Hilvanamos entre las líneas del dibujo y por fuera del diseño. Mantenemos la línea de hilvanado a un mínimo de 3 mm de las líneas dibujadas.

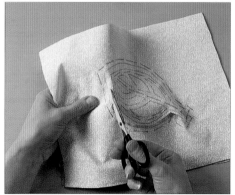

3 Utilizando la plantilla como guía, cortamos entre las líneas del appliqué, únicamente a través de la capa superior. Realizamos pequeños cortes en las esquinas sin sobrepasar las líneas marcadas.

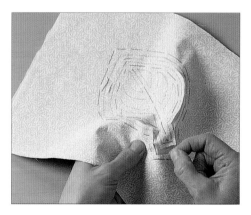

4 Buscamos las zonas por las que deba verse la tela crema y doblamos la tela cortada hacia dentro con la punta de la aguja. Realizamos pequeñas muescas o cortes en las curvas más cerradas para que sea más fácil doblar la tela y que quede lisa. Si el área es superior a 12 mm, la cortamos para que ocupe solo 5 mm.

EN LA PÁGINA ANTERIOR: A pesar de que este tipo de diseños cuenta con solo tres o cuatro capas de tela, suelen ser muy coloridos. Esto es porque la capa inferior suele estar hecha de piezas de diferentes colores que han sido colocadas en el orden adecuado.

DERECHA: En esta labor podemos ver una combinación de appliqué a mano y al reverso, que se han unido y después acolchado a máquina.

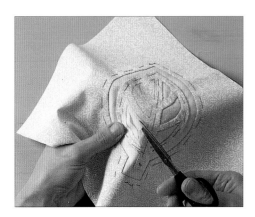

5 Cortamos también la tela color crema en aquellas áreas por las que queramos que asome la tela blanca. Cortamos los márgenes de costura y realizamos pequeños cortes en las esquinas.

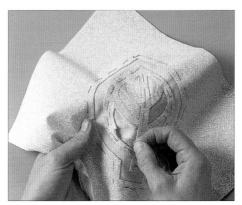

6 Doblamos los márgenes de costura de ambas telas hacia dentro y las cosemos sobre la tela blanca con puntadas invisibles. Una vez que el appliqué esté completo, lo planchamos por el revés de la tela. Después, volvemos a plancharlo con un paño húmedo.

ARRIBA: Comenzaremos con diseños sencillos y de pocas capas cuando estemos aprendiendo a elaborar appliqué al reverso.

Maneras de ensamblar

Los bloques de patchwork y appliqué se pueden unir de maneras muy diversas. Podemos coserlos directamente unos con otros o separarlos mediante calles; también es posible interponer calles y cuadrados de unión. Un mismo bloque de patchwork adoptará un aspecto completamente distinto dependiendo de cómo lo dispongamos.

Unir bloques

Algunos bloques de patchwork, como el «Log Cabin», se unen directamente para que su maravilloso juego de luces y sombras pueda apreciarse plenamente. Los patchwork de múltiples bloques, en los que cada bloque es algo diferente a los demás, se suelen ensamblar con tiras de tela llamadas calles. Los distintos bloques deben combinar cromáticamente y es una buena idea utilizar las calles para acentuar el contraste de tonos. Las calles suelen realizarse en un color liso, pero podemos utilizar una tela estampada que contenga varios colores incluidos en los bloques para conseguir un resultado llamativo. Los bloques que contengan los mismos colores o diseños pueden combinarse con cuadrados de unión y calles. Los cuadrados de unión tienen el mismo ancho que las calles y se colocan en las esquinas de cada bloque. Suelen realizarse en un color que contraste. Podemos unir cuadrados más pequeños y tiras más estrechas para formar cuadrados de unión y calles originales.

Lado a lado

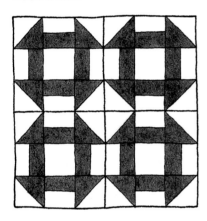

1 Colocamos los bloques de la primera fila en el orden adecuado sobre una superficie lisa.

2 Situando los dos primeros bloques derecho contra derecho, los sujetamos con alfileres. Encajamos las costuras lo mejor posible y hacemos que los bordes coincidan. Cosemos a máquina.

3 Añadimos bloques, uno por uno, hasta completar la primera fila. Planchamos todas las costuras en la misma dirección.

4 Completamos todas las filas siguiendo este mismo método, planchando las costuras de las filas adyacentes en direcciones contrarias.

5 Unimos las primeras dos filas, sujetándolas con alfileres. Nos aseguramos de que las costuras encajen, insertando alfileres en las líneas de costura para ayudarnos. Cosemos sobre los alfileres.

6 Planchamos las costuras y recortamos los bordes exteriores antes de coser el ribete.

Unir con calles

1 Determinamos el ancho de la calle, y le añadimos 12 mm para las costuras. Cortamos calles de idéntica longitud que el lado de los bloques. Sujetamos con alfileres y cosemos horizontalmente entre los bloques.

2 Cortamos tiras que encajen verticalmente entre los bloques. Sujetamos la calle con alfileres y cosemos.

3 Incluimos calles por el exterior de los bloques antes de añadir los ribetes.

Calles y cuadrados de unión

1 Añadimos calles entre las filas horizontales de los bloques. Para las filas verticales, cortamos más calles de idéntica medida que los bloques. Cortamos cuadrados para los cuadrados de unión con el ancho y el largo iguales al ancho de las calles. Cosemos cada cuadrado entre las calles. Después, planchamos las costuras hacia el cuadrado.

2 Sujetamos con alfileres las calles con cuadrados de unión a los bloques, haciendo coincidir las costuras. Cosemos a máquina utilizando el extremo de las calles como guía de costura. Añadimos cuadrados de unión y calles alrededor del borde exterior antes de añadir el ribete del *quilt*.

Preparar capas

Una vez hayamos unido los bloques, calles y cuadrados de unión, plancharemos el diseño por el revés de la tela. Mediremos para asegurarnos de que es del tamaño adecuado. Decidiremos si añadir o no tiras de enmarcado alrededor del diseño. Los bordes pueden hacerse a partir de piezas o ser lisos, o incluir piezas o bloques en las esquinas. Podemos aprovechar las tiras de enmarcado para resaltar la distribución de colores. Decidiremos el ancho de la tira de enmarcado y cortaremos las tiras de la longitud de cada lado más los márgenes de costura. Añadiremos las tiras a los laterales de nuestra labor. Cortaremos las tiras para los bordes superior e inferior y las coseremos.

2 Cortamos el reverso de la prenda, de modo que mida de 5-10 cm más que la superficie. Cortamos la guata algo más pequeña que el reverso. Centramos la labor sobre la guata y eliminamos cualquier arruga con ayuda de las manos.

4 Si vamos a acolchar la prenda patchwork a mano, hilvanamos las capas. Comenzamos desde el centro y cosemos realizando líneas que se extiendan desde el centro.

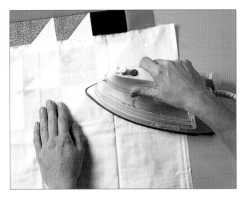

1 Planchamos la prenda por el revés, asegurándonos de que todas las costuras queden planas. Cortamos los hilos que sobren. Damos la vuelta a la prenda y la planchamos disponiendo un paño entre la superficie y la plancha. Determinamos y transferimos el diseño de la prenda en este punto.

3 La manera más rápida de fijar las capas es con imperdibles. Podemos utilizar unos corrientes, pero los mejores son unos de un modelo especial para acolchar, que tienen una curva más pronunciada. Insertamos imperdibles cada 5-10 cm, trabajando desde el centro hacia fuera.

5 Si acolchamos con ayuda de un bastidor, o a máquina, realizamos líneas de hilvanado horizontales y verticales a intervalos de entre 5 y 10 cm para unir las capas.

Añadir los diseños de acolchado

El acolchado añade el toque final decorativo a una labor de patchwork, pero requiere destreza y tiempo conseguir que el diseño encaje. Si decidimos acolchar siguiendo un patrón, lo mejor es transferir el diseño sobre el derecho de la labor antes de unir las tres capas.

Pinchar y espolvorear

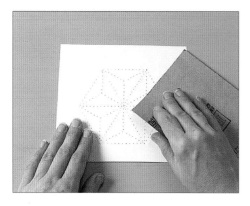  

1 Dibujamos el diseño del *quilt* en una hoja de papel. Retiramos el hilo de la aguja de la máquina de coser y cosemos a lo largo de las líneas del papel con puntadas largas. Frotamos suavemente el revés del papel para retirar los bordes ásperos y ayudar a que pase el polvo.

2 Colocamos la plantilla sobre la tela. Nos hacemos una bolsita con tela de muselina y la llenamos con harina de maíz. Después, marcamos el diseño dando pequeños golpecitos con la bolsita de harina sobre todo el diseño.

3 Comprobamos que el diseño se ha transferido a la tela antes de levantar la plantilla cuidadosamente. Para que las líneas sean más permanentes, las marcamos con un lápiz suave y afilado.

Papel carbón de modista

Escogeremos una hoja de papel carbón de modista que combine con el color de la tela pero que sea algo diferente para que puedan apreciarse las líneas del diseño con claridad, una vez transferidas. Comprobaremos que estas líneas se pueden borrar haciendo la prueba sobre un trozo de tela que nos sobre.

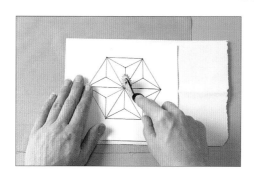

1 Colocamos el papel carbón sobre la tela con el color hacia abajo, pegado a la tela. Colocamos la plantilla sobre la hoja de calco y calcamos las líneas con una rueda para marcar.

2 Retiramos el papel de carbón delicadamente. Las líneas del diseño deberán aparecer marcadas con nitidez.

TRUCOS

- Transferiremos el diseño de acolchado sobre el derecho de la tela antes de unir las capas de nuestra labor. De esta manera podremos planchar la tela sobre una superficie lisa y dura y marcar el diseño con claridad.
- Si acolchamos la prenda sin usar una plantilla, no marcaremos el diseño sobre la superficie.

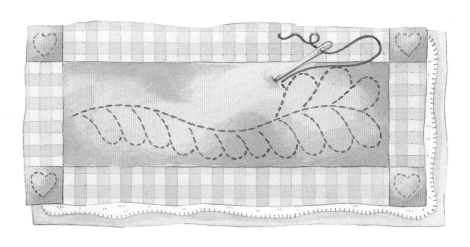

Plantilla de acolchado

Existe en el mercado una inmensa variedad de plantillas para acolchado. Las mejores son aquellas hechas con plástico traslúcido, porque son las más resistentes y nos permiten ver dónde estamos realizando las marcas.

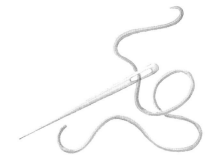

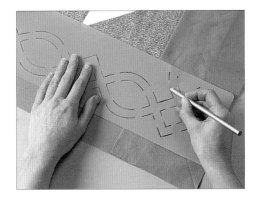

1 Colocamos la plantilla exactamente en el sitio donde queremos realizar el acolchado. Comprobamos que el diseño está colocado correctamente y después lo marcamos con un lápiz suave. Utilizaremos un color que sea muy discreto o, mejor aún, lavable.

2 Podemos utilizar plantillas pequeñas para un borde que se repita siguiendo un patrón. Realizamos dos pequeñas marcas para saber dónde debemos colocar la plantilla cada vez. Calcamos la plantilla con un lápiz suave de un color similar a la tela, o con un lápiz lavable.

Cinta adhesiva para acolchar

No siempre es necesario marcar las líneas de acolchado sobre la superficie de la labor. En los edredones de patchwork, por ejemplo, podemos utilizar las líneas de costura como guía para las líneas de acolchado.

La cinta adhesiva para acolchar mide 5 mm de ancho, lo necesario para añadir un margen de costura alrededor de las piezas de patchwork antes de cortar, pero también es muy útil para marcar las líneas de acolchado. Pegaremos un extremo de la cinta exactamente donde queramos comenzar a coser, y la usaremos como guía. Podemos despegar la cinta y utilizarla varias veces.

1 Para realizar un acolchado que rodee las piezas de patchwork, pegamos la cinta a lo largo de la línea de costura a 5 mm para realizar la línea de acolchado.

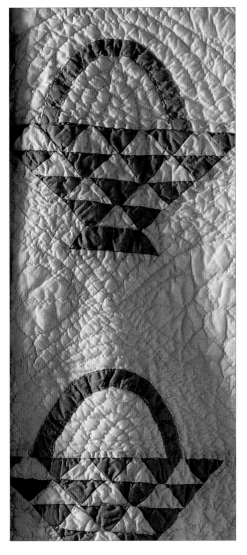

2 Cosemos una línea de pequeños puntos seguidos a lo largo del otro lado de la cinta, que no está pegado a la línea de costura.

3 Para elaborar un acolchado en eco, despegamos la cinta y la movemos al otro lado de la línea de acolchado. Cosemos a lo largo del lado de la cinta más alejado. Continuamos moviendo la cinta para realizar líneas de acolchado con la misma separación.

ARRIBA: El diseño con forma de cesta que vemos en la imagen superior ha sido acolchado en eco, con líneas concéntricas alrededor del asa de la cesta.

Acolchado

El acolchado es la técnica de costura que se utiliza para unir las capas de tela y la guata. Podemos acolchar tanto a mano como a máquina. El acolchado se realiza una vez que las tres capas de la labor se han juntado y unido con un ribete.

Acolchado decorativo

Aunque todos los tipos de acolchado sirven para decorar labores de una u otra forma, la mayoría de la gente asocia esta técnica con la creación de patrones y motivos. Los edredones amish, elaborados con grandes piezas de tela, son conocidos por sus complejos y preciosos acolchados. El acolchado decorativo es más efectivo cuando se realiza sobre piezas grandes de tela; si son pequeñas o labores de appliqué, pasa más desapercibido. Los diseños de acolchado suelen transferirse a la superficie de la prenda con una plantilla.

Existen tres grandes tipos de acolchado decorativo: los medallones, los bordes y las esquinas. Los medallones son motivos grandes y ornamentales que se utilizan, sobre todo, como pieza central de un edredón. Algunos acolchados en medallón tradicionales incluyen motivos como el «Nudo amoroso» y la «Corona de plumas».

Los patrones en bordes suelen ser estrechos, formando líneas que rodean los bordes y las calles del edredón. Los rombos, triángulos y otras figuras pequeñas pueden repetirse para formar el acolchado de los bordes de un edredón. Las plantillas para los bordes incluyen una esquina, para permitirnos completar el borde alrededor de la superficie de nuestra labor.

Los acolchados en las esquinas suelen ser complejos y ornamentales y se combinan con el medallón central. Las plumas y los abanicos son muy populares en este tipo de acolchado.

Acolchados de fábula

Para quienes disfruten cosiendo a mano, los acolchados de fábula son una excusa excelente para mostrar sus habilidades con la técnica de acolchado. Tradicionalmente, están hechos de satén de algodón. La superficie brillante de la tela resalta las texturas formadas por los patrones de acolchado. Los acolchados de fábula tradicionales, que se legan durante generaciones, pueden darnos una idea sobre la personalidad del primer dueño estos edredones o *quilts*. Los de matrimonio solían incluir diseños de corazones en los bordes, aunque se decía que traía mala suerte coser los corazones de un edredón antes del compromiso. Los acolchados de fábula necesitan planificarse detalladamente. Los patrones suelen ser simétricos, e incluyen acolchado de medallón, de bordes y de esquinas. Gales (Reino Unido) posee una gran tradición en la realización de este tipo de acolchados. Los edredones de boda gaélicos son especialmente llamativos, rebosantes de colores atrevidos con un color diferente en el reverso.

IZQUIERDA: Los acolchados de fábula son el trabajo perfecto para quienes les encante coser a mano. Este intrincado diseño se ha trabajado enteramente realizando puntos seguidos.

Acolchado a mano

El acolchado a mano puede llevar mucho tiempo, pero es muy relajante y aporta al edredón una suavidad extraordinaria. Las agujas de acolchado son muy finas y podemos clavárnoslas fácilmente, de modo que es más que recomendable utilizar un dedal. Nos colocaremos el dedal en el dedo corazón de la mano con la que estemos cosiendo. Algunas personas también utilizan un dedal de cuero o especial para acolchar en la otra mano e ir guiando la aguja por la tela. Tanto si usamos un bastidor o un marco, antes de comenzar a trabajar nos aseguraremos de que estamos cómodamente sentados y de que la iluminación es buena.

1 Enhebramos una aguja fina (por ejemplo, del tamaño 8) con hilo de acolchar, y realizamos un nudo en el extremo. Debe ser lo suficientemente fino como para atravesar la tela, pero, al mismo tiempo, tener el grosor necesario para fijarse sólidamente en la guata. Realizamos una pequeña puntada en la superficie del edredón y a través de la guata.

2 Atravesamos el edredón con la aguja y tiramos del hilo para que el nudo atraviese la tela de la superficie y se quede atrapado en la guata. De esta manera se quedará bien fijado.

3 Utilizamos un dedal para guiar la aguja en ángulo a través de las capas y después volvemos a subir la aguja hacia la superficie. Realizamos varias puntadas de una vez antes de tirar del hilo. Intentamos que las puntadas sean siempre de la misma longitud (con práctica seremos capaces de hacerlas más pequeñas). Las puntadas pueden resultar más pequeñas e irregulares en el reverso del edredón.

4 Terminamos el acolchado con un nudo en la guata. Enrollamos el hilo doblemente alrededor de la aguja y la insertamos en la superficie del edredón y la guata. Volvemos a subir la aguja a la superficie y tiramos del hilo para fijar el nudo dentro de la guata. Después cortamos el extremo.

ABAJO: Para realizar esta «Plaza de carpintero» se han confeccionado a mano tanto las piezas como el acolchado.

Acolchado a máquina

El acolchado a máquina es mucho más rápido que el realizado a mano, aunque la preparación debe ser bastante más meticulosa. Si las capas no se han hilvanado cuidadosamente, se formarán pliegues en el reverso de la tela.

1 Utilizamos una aguja del tamaño 90/14 para la máquina de coser, y ajustamos la longitud de puntada para que realice unas doce puntadas por cada 2,5 cm. Antes de comenzar a coser nuestra labor, realizamos una pequeña prueba en un trozo de tela aparte, utilizando las mismas capas. Puede que necesitemos aflojar la tensión superior para que las puntadas queden lisas. Utilizamos un pie prensatelas de dedo abierto, que nos permitirá ver lo que vayamos cosiendo.

2 Cuando cosamos un edredón de grandes dimensiones, necesitaremos enrollar las capas una vez estén hilvanadas para disponerlas en la máquina de coser. Enrollamos el edredón de manera uniforme y apretando bien para que quepa dentro del hueco de la máquina.

ARRIBA: Se ha realizado un acolchado de libre movimiento a las piezas circulares de appliqué de esta labor compuesta por bloques sencillos de una sola pieza.

Métodos de acolchado

Existen numerosos diseños de acolchado, y la mayoría pueden realizarse tanto a mano como a máquina.

Escogeremos un patrón de costura que se adapte a la cantidad de tiempo de que dispongamos, el tipo de guata que utilicemos y el efecto que queramos crear. Por ejemplo, el acolchado «en la zanja» es casi imperceptible, mientras que el acolchado de fábula es mucho más llamativo. Las líneas de costura en algunos tipos de guata deben estar separadas por 7,5 cm para evitar que esta se rompa al lavarse. En otros tipos de guata la separación puede ser de hasta 25 cm.

«En la zanja»
Esta técnica es prácticamente invisible si se realiza en un color similar a los del edredón. Realizaremos puntadas a mano en el centro de la línea de costura. Si vamos a acolchar a máquina, coseremos despacio e iremos alisando la tela superior a ambos lados de la costura, de modo que las puntadas queden exactamente «en la zanja». Pararemos cuando lleguemos a una esquina, asegurándonos de que la aguja siga clavada en la tela, levantaremos el pie prensatelas y giraremos el edredón para completar la siguiente línea.

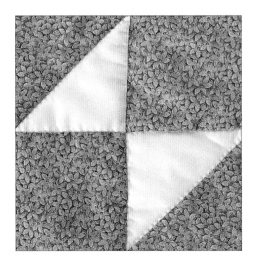

TRUCO

Para que las puntadas sean casi invisibles, utilizaremos hilo de nailon en la bobina e hilo 100% algodón en la canilla.

Selectivo

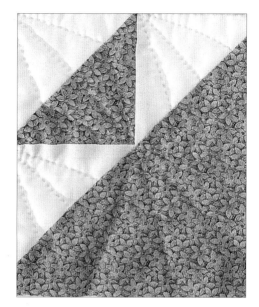

Este método es el más adecuado para labores de patchwork o appliqué. Se utiliza para resaltar determinadas áreas, acolchándolas, dejando otras áreas sin coser. Coseremos a lo largo de las líneas de costura para crear un patrón llamativo.

De contorno

Las líneas del acolchado de contorno deben coserse a 5 mm de las líneas de costura y realizarse contorneando todas las piezas de un diseño. Utilizaremos cinta adhesiva para acolchar o una regla a 5 mm para mantener las líneas en orden.

En eco

Comenzaremos a coser el acolchado en forma de eco del mismo modo que el acolchado de contorno, e iremos añadiendo más líneas cada 5 mm hasta cubrir todo nuestro trabajo. Utilizaremos un hilo que combine con el fondo, o que contraste si buscamos una mayor originalidad.

Líneas paralelas

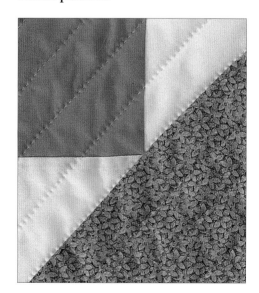

Este método de acolchado es bastante rápido y fácil, sobre todo si lo realizamos con una máquina de coser. Esbozaremos líneas sobre la tela con una punta roma o utilizaremos una barra espaciadora para coser todas las líneas paralelas, a la misma distancia unas de otras.

En forma de concha

Los acolchados en forma de curva o concha son adecuados si vamos a acolchar a mano. El resultado es mejor si se realizan sobre las calles que separan los bloques y los bordes, o sobre zonas de tela lisa, en lugar de sobre motivos de appliqué o patchwork.

Acolchado en rombos

Este diseño es muy apropiado para realizarlo a máquina. Marcaremos las líneas del diseño cuidadosamente. Cuando lleguemos a una esquina, dejaremos la aguja clavada en la tela y giraremos el edredón para continuar en la siguiente costura. Bajaremos el pie prensatelas y continuaremos. Cuando realicemos patrones más complicados, determinaremos la línea de costura antes de comenzar, para poder coser las líneas con el mínimo número de pausas.

Trapunto

En este método de acolchado se hace uso del relleno suelto en lugar de la guata. Se unen dos capas de tela mediante un diseño de acolchado. Se practica una hendidura en la tela trasera y se añade el relleno. Las zonas acolchadas quedan en relieve; como contraste, las áreas llanas pueden cubrirse con puntadas de satén. Este es uno de los métodos más antiguos de acolchado. Solía utilizarse para decorar prendas y ropa del hogar en los siglos XVII y XVIII.

El trapunto fue introducido en Estados Unidos por los primeros colonos. Inicialmente, se realizaba en telas de lino y algodón. A comienzos del siglo XIX, los edredones blancos acolchados con complejos diseños de trapunto se volvieron muy populares entre los miembros de la burguesía del noreste y del sudeste de Estados Unidos.

Utilizaremos una tela de algodón brillante o de satén para la parte superior, lo que permitirá resaltar las zonas con volumen. Para la capa inferior nos serviremos de una tela con la trama muy apretada, como el calicó. Si lo preferimos, podemos elegir una tela más suelta, y usar un punzón o una herramienta similar para meter el relleno entre los hilos, pero no conseguiremos el mismo volumen.

1 Calcamos el diseño directamente a través de la tela trasera. Colocamos el diseño boca abajo y la tela principal encima.

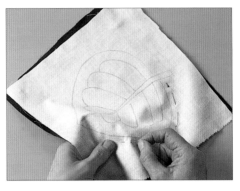

2 Hilvanamos alrededor del diseño para unir las dos capas de tela. Cosemos a lo largo de todas las líneas del diseño, a mano o a máquina. Cosemos o anudamos el extremo de los hilos por el lado opuesto.

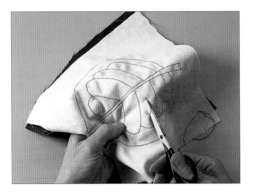

3 Utilizamos unas tijeras de bordado afiladas para realizar un corte en la primera zona que vayamos a rellenar. Tendremos mucho cuidado en cortar solo el calicó y no la tela principal.

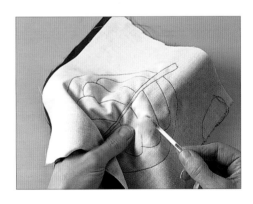

4 Con un punzón, o una herramienta similar con la punta roma, introducimos el relleno por el hueco. Nos valemos de la herramienta para empujar el relleno hacia las esquinas y repartirlo uniformemente.

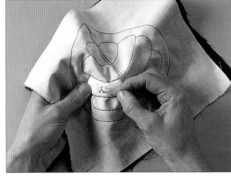

5 Volvemos a coser para cerrar el corte que habíamos realizado, utilizando puntadas de espiga. Evitamos juntar mucho los extremos: se formarían arrugas y se deshilacharían. Cosemos por dentro del relleno por si acaso.

ARRIBA: Las zonas con relleno crean relieve en el diseño, pero para evitar que la tela de su alrededor se arrugue tendremos que rellenar también las zonas alrededor de toda la tela.

Acolchado italiano

El acolchado italiano, o acolchado con cordoncillo, es puramente decorativo. No se utiliza guata, de modo que los edredones o cobertores así acolchados no dan mucho calor. Esto explica por qué se hicieron tan populares en regiones de clima cálido, como el sureste de Italia. Para elaborarlo se introduce lana o cordoncillo por unos finos conductos cosidos previamente. De este modo, se crea un dibujo con unas líneas elevadas por el lado derecho de la tela. El acolchado italiano se puso muy de moda en los siglos XVII y XVIII.

1 Calcamos el diseño en el reverso de la prenda. Después, la ponemos con el derecho hacia abajo, y colocamos la tela principal encima. Hilvanamos alrededor del diseño para unir ambas capas. Cosemos a lo largo de las líneas del diseño. Anudamos el extremo del hilo por el revés de la tela.

2 Enhebramos la aguja con cordoncillo o lana, sin anudar el extremo. Insertamos la aguja por el revés, entre dos líneas de costura, teniendo cuidado de no traspasar la tela principal con la aguja.

3 Empujamos la aguja a través del conducto todo lo que podamos y la volvemos a sacar por el reverso. Tiramos de la lana o cordoncillo para que forme una cola de 12 mm. Volvemos a insertar la aguja por el mismo agujero y damos otra puntada, dejando un pequeño bucle en el reverso.

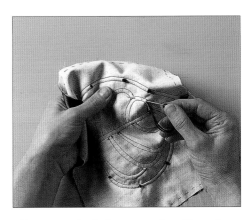

4 Para empujar la lana o cordoncillo en las esquinas, realizamos pequeñas puntadas alrededor de la curva, dejando bucles en el reverso.

5 Una vez hayamos rellenado todos los conductos, tiramos de la tela desde el bies para repartir uniformemente el cordoncillo o la lana y eliminar cualquier arruga.

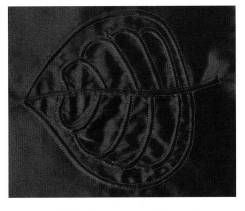

ARRIBA: Tradicionalmente, las colchas y algunas prendas como los chalecos se decoraban con cordoncillos. El acolchado italiano suele realizarse en su conjunto con el trapunto, aprovechando los cordoncillos para resaltar las áreas con volumen. Escogeremos una tela suave para el revés para que nos permita ir empujando la aguja y la lana o el cordoncillo fácilmente.

CORDONCILLO EN SOMBRA

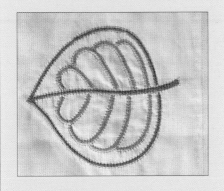

El acolchado con cordoncillo en sombra se realiza del mismo modo que el acolchado italiano. Escogeremos una tela firme y semitransparente, como el organdí, para la capa superior. Después, insertaremos cordones de colores llamativos a través de los conductos.

Acolchado «Sashiko»

El «Shashiko» es un estilo de acolchado tradicional japonés. Se hizo mundialmente conocido a principios del siglo XVIII, cuando las mujeres realizaban chaquetas abrigadas cosiendo dos capas de tela teñida de color índigo, uniéndolas con filas de elegantes puntadas seguidas.

Inicialmente, las puntadas del acolchado «Shashiko» tenían una función puramente práctica, pero posteriormente se desarrollaron complejos y geométricos patrones de costura. A pesar de que esta técnica incorpora un punto de bordado tradicional, el «Shashiko» es ideal para acolchar si la guata es fina. Como todos los diseños japoneses, los patrones de «Shashiko» son muy estructurados, con unas guías estrictas para realizar las líneas de costura. Utilizaremos hilo especial para «Shashiko», o de algodón fino. Realizaremos el mismo número de puntadas por cada 2,5 cm, normalmente cinco, seis o siete.

1 Transferimos el diseño a la superficie de la tela. Intentamos coser el patrón en líneas continuas, sin hacer pausas. Estudiamos el patrón antes de comenzar, para decidir cuál es la mejor manera de coserlo.

2 Las puntadas nunca deben coincidir en un mismo punto. Dejamos espacios en las esquinas y hacemos que las líneas sean algo más cortas si terminan en un punto central.

ARRIBA: Una labor de «Shashiko» realizada sobre el fondo azul tradicional pero con hilos en blanco y azul palo.

PATRONES DE «SHASIKO» TRADICIONALES

El «Maru Bishamon» (un símbolo budista) es un diseño complejo donde los círculos se van entrecruzando.

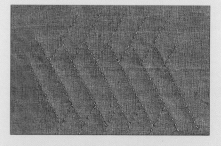

El «Higaki» (valla de cipreses). Los biombos de madera de ciprés eran un mueble decorativo tradicional en las casas japonesas.

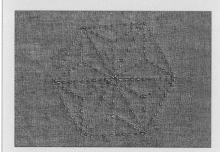

El «Asanoa» (hoja de cáñamo). El cáñamo era uno de los cinco cultivos más importantes que había en el antiguo Japón.

El «Matsukawabishi» (rombos de corteza de pino) es un símbolo presente en la mayoría de las expresiones del arte decorativo japonés.

Acolchado con nudos

El acolchado con nudos es la manera más rápida de unir las tres capas de un edredón. Se utiliza cuando la guata es demasiado gruesa o la superficie del edredón demasiado firme como para atravesarlo fácilmente con la aguja; es el caso del diseño «Log Cabin», que suele atarse. Los nudos pueden realizarse en la superficie, en el reverso del edredón o incluso anudarse formando un arco. Cabe también la posibilidad de añadir botones o cuentas como elementos decorativos.

1 Utilizamos alfileres largos para acolchar en lugar de imperdibles; así podremos anudar sobre los alfileres. El espacio que dejemos entre los nudos depende del tipo de guata que utilicemos, pero generalmente dejaremos de 7 a 15 cm. Si vamos a lavar el edredón muy a menudo, dejaremos menos espacio entre los nudos. Si el borde del edredón mide más de 7,5 cm de ancho también se debe anudar.

2 Enhebramos la aguja con un hilo resistente y de algodón. Realizamos un pespunte sobre el alfiler, dejando una cola de 7,5 cm; a continuación, realizamos un segundo pespunte encima. Cortamos el final y dejamos la misma cantidad de cola.

3 Anudamos los extremos realizando un nudo marinero (un nudo cuadrado) trabajando izquierda sobre derecha y después derecha sobre izquierda. Apretamos el nudo y cortamos los extremos.

4 Para acelerar el proceso, en lugar de coser y cerrar cada nudo individualmente, pasamos al siguiente alfiler sin cortar el hilo. Trabajamos a lo largo del edredón hasta que nos quedemos sin hilo y después vamos cortando y anudando los hilos como antes.

5 Como toque decorativo, anudamos pequeños mechones de hilo dentro de cada nudo. Cortamos pequeños trozos de algodón de unos 5 cm y los colocamos sobre el primer nudo. Realizamos un segundo nudo encima y tiramos. Cortamos los hilos para que midan lo mismo.

ARRIBA: El acolchado con nudo se puede realizar para decorar el reverso de un edredón que se ha realizado con piezas que combinan los mismos colores pero tienen un diseño diferente a la superficie de la labor.

Añadir ribetes

Añadir los ribetes es el último paso en la elaboración de un edredón, y también la última oportunidad para añadir definición y un toque de color. Existen diversas maneras de ribetear un edredón. Para los que tienen una forma cuadrada o rectangular utilizaremos ribetes cortados en la dirección de la trama, mientras que para los de formas curvadas cortaremos los ribetes al bies.

Preparación

- Cortaremos los bordes sin rematar de los extremos del edredón. Si fuese posible, realizaremos un corte circular y nos aseguraremos de que las esquinas formen ángulos rectos.
- Cuando realicemos el corte con tijeras, marcaremos el extremo que queremos cortar con tiza de modista.
- Mediremos la superficie del edredón una vez lo hayamos cortado, a lo ancho y a lo largo, para determinar las medidas del ribete.
- Sumaremos las medidas de los cuatro lados y le añadiremos una cantidad adicional para las costuras y las esquinas.

Añadir ribetes separados

1 Cortamos la guata a la medida de la superficie del edredón. Cortamos tiras de ribete de unos 5 cm de ancho en la dirección de la trama del tejido. Cortamos cuatro tiras, cada una 2,5 cm más larga que los lados del edredón. Unimos las tiras que necesitemos para completarlas. A lo largo de uno de los lados de cada tira, doblamos la tela 5 mm hacia dentro para el margen de costura y planchamos.

2 Tomamos una de las tiras más largas (en caso de que el edredón sea rectangular) y la colocamos en su sitio, sujetándola con alfileres. Nos aseguramos de que los bordes sin rematar coincidan. Debido a los 2,5 cm que hemos añadido, deberían sobrar unos 12 mm en cada extremo de la tira. Comenzamos realizando una costura a 5 mm del extremo. Realizamos un par de pespuntes para anudar el hilo. Después, cosemos el ribete al edredón. Nos detenemos a 5 mm de la esquina y realizamos otro par de pespuntes para que no se suelte el hilo.

3 Sujetamos con alfileres y cosemos los otros tres ribetes del mismo modo, deteniéndonos a 5 mm de cada esquina. Realizamos pespuntes para anudar el hilo.

4 Doblamos la tira de ribete sobre los bordes sin rematar de la guata y el reverso. La sujetamos con alfileres y después la cosemos al reverso con puntadas invisibles. El ribete será más ancho por el revés del edredón que por delante. Cosemos primero los ribetes de los laterales y después los de arriba y abajo.

5 Para reducir el volumen adicional en las esquinas, cortamos la tela que sobre hasta que mida 5 mm. Doblamos el siguiente ribete sobre la esquina y lo sujetamos en su sitio con alfileres. Realizamos puntadas invisibles sobre el siguiente lado.

Añadir un acabado doblado

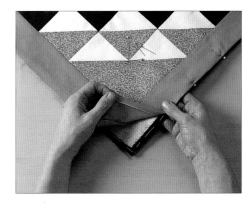

1 Este acabado sencillo se adapta bien a los edredones que tienen calles rodeando los bloques. Plegamos la parte superior del edredón y cortamos la guata a unos 5 mm.

2 Doblamos los bordes sin rematar del reverso del edredón solo sobre la guata y lo hilvanamos.

3 Doblamos 5 mm hacia dentro el borde sin rematar de la superficie del edredón y lo sujetamos con alfileres de modo que los pliegues se junten. Unimos ambos pliegues realizando puntadas invisibles.

Añadir un ribete con la tela del reverso

1 Si el reverso del edredón mide al menos 2,5 cm más que la superficie, alrededor de todo el edredón, y la tela escogida combina con la superficie, podemos realizar un ribete con el reverso. Este tipo de ribete le dará un toque muy pulcro y delicado. Cortamos uniformemente los bordes sin rematar de la superficie del edredón y la guata. Cortamos el reverso del edredón para que sobresalga 2,5 cm alrededor la superficie del edredón. Para preparar las esquinas en inglete, doblamos una esquina del reverso hasta que toque el top en la esquina, apretamos el pliegue con el dedo y cortamos la diagonal.

2 Plegamos el edredón 5 mm hacia dentro a lo largo de la diagonal que hemos cortado, y después a lo largo de todo el reverso. Doblamos el reverso de nuevo sobre el top y la guata. Comprobamos que las esquinas coinciden uniformemente y sujetamos con alfileres.

3 Cosemos el dobladillo sobre la superficie del edredón con puntadas invisibles. Para finalizar, cosemos la hendidura de las esquinas en inglete también con puntadas invisibles.

DERECHA: Este sencillo edredón, hecho con bloques de nueve piezas, se realizó a comienzos del siglo xx con camisetas de maquinistas de ferrocarril. Está ribeteado con una tela de un color diferente.

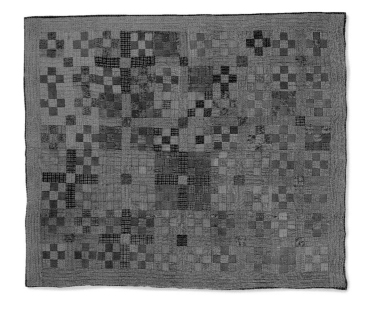

Ribete continuo

Los ribetes al bies se cortan en el sentido diagonal de la tela para ayudar a que se adapte a las curvas. Necesitaremos un ribete muy largo para rematar todo un edredón; debido a ello, es más fácil coser y cortar un ribete continuo en lugar de unir numerosas piezas de tela.

Las esquinas en inglete son una manera muy limpia de rematar las esquinas, ya que reducen el exceso de volumen y tapan todos los bordes sin rematar. Es más fácil realizar las esquinas en inglete en telas ligeras o medianas, ya que el pliegue se marca mejor.

1 Cortamos un cuadrado de tela con los extremos en línea con la trama del tejido. Cortamos el cuadrado por la mitad diagonalmente. Unimos dos de los lados cortos con los derechos de la tela juntos. Cosemos a 5 mm del borde sin rematar, realizando un par de pespuntes a cada extremo.

2 Planchamos las costuras hacia fuera y colocamos la tela sobre una superficie lisa, con el derecho hacia arriba. Dibujamos líneas paralelas sobre el derecho de la tela cada 5 cm. Utilizamos una regla ancha y la sostenemos firmemente para que la tela no se mueva.

3 Sujetamos con alfileres los extremos diagonales para formar un tubo. Inclinamos los bordes para que la primera línea por debajo de la esquina esté nivelada con el lado contrario de la tela. Cosemos a 5 mm del borde sin rematar. Planchamos las costuras hacia fuera.

4 Cortamos el tubo de tela realizando una tira continua, comenzando por una esquina y cortando a lo largo de las líneas marcadas. Planchamos los ribetes al bies con vapor, tirando ligeramente para que no sean demasiado flexibles.

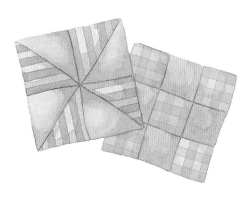

Esquinas en inglete

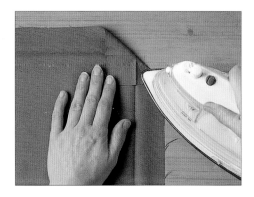

1 Giramos y planchamos la tela en la línea del dobladillo, a ambos lados de la esquina, manteniendo el pliegue a lo largo de la trama del tejido si es posible. Giramos la esquina donde las líneas del pliegue se juntan y volvemos a planchar.

2 Abrimos la esquina y cortamos diagonalmente, 5 mm por fuera de la línea marcada por el pliegue. Doblamos todos los bordes sin rematar 5 mm hacia dentro y planchamos.

3 Comprobamos que la hendidura del dobladillo encaja perfectamente. Sujetamos con alfileres e hilvanamos. Cosemos muy cerca del pliegue del dobladillo. Realizamos puntadas invisibles para coser la esquina en inglete.

Añadir un ribete al bies

1 Si es necesario, cortamos las esquinas de la superficie del edredón en curva o, simplemente, arreglamos los bordes sin rematar. Sujetamos con alfileres el bies a lo largo de uno de los extremos de la superficie del edredón, colocándolo con cuidado en las esquinas. Lo cosemos en su sitio a 5 mm del borde sin rematar.

2 Cortamos la guata y el reverso para que midan igual que la superficie. Realizamos pequeños cortes en las curvas si fuese necesario.

3 Giramos el edredón hacia abajo. Doblamos el lado no cosido del ribete 5 mm hacia dentro y lo sujetamos en su sitio con alfileres. Cosemos el bies con puntadas invisibles.

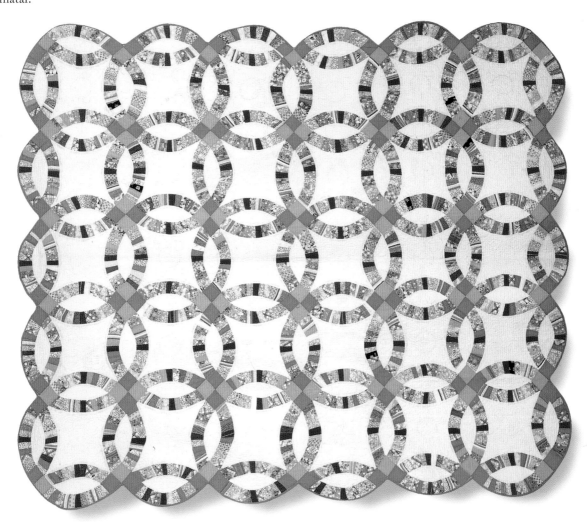

ARRIBA: Este diseño llamado «Anillo doble de compromiso» incluye costuras en curva y un borde en arcos. Este tipo de borde requiere un ribete separado cortado al bies. Los ribetes al bies se utilizan cuando el edredón tiene alguna curva decorativa en sus bordes, o en el caso de que sus esquinas sean redondeadas. Al contrario que otras técnicas para elaborar ribetes, los hechos al bies se sujetan con alfileres y se cosen sobre uno de los lados del edredón, normalmente la superficie, antes de cortar la guata y el reverso al mismo nivel. Un buen consejo es que el ribete tiene que doblarse en pequeños pliegues para quedar completamente liso sobre los bordes.

BORDADO

El bordado engloba una rica variedad de técnicas, tanto tradicionales como contemporáneas. Personas de todos los rincones del mundo siguen cultivando los métodos antiguos y modernos para decorar sus prendas y ropa del hogar, o desarrollando variantes artísticas que dan una nueva dimensión a los procedimientos y saberes ancestrales. Por esta razón, el bordado es una artesanía viva, en constante crecimiento y desarrollo. A lo largo de las páginas siguientes se describen las técnicas básicas para realizar puntos de bordado, tanto a mano como a máquina. Una vez que dominemos los rudimentos fundamentales de este arte, podremos comenzar a diseñar y elaborar nuestras propias creaciones.

Equipo y materiales

Para los recién llegados al mundo del bordado a mano, uno de los atractivos de esta actividad artesanal es la sencillez de sus herramientas de trabajo. Con muy poco dinero, y algo de imaginación, podremos decorar y embellecer todo tipo de muebles y prendas de vestir. Lo único que hace falta es aprender las técnicas y ponerlas en práctica. El equipo básico (agujas, hilos, tela y bastidores) es muy asequible. Si nuestro interés se centra en el bordado a máquina, nos será suficiente una máquina de coser básica que haga puntadas en zigzag.

Agujas

Las agujas Crewel son las mejores para realizar bordados. Tienen los ojales largos para poder enhebrar fácilmente el hilo, y están disponibles en diferentes tamaños. Las agujas chenille se parecen a las crewel, pero son mucho más largas. Podemos utilizarlas con hilos gruesos para trabajar sobre el revés de la tela. Las agujas de tapicería tienen la punta redondeada, por lo que se adaptan muy bien a los tejidos sueltos.

Con respecto al bordado a máquina, utilizaremos agujas más pesadas (80/12 o 90/14), para evitar que se doblen o se rompan. Si queremos realizar bordados con hilos más gruesos o cintas, utilizaremos agujas de bordar con un ojal muy grande. Cada vez que cambiemos de hilo, cambiaremos también de aguja para que salga perfecto.

Bastidores y tambores

Sujetaremos la tela con un bastidor mientras la bordamos. El más conocido es el bastidor redondo de madera, que está disponible en varios tamaños. El tamaño medio (de 18-20 cm de diámetro) se maneja fácilmente y nos permite ir moviendo la tela a medida que vayamos realizando el bordado.

Para bordar a máquina utilizaremos un bastidor circular de madera boca abajo, o uno de plástico especial que se encaja fácilmente debajo del pie prensatelas de la máquina.

Cuentas

Podemos utilizar cuentas de distintos tamaños y formas para nuestros bordados, y coserlas individualmente o en filas. También podemos emplear cuentas de semillas con el fin de dar textura al trabajo sobre lienzo, al punto de cruz o a otras variantes del bordado.

Hilos

Podemos comprar muchos hilos excelentes para el bordado a mano, en una amplia variedad de colores, texturas y grosores. El más utilizado es el hilo mouliné, que se compone de seis finas hebras de algodón, enrolladas en una madeja. Se utiliza para la costura cruzada y el bordado a mano. El algodón «à broder» y de algodón son hilos de una sola hebra. El algodón perlé es un hilo torcido, redondo y satinado que se utiliza para el trabajo sobre lienzo y el bordado a mano.

Los hilos de rayón de viscosa también se están comenzando a utilizar mucho. Son hilos enrollados, de un aspecto sedoso y brillante, que podemos comprar en colores muy vivos. El hilo nordin es un hilo rústico de una sola hebra que se adapta muy bien a los tejidos artesanales. Para bordados muy especiales podemos utilizar hilo de seda. Existen muchos tipos de hilos para bordado, algunos lisos y otros más sofisticados o metálicos.

El hilo que se utiliza para bordar a máquina es más fino que el hilo de costura y está menos enrollado con el fin de que brille más. Algunos hilos decorativos pueden enrollarse en la bobina y coserse con la tela boca abajo.

Lazos de seda

Utilizaremos lazos de seda o sintéticos para bordado. Podemos adquirirlos en una gran variedad de colores y en tres medidas diferentes: 2 mm, 4 mm y 7 mm. Se adaptan a una amplia variedad de puntos de bordado.

Tela

Las telas más diversas, desde el calicó liso a las sedas más lujosas, se adaptan bien a la técnica del bordado. La elección depende del resultado que queramos obtener. Podemos realizar un bordado incluso en las telas más delicadas si las protegemos con un forro.

Utilizaremos telas con un tejido uniforme, como el lino, el lienzo o Aída, para el bordado de hilos contados. Estas técnicas requieren que el tejido sea uniforme para realizar puntadas regulares e iguales. Si nuestra intención es realizar un bordado libre o con cintas o lazos nos sirve casi cualquier tela.

Tijeras

Las tijeras de bordado son fundamentales si queremos realizar bordados a mano. Las de hojas cortas permiten cortar el hilo con precisión o perfilar pequeñas piezas de tela; las de hojas largas, finas y puntiagudas se utilizan para quitar puntadas sin dañar la tela. Jamás usaremos las tijeras de costura para cortar papel, pues esto hará que sus hojas se desafilen con rapidez. Cada tipo de tijeras tiene una función específica.

La preparación para coser a mano

No es fácil contenerse con tantos hilos preciosos al alcance de nuestra mano y la visión del bordado perfecto rondándonos por la mente, pero es importante frenar el entusiasmo y no lanzarnos a trabajar hasta haber completado la preparación. Nos aseguraremos de que la tela esté pintada o teñida exactamente como deseamos, y completamente seca, de que el diseño se ha transferido con precisión a la tela y de que esta se encuentra bien tirante en un bastidor. Todo esto nos permitirá realizar nuestro trabajo sin incidentes y constituirá la base para lograr un buen resultado.

Teñir la tela

Podemos adornar la tela para bordado de diversas maneras: añadiendo motivos de appliqué o tiñéndola con tintes o pinturas antes de comenzar a bordar. Podemos teñir la pieza entera de tela utilizando técnicas como la del tinte anudado. También es posible colorear partes del diseño utilizando cera para contener el flujo de tinta o mediante técnicas de enmascaramiento temporales, plantillas,

cinta de carrocero para pintura en espray o esponjas. Asimismo, disponemos de pinturas al agua de muchos colores para usarlas en casa. Las salpicaduras se limpian con facilidad, y para fijar la pintura utilizaremos una plancha.

DERECHA: 1) pinceles, 2) pinturas para seda, 3) esponja, 4) pintura textil, 5) gutapercha, 6) ceras.

Técnicas de resistencia

Los llamados métodos de resistencia a los tintes, como el batik, el tinte anudado y la gutapercha, utilizan el mismo principio para crear una gran variedad de efectos.

El batik es una técnica de tinte tradicional en la cual se utiliza cera para evitar que se tiñan algunas partes de la tela. Se aplica la cera caliente con un pincel para que, cuando la tela esté seca, las zonas cubiertas con cera queden impermeabilizadas. Podemos ir añadiendo

varios colores y, al mismo tiempo, impermeabilizando con cera las zonas cuyo color no queremos que se altere, e ir completando el diseño.

Otra técnica es el tinte con nudos, con el cual podemos conseguir una amplia variedad de diseños, desde los más vistosos a los de mayor delicadeza. Por ejemplo, enrollando un trozo de tela sobre un cordón grueso y anudando los extremos antes de aplicar el tinte se consigue crear un efecto de piel de serpiente moteada de

extraordinaria belleza. El tritik es otra técnica de tinte que nos permite crear una gran variedad de diseños. Para realizarla juntaremos varios trozos de tela con un hilo resistente y los ataremos antes de teñirlos.

La gutapercha es un material que podemos comprar en tubos que cuentan con un aplicador. Una vez seca, delimita los contornos y evita que la pintura los traspase. Se trata de una sustancia fina, con el aspecto de un pegamento, que podemos comprar en varios colores. La gutapercha transparente se puede limpiar, pero las líneas hechas con este material cuando es de color se quedarán en la tela y deben incorporarse al diseño final de nuestro proyecto.

IZQUIERDA: En esta ocasión el fondo del paisaje se ha teñido a mano. Cuando ya estaba completamente seco, se ha bordado a mano y a máquina.

Técnicas de estampación

Los sellos para estampar se venden en diferentes tamaños y formas. Los más grandes están hechos de gomaespuma dura y se pueden adquirir en tiendas de manualidades. También existe la posibilidad de cortar estos sellos o bloques de estampación para elaborar motivos nuevos. Una vez pegados a un trozo de madera, estarán listos para usarse.

Realizaremos pruebas de estampado sobre un papel o un trozo de tela que no nos sirva. Es conveniente lavar las telas antes de realizar las estampaciones para eliminar imperfecciones en la tela; también se puede echar una gota de detergente a la pintura.

1 Utilizamos un pincel o una esponja para aplicar una fina capa de pintura acrílica sobre toda la superficie del sello. Podemos pintar este con diferentes colores o realizar una mezcla de ellos.

2 Colocamos el sello boca abajo sobre la tela y presionamos, sin mover el sello por que si no la forma no quedaría definida. Una vez que la pintura esté seca, planchamos la tela por el revés.

Lavado de color

Este es un método sencillo para aplicar color a una tela con una esponja o un pincel. El resultado final es difícil de predecir, ya que el color se extiende sobre la tela libremente.

A pesar de ello, se consiguen increíbles efectos cuando unos colores se mezclan con otros. Podemos aplicar la pintura directamente o mezclarla con un poco de agua para que no sea tan densa y el color pierda intensidad. También cabe utilizar esta técnica si queremos pintar un lienzo para bordado de hilos contados. Cuando se pinta del mismo color que los hilos, en el lienzo quedarán más veladas las puntadas más abiertas o bastas.

1 Lavamos la tela antes de pintarla. Podemos aplicar la pintura directamente a la tela húmeda o secarla y plancharla antes. Si pintamos con la tela algo mojada, la humedad ayudará a que el tinte se reparta, pero también atenuará el color. Aplicamos el tinte con una pequeña esponja o un pincel. Probamos con pinceles de distintos tamaños para lograr efectos diferentes.

2 Aplicamos el siguiente color del mismo modo. Pintamos directamente sobre el borde del color anterior o permitimos que los colores se mezclen dejando un pequeño margen entre ambos. El lavado de color es particularmente adecuado para crear cielos, paisajes y jardines.

Técnicas de enmascarado

Utilizando materiales como cinta de carrocero o de embalar, evitaremos que la pintura tiña ciertas partes de la tela.

1 Pegamos las tiras de cinta a la tela para crear las formas que deseemos. Nos aseguramos de que estén bien pegadas para evitar que la pintura se cuele por debajo.

2 Podemos utilizar ceras o pintura para rellenar las áreas no cubiertas entre las cintas.

3 Cuando trabajemos con un pincel o una pequeña esponja, nos aseguraremos de quitar el exceso de pintura antes de aplicarlo sobre la tela.

Transferir un diseño

Existen varias formas de transferir el diseño de un bordado sobre una tela. El método que escojamos dependerá del tipo de tela y de hilo que vayamos a utilizar, y también del propio diseño. En algunos casos solo es necesario esbozar unas pocas formas que nos sirvan de guía para luego ir desarrollando el motivo general a media que vamos cosiendo. Sin embargo, para otros diseños es muy importante transferir el dibujo con todos sus detalles antes de comenzar a bordar. Nos aseguraremos de que todas las líneas que hemos dibujado

se repasan con el bordado, aunque estemos utilizando un rotulador lavable.

Calco directo

Esta sencilla manera de transferir un diseño solo es adecuada para telas finas y claras.

1 Dibujamos el diseño con un rotulador negro sobre un papel blanco.

2 Colocamos la tela sobre el diseño en una superficie plana y limpia. Calcamos las líneas con un lápiz fino.

Bolígrafo para transferir

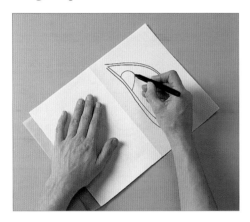

1 Este método solo es adecuado si la tela de fondo que vayamos a utilizar es de color claro, ya que de no ser así las marcas del bolígrafo no se verán. Este bolígrafo especial se vende en un kit junto con el papel de transferencia. Dibujamos con el bolígrafo la imagen del diseño invertida horizontalmente sobre el papel de transferencia.

2 Colocamos la tela con el derecho hacia arriba sobre una superficie rígida. Disponemos el papel con el dibujo hacia abajo sobre la tela y repasamos las líneas del dibujo con el extremo del dedo pulgar (algunos bolígrafos para transferencia necesitan el calor de una plancha; eso lo indicará el fabricante).

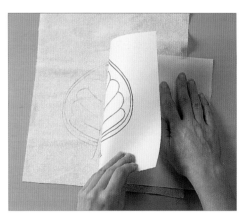

3 Levantamos una esquina del papel para comprobar si el diseño se ha transferido. Si no fuese así, repasamos las líneas de nuevo, presionando con algo más de fuerza.

Papel carbón de modista

Este método es el mejor para las telas firmes y suaves. Escogeremos un papel carbón de un color similar al de la tela. El papel carbón blanco dejará una línea mate sobre un tejido de ese mismo color.

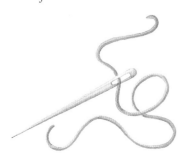

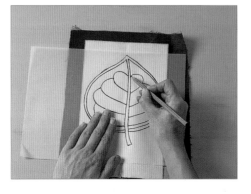

1 Colocamos la tela con el derecho hacia arriba. La cubrimos con un trozo de papel carbón de modista. Colocamos el diseño encima y calcamos con un lápiz poco afilado.

2 Comprobamos que las líneas se han transferido correctamente antes de retirar el papel.

Agujerear y espolvorear

Este es un método tradicional de transferencia que se adapta a cualquier tela. Como mejor funciona es con diseños sencillos.

HACER UNA BOLSITA PARA ESPOLVOREAR

Cortaremos dos trocitos de tela de muselina, cada uno de 15 cm, y los colocaremos uno encima del otro. Sobre ellos, en el centro, dejaremos una cucharada de harina de trigo y cerraremos las esquinas para formar una bolsita.

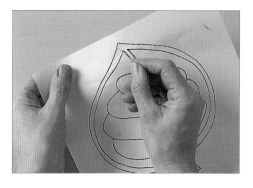

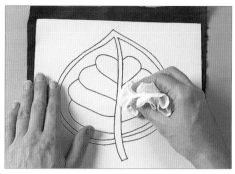

1 Dibujamos el diseño sobre una hoja de papel. Hacemos agujeritos a lo largo de las líneas con una aguja gruesa o un punzón. También podemos coser las líneas a máquina sin hilo. Colocamos la tela boca arriba sobre una superficie dura, sin ningún tipo de desnivel.

2 Frotamos la bolsita de muselina sobre la superficie para que la harina de maíz que contiene pase a través de los agujeros. Comprobamos que el diseño se ha transferido correctamente. Hilvanamos o dibujamos las líneas para hacer que el dibujo sobre la tela sea más permanente.

Usar bastidores o tambores

Para casi todas las técnicas de bordado es necesario estirar la tela en un bastidor. El más conocido es el aro de madera. Se adapta bien a todos los tipos de bordado, excepto aquellos realizados sobre lona, porque esta puede dañarse cuando se inserta entre los aros.

Forraremos el aro interno con cinta de costura antes de comenzar.

Forrar un aro

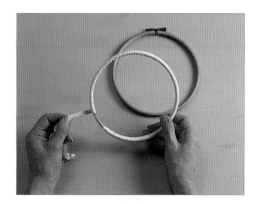

Envolveremos una cinta de costura de unos 5 mm de ancho alrededor de todo el aro interno. Forraremos el aro con la cinta en ángulo, de modo que cada trozo de cinta se solape ligeramente con el anterior. Doblaremos el extremo sin rematar hacia el interior del aro y lo coseremos con puntadas de dobladillo.

Colocar la tela dentro del bastidor

Quitaremos el aro exterior y colocaremos la tela que vayamos a coser con el derecho hacia arriba, sobre el aro interno. Sostendremos el aro exterior en su sitio y lo empujaremos hacia abajo para encajar la tela entre los aros. Aflojaremos la tensión del aro ligeramente si vamos a utilizar una tela más gruesa, antes de encajar el bastidor. Si la tela no queda tirante en todas direcciones, apretaremos el tornillo ligeramente y la volveremos a colocar. Utilizaremos un destornillador para tensar el aro exterior, a fin de mantener una tensión adecuada. Si la tela queda suelta o necesitamos moverla, levantaremos el aro sin aflojar los tornillos y la volveremos a colocar. Nunca debemos tirar de la tela para tensarla, ya que podríamos deformarla. La tela fina puede estirarse sobre un reverso de tela ligera y después colocarse sobre el bastidor. Trabajaremos sobre ambas telas como si fuesen una sola.

BASTIDORES RECTANGULARES

Resulta más sencillo bordar sobre un trozo grande de tela si el marco es giratorio. Podemos colocar el área en la que trabajemos entre dos barras y coserla en su sitio sobre tela añadida a cada lado de la barra. Esto requiere más tiempo y preparación, pero merece la pena si trabajamos con trozos de tela muy grandes, ya que esta siempre se mantendrá tirante sin que tengamos que estar reajustándola.

Los marcos con barras están hechos de cuatro barras de madera que encajan entre sí. La tela se estira y se sujeta con grapas o chinchetas. Este método, muy sencillo y rápido, es adecuado para realizar piezas pequeñas.

Puntos compuestos y de contorno

En las técnicas de bordado más contemporáneas se utilizan de una manera innovadora los puntos tradicionales. Antes de empezar a practicar con los diferentes puntos de bordado es necesario saber cómo realizar los más básicos. Probablemente, estaremos familiarizados con muchos de los puntos de contorno, ya que son los más básicos en el bordado a mano y los hemos visto alguna vez. Los puntos compuestos se hacen a partir de dos puntos. Estos son puntos de contorno con adornos añadidos.

Punto de coral

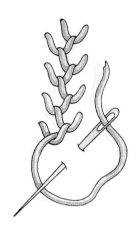

En la época victoriana se utilizaba mucho este punto en los *crazy patchworks* porque permitía realizar líneas finas y delicadas que ejercían un bello contraste sobre las telas gruesas y ornamentales que se solían utilizar. Se puede realizar puntos de pluma formando una línea recta o en curva. Haremos puntos inclinados hacia la derecha o la izquierda, alternándolos. Pasaremos el hilo por debajo de la aguja antes de tirar.

Punto de coral doble

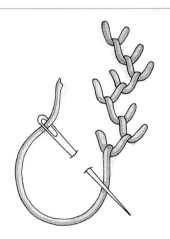

El punto de coral doble forma una línea con aspecto de rama que podemos realizar dibujando una suave curva. Crea un efecto delicado cuando se utiliza como punto de relleno.

Se hace de la misma forma que el punto de coral, excepto que se realiza más de una puntada antes de cambiar de dirección. Podemos dar el mismo número de puntos en cada lado o variar su cantidad para formar así una línea ondulada.

Punto de coral cerrado

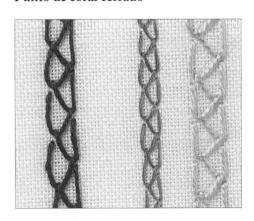

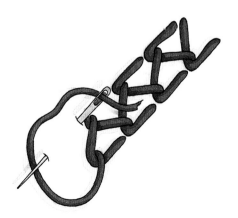

El punto de coral cerrado se realiza formando una única línea recta o varias filas. Es muy eficaz a la hora de realizar una cinta o una trenza finas.

Clavaremos la aguja de abajo hacia arriba desde un lado, cerca de la parte superior de la línea de costura. Daremos una puntada a través hasta la línea de costura opuesta. Volveremos a clavar la aguja hacia arriba algo por debajo de la misma línea de costura, tirando del hilo sobre la puntada anterior, como se muestra en la imagen.

Punto de cordoncillo anudado

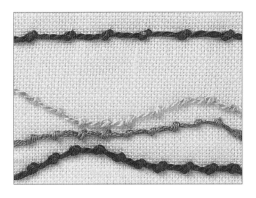

El punto de cordoncillo anudado forma una fina línea con pequeños nudos repartidos uniformemente. Si variamos el espacio entre los nudos y su posición en cada fila crearemos diferentes texturas.

Trabajaremos de derecha a izquierda. Realizaremos una pequeña puntada donde queramos formar el siguiente nudo. Haremos un pequeño bloque con el hilo alrededor de la aguja y sujetaremos el nudo en su sitio con nuestro pulgar mientras tiramos de la aguja a través de la tela.

Punto de doble eslabón anudado

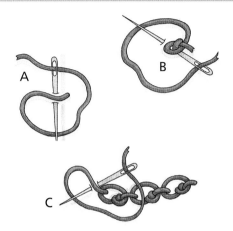

Este punto es una combinación del punto de cadeneta y el punto de eslabón doble. A pesar de que parece bastante complicado, se cose por pasos y el punto de eslabón doble mantiene el bucle de cadeneta en su sitio antes de realizar la siguiente puntada.

Comenzaremos realizando un punto de doble eslabón (A). Clavaremos la aguja en la tela justo debajo de este punto y realizaremos un punto de cadeneta (B). Continuaremos alternando entre el punto de cadeneta y el de doble eslabón (C).

Punto de Palestrina

El punto de Palestrina, que adopta la forma de pequeñas olas, es muy apropiado para motivos complejos. Cuanto más cerca estén las puntadas, más apretadas estarán las olas. Utilizaremos un hilo redondo si queremos conseguir volumen o un hilo mouliné si nuestra intención es crear una línea más ancha y llana. Realizaremos las puntadas de izquierda a derecha. Coseremos una pequeña puntada y enrollaremos el hilo alrededor de la aguja. Tiraremos de la aguja arriba y la siguiente puntada irá hacia la derecha.

Punto de doble nudo

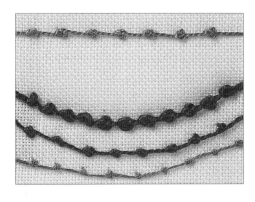

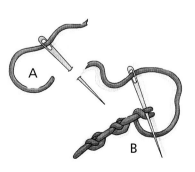

El punto de doble nudo crea una línea con textura de hilo con cuentas. Esta será más llamativa si utilizamos un hilo redondo.

Realizaremos pequeñas puntadas seguidas en diagonal a través de la línea de costura (A). Pasaremos la aguja de arriba a abajo por debajo del punto anterior. Tiraremos de ella hasta formar un pequeño bucle. Sujetaremos el bucle hacia la izquierda con el pulgar izquierdo y pasaremos otra vez la aguja de arriba abajo, sin clavarla y hacia la derecha del bucle. Mantendremos el hilo por debajo de la aguja y tiraremos con cuidado antes de realizar el siguiente nudo (B).

Punto de cadeneta

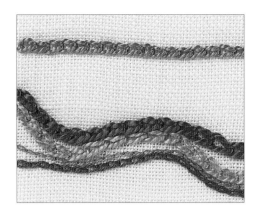

Puede realizarse para formar una línea única, en espiral o en múltiples filas que tracen diversas figuras.

Realizaremos el punto tal y como se muestra en la imagen, haciendo que cada lado sea de un tamaño similar. Podemos utilizar cualquier hilo de bordado, siempre que se adapte bien a la tela que hayamos escogido. En cualquier caso, los hilos suaves permiten que los bucles se distingan bien. Terminaremos la cadeneta realizando una pequeña puntada seguida a través del último bucle.

Punto de cadeneta alterna

Este es un punto decorativo que se realiza con dos hilos de colores diferentes.

Enhebraremos la aguja con dos hilos diferentes y la clavaremos de abajo a arriba. Haremos una puntada de cadeneta realizando el bucle en solo uno de los hilos para formar la cadeneta por debajo de la aguja. Tiraremos de la aguja hasta que se forme la cadeneta. A continuación, tiraremos del otro hilo para que pase al revés de la tela.

Punto de cadeneta vuelta

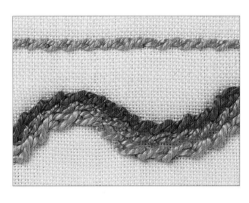

El de cadeneta vuelta es un punto simple que da muy buen resultado si las puntadas son pequeñas y compactas. Un hilo redondo le dará más volumen, mientras que uno de algodón trenzado producirá una apariencia más lisa.

Clavaremos la aguja de abajo a arriba y sujetaremos el hilo con el pulgar izquierdo cerca del punto por donde emerja de la tela. Realizaremos un pequeño punto de cadeneta sobre el hilo utilizando la ilustración como guía.

Punto de cadeneta doble

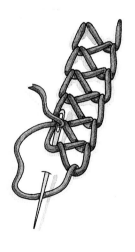

El punto de cadeneta doble es una simple variación del punto de cadeneta que forma una banda más ancha. Normalmente se realiza en línea recta o en filas para cubrir un espacio amplio, pero también podemos formar con él una curva suave. Es posible alterar el ancho de la puntada para cubrir el espacio entre dos líneas.

Comenzaremos trabajando desde la parte superior izquierda. Realizaremos amplias puntadas de cadeneta a la izquierda y después a la derecha.

Punto de cadeneta en espina

Podemos realizar varias filas con este tipo de puntada: si las pegamos una a otra formaremos rombos, y si las colocamos de forma irregular podemos solaparlas o crear una textura.

Realizaremos una puntada de cadeneta en diagonal. A continuación, haremos una puntada en diagonal hacia abajo, de derecha a izquierda, para realizar seguidamente otra puntada de cadeneta en el otro lado. Continuaremos de la misma forma, recorriendo la tela hacia abajo.

Punto de cadeneta compacto

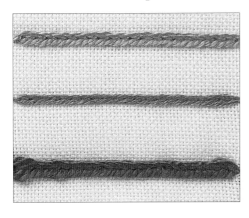

El punto de cadeneta compacto crea una línea gruesa muy apropiada para los contornos. Realizaremos una puntada vertical hacia abajo. Volveremos a sacar la aguja algo más abajo, en línea vertical con la puntada anterior. Pasaremos la aguja por detrás de la puntada vertical y volveremos a clavarla en el agujero por donde acabábamos de salir. Volveremos a sacar la aguja algo más abajo y realizaremos un segundo bucle pasando por la puntada vertical. Continuaremos bajando en fila, pero introduciendo la aguja en los bucles anteriores.

Punto de cadeneta sobrehilado

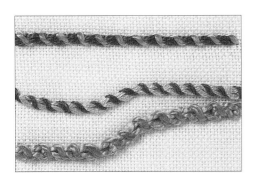

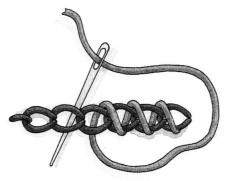

Este tipo de punto crea una línea bastante gruesa y en relieve, adecuada para los contornos marcados. La puntada será más gruesa aún si la sobrehilamos en ambas direcciones. Si lo deseamos, podemos sobrehilar cada lado con un hilo de un color diferente.

Realizaremos una fila de puntos de cadeneta. Enhebraremos, una aguja de tapicero con un hilo que contraste o combine e iremos rodeando las puntadas de cadeneta, sin clavar en ningún momento la aguja en la tela.

Punto de doble eslabón

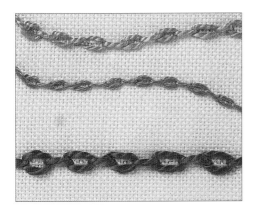

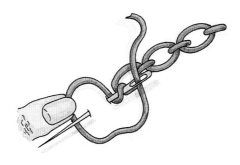

El punto de doble eslabón funciona igualmente bien como punto de línea o de punto de relleno. También es fácil hacer con él formas curvadas. Podemos juntar filas de punto de doble eslabón con pequeñas puntadas rectas o sobrehilarlas.

Comenzaremos realizando un punto de cadeneta sencillo. Después, enrollaremos el hilo alrededor de la aguja, como se muestra en la imagen, antes de realizar una puntada recta corta por el revés y sacar la aguja de nuevo para realizar el siguiente punto de cadeneta. Pasaremos el hilo por debajo de la aguja antes de tirar de ella para formar el bucle.

Pespunte

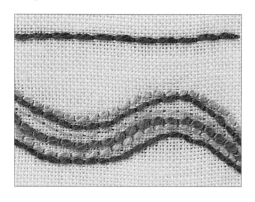

El pespunte forma una línea fina con la que podemos realizar esquinas o curvas, dependiendo de la longitud de las puntadas. Probaremos con hilos de diferentes grosores.

Realizaremos el pespunte de derecha a izquierda, insertando la aguja en la tela al final de la puntada anterior. Clavaremos la aguja de abajo a arriba al comienzo del punto siguiente. Haremos que las puntadas tengan siempre el mismo tamaño. Evitaremos que el hilo esté demasiado tirante o demasiado suelto.

Pespunte entrelazado

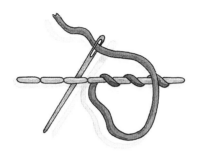

Podemos realizar el punto de pespunte entrelazado en un solo color, formando una línea fuerte y fina, o en dos colores diferentes para crear un efecto decorativo. Utilizaremos un hilo de distinto grosor para el punto de pespunte y el de sobrehilado.

Realizaremos una fila de pespuntes largos de 5 mm. Enhebraremos la aguja con un color diferente y la deslizaremos por debajo de cada punto sin clavarla en la tela.

Pespunte entrelazado cruzado y con bucles

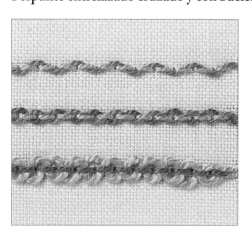

Podemos realizar el pespunte entrelazado con uno (cruzado) o varios hilos (con bucles). Escogeremos un hilo suave para realizar los pespuntes y uno metálico o llamativo para entrelazarlo.

Realizaremos una fila de pequeños pespuntes. Enhebraremos una aguja con el segundo color y la pasaremos por debajo de cada pespunte, alternativamente arriba y abajo, sin clavar la aguja en la tela. Para el pespunte entrelazado con bucles enhebraremos de nuevo la aguja con un tercer color, entrelazándolo de la misma forma, pero en sentido contrario al primero.

Punto de tallo

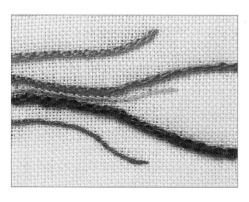

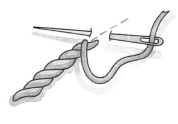

El punto de tallo es uno de los puntos más comunes para elaborar líneas. Se utiliza para cubrir pequeñas zonas de una labor si realizamos puntadas pequeñas y uniformes.

El punto de tallo se realiza con movimientos similares al pespunte, pero de izquierda a derecha. Sacaremos la aguja y mantendremos el hilo a su izquierda, la clavaremos y volveremos a sacarla a mitad de la puntada que acabamos de realizar. Intentaremos que las puntadas sean uniformes y formen una línea limpia.

Punto dividido

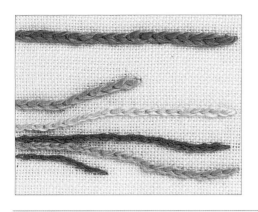

Este tipo de punto se emplea para crear líneas o, si trabajamos en filas, como punto de relleno. Es muy adecuado para coser detalles, como manos, pies y caras. Si se realiza correctamente, tiene el aspecto de un punto de cadeneta muy fino.

El punto dividido se realiza de forma similar al punto de tallo, salvo que la aguja en lugar de salir por encima de la puntada anterior sale por el centro, partiendo la puntada anterior y haciendo que la punta de la aguja divida las hebras del hilo.

Punto pequinés

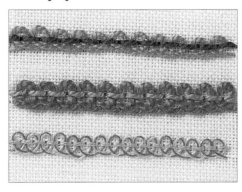

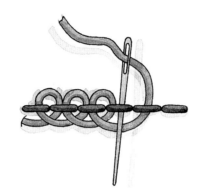

El punto pequinés se puede realizar en línea recta o como relleno. Utilizaremos un hilo firme para la base y otro más pesado para crear los bucles.

Elaboraremos una fila de pespuntes algo sueltos. Enhebraremos una aguja de tapicería con un hilo de un color diferente y realizaremos bucles a través de cada pespunte, como se muestra en la imagen. Tiraremos ligeramente de cada bucle a medida que se vayan formando, intentando que sean uniformes.

Puntadas seguidas

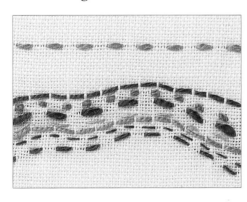

Con este tipo de puntada podemos hacer una línea sólida, de guía o de hilvanado dependiendo de la longitud de las puntadas y del espacio entre ellas. En las labores de bordado las puntadas seguidas se realizan para formar una única fila o, en filas múltiples, para rellenar áreas más grandes.

Iremos clavando la aguja hacia arriba y hacia abajo a través de la tela. Podemos realizar varias puntadas antes de tirar de la aguja.

Puntadas seguidas entrelazadas

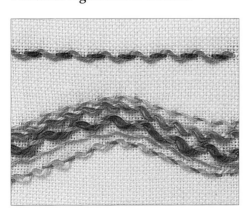

Estas son puntadas con cierto volumen, también llamadas cordonnet, que se utilizan en contornos o pequeños detalles. Realizaremos una línea sutil en dos tonos del mismo color, o con dos colores que contrasten para crear un efecto decorativo más fuerte.

Elaboraremos una fila de puntadas seguidas dejando un espacio entre cada puntada. Intentaremos que los huecos midan exactamente igual que las puntadas. Utilizaremos una aguja de tapicería sin punta para entrelazar un hilo de un color diferente entre las puntadas.

Punto de coral alargado

El punto de coral alargado suele usarse como punto de contorno para formar cenefas. Puede utilizarse individualmente o en filas, como punto de relleno.

Comenzaremos en el centro de la parte superior de la línea de costura. Realizaremos puntadas largas, inclinándolas alternativamente a derecha e izquierda. Meteremos el hilo por debajo de la aguja antes de tirar de ella.

Punto de espina abierto

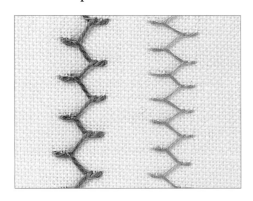

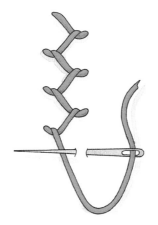

El punto de espina abierto puede realizarse en líneas individuales o para formar curvas suaves. Si disponemos varias filas juntas, formarán un patrón de panal de abejas.

Lo realizaremos del mismo modo que el punto de coral alargado. Mantendremos la aguja en posición horizontal y realizaremos una pequeña puntada hacia la línea central. Tiraremos de la aguja al través sobre el hilo con el que estamos trabajando. Haremos una serie de puntadas alternándolas a izquierda y derecha, y bajando a lo largo de la tela.

Punto de cretán cerrado

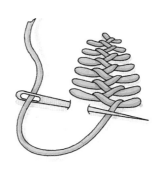

El punto de cretán cerrado se suele utilizar para rellenar pequeños motivos, como estas hojas. También podemos realizarlo entre dos líneas para hacer un borde grueso. Un hilo mouliné de algodón permite que las puntadas configuren una cobertura espesa cuando elaboramos formas sólidas; un hilo redondeado es mejor opción si pretendemos realizar líneas de contorno.

Dibujaremos el motivo sobre la tela con un bolígrafo lavable. Trabajaremos alternando de izquierda a derecha, realizando pequeñas puntadas hacia el centro. Tiraremos de la aguja sobre el hilo.

IZQUIERDA: El punto de cretán cerrado se usa tradicionalmente como punto de contorno en algunas labores, como ropa o mantelería.

Punto de cruz

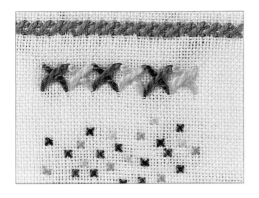

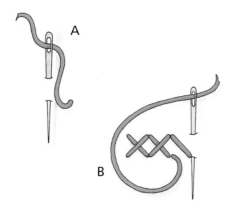

Este es uno de los puntos de bordado más antiguos y populares. Se puede realizar individualmente o en filas, pero lo fundamental, si pretendemos lograr un resultado uniforme, es asegurarse de que los hilos se cruzan siempre en la misma dirección.

Para realizar una fila de puntos de cruz, primero realizaremos una línea de puntadas diagonales (A). Completaremos cada cruz realizando puntadas diagonales en el sentido contrario volviendo hacia atrás (B).

Línea de realce

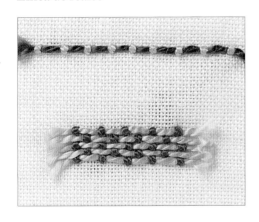

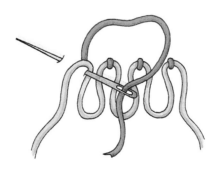

Las líneas de realce se utilizan para agrupar varios hilos sobre la tela.

Con ayuda del pulgar sostendremos el hilo que vayamos a agrupar y, trabajando de derecha a izquierda, realizaremos pequeñas puntadas a lo largo de la costura realzada. Haremos las puntadas de realce más próximas cuando perfilemos curvas y fijaremos las esquinas realizando varias puntadas. Utilizaremos una aguja con un ojal amplio para coser el hilo sobre el revés de la tela.

Realce colgante

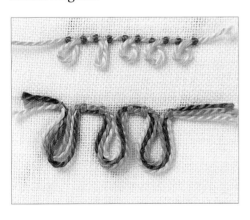

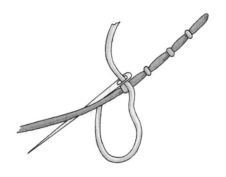

Las líneas de realce colgante cosidas unas sobre otras forman una sucesión de bucles superpuestos, más o menos abiertos o cerrados. Podemos acortar los bucles para formar juegos de textura.

Trabajaremos de derecha a izquierda, sujetando el hilo tendido con el pulgar izquierdo. Realizaremos puntadas pequeñas a través del hilo y, a continuación, formaremos bucles con el hilo tendido. Cubriremos el otro lado del bucle. Continuaremos a lo largo de la línea de costura, formando pequeños bucles entre cada par de puntadas de sujeción.

Punto de cuerda

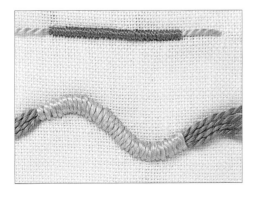

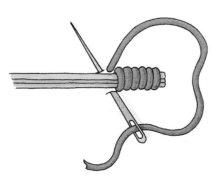

El punto de cuerda forma una línea limpia y gruesa muy apropiada para las líneas de contorno. En este caso, los hilos de sujeción están completamente escondidos por el hilo de bordado.

Colocaremos un hilo grueso o un montón de hilos de un lado a otro de la tela y lo recorreremos con pequeñas puntadas que lo cubran por completo. Utilizaremos una aguja con el ojal grande para enhebrar el hilo con el que cubriremos los hilos, de manera que el hilo tendido quede escondido.

Puntos para cenefas y bordes

Con estos puntos se suelen realizar líneas rectas o curvas muy suaves para crear bordes o rellenos, pero dejan un amplio espacio a la innovación. Tradicionalmente se han utilizado para ribetear ropa del hogar, como sábanas y manteles. Podemos experimentar probando con hilos diferentes o cambiando el tamaño de las puntadas en algunas partes. También cabe unir varias filas para crear un borde más ancho y original.

Puntos de ojal y de festón

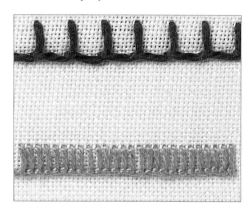

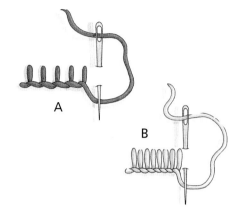

Los puntos de ojal y de festón son muy similares, aunque el primero es bastante más compacto. El espacio entre cada puntada de festón es igual a la puntada vertical (A). Cuando realizamos puntadas de ojal, dejaremos muy poco espacio entre cada puntada (B).

Realizaremos ambos tipos de puntadas de izquierda a derecha. Dejaremos el espacio necesario entre las puntadas, tirando de la aguja sobre la parte superior del hilo con el que estamos cosiendo.

Punto de ojal doble

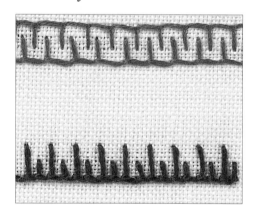

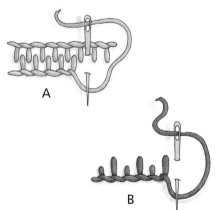

Lo más correcto sería llamarlo punto de festón doble porque consiste en dos filas de puntos de festón, una hacia arriba y otra hacia abajo, que forman una banda (A). El punto de ojal ondulado es otra variante en la cual las puntadas verticales son alternativamente más o menos largas (B).

Realizaremos una fila de puntadas de festón de izquierda a derecha, después giraremos la tela y realizaremos una segunda fila pegada a la primera. Colocaremos las líneas verticales en los huecos que ha dejado la fila de puntadas anterior.

Punto de festón anudado

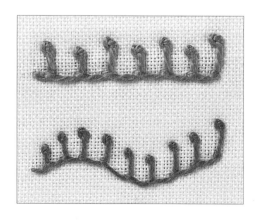

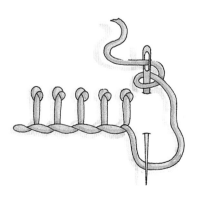

Este punto es una variante más del punto de festón. Utilizaremos un hilo redondeado para que las puntadas tengan más volumen.

Trabajando de izquierda a derecha, enrollaremos el hilo alrededor de nuestro pulgar izquierdo y dejaremos el bucle sobre la tela, de modo que la cola quede por debajo. Tiraremos de la aguja a través del bucle y realizaremos una puntada de festón. Tiraremos del bucle hasta que quede tirante antes de atravesar la tela con la aguja.

Punto de festón cerrado

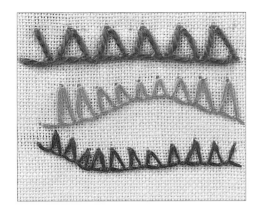

El punto de festón cerrado es una variación del punto de festón. Podemos realizar varias filas de puntos de festón cerrado, pegadas o superpuestas, para formar una variedad de patrones de relleno o de contorno.

Realizaremos el primer punto de festón en diagonal y después haremos el segundo punto hacia dentro del mismo agujero, para formar un triángulo. Intentaremos introducir tres o cuatro hilos por el mismo agujero para obtener un resultado más complejo.

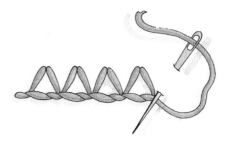

Punto de escalera

El punto de escalera se utiliza para bordes rectos y para rellenar motivos rectos y alargados.

Sacaremos la aguja a través de la tela arriba a la derecha, la llevaremos hacia la derecha y haremos una pequeña puntada (A).

Realizaremos un pespunte de derecha a izquierda, como se muestra en la imagen. Sin atravesar la tela, haremos un nudo en el lado izquierdo (B) y otro en el derecho (C). Trabajaremos de arriba abajo siguiendo estos pasos para formar una escalera (D).

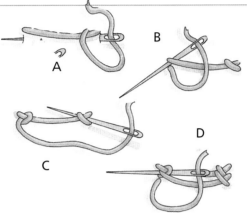

Punto de rombo

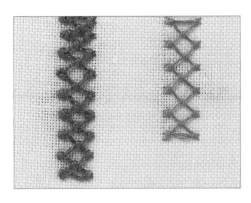

El punto de rombo forma bordes de encaje amplios entre dos líneas paralelas.

Realizaremos una puntada de izquierda a derecha y después sacaremos la aguja justo por debajo en el lado derecho. Anudaremos el extremo (A). Pasaremos el hilo y haremos otro nudo en el lado izquierdo (B). Insertaremos la aguja justo debajo del nudo y la sacaremos algo más abajo. Realizaremos un nudo en el centro (C). Haremos una pequeña costura vertical en el lado derecho y continuaremos para formar un rombo.

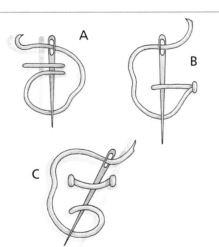

Punto Van Dyke

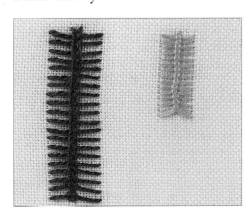

El punto Van Dyke es ancho y está provisto de una atractiva línea trenzada que conforma su eje.

Clavaremos la aguja de abajo a arriba por la izquierda y realizaremos un pespunte en el centro, algo más arriba. A continuación, realizaremos una puntada de derecha a izquierda a través de la tela. Volveremos a pasar la aguja por debajo del punto anterior, en el centro. Continuaremos cosiendo a través de la tela y hacia abajo, como muestra la imagen.

Punto de escapulario

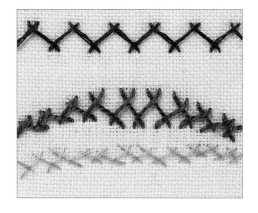

El punto de escapulario forma un zigzag cruzado que nos sirve para realizar un contorno abierto.

Lo haremos de izquierda a derecha, clavando la aguja de abajo a arriba. Realizaremos una puntada de izquierda a derecha en diagonal hacia arriba. Por el revés de la tela haremos una pequeña puntada hacia la izquierda, a la misma altura y volveremos a sacar la aguja hacia el derecho. Realizaremos una diagonal de izquierda a derecha, esta vez hacia abajo, y de nuevo una pequeña puntada por el revés para volver a sacar la aguja.

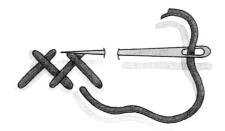

Punto de escapulario entrelazado

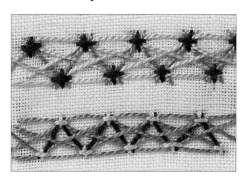

Con este tipo de punto podemos crear una línea en zigzag o un contorno grueso. Si realizamos varias filas contiguas, se puede utilizar como un punto de relleno muy decorativo.

Primero, realizaremos una fila de puntos de escapulario. Después, comenzando desde la izquierda, emplearemos una aguja de tapicería para deslizar un hilo de un color diferente entre las cruces, primero por arriba y luego por abajo. No tiraremos para evitar que el hilo quede prieto.

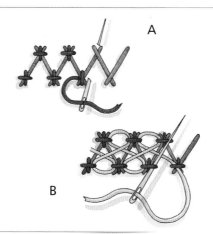

Punto de escapulario adornado

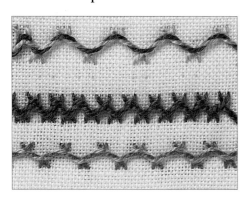

El de escapulario adornado es un punto que permite realizar elaboradas cenefas.

Marcaremos líneas paralelas en una tela lisa. Realizaremos una fila de puntos de escapulario como base, bastante espaciados entre sí. Haremos pequeñas cruces sobre cada intersección de los puntos de escapulario, cosiendo primero la puntada vertical y después la horizontal (A). Después, realizaremos los bucles entrelazados (B), utilizando la ilustración como guía.

Punto de escapulario acordonado

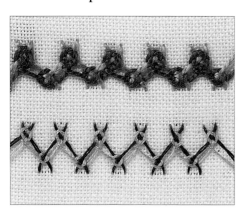

Es mejor realizar este tipo de punto manteniendo la tela tirante con ayuda de un bastidor. Así evitaremos que los puntos de escapulario de la base se deformen.

Realizaremos una fila de puntos de escapulario de unos 2 cm de ancho. Giraremos la tela 180º. Trabajando de izquierda a derecha, enlazaremos el hilo alrededor de los puntos de escapulario por debajo y por encima de las puntadas. Realizaremos dos círculos alrededor de las cruces superiores y uno y medio alrededor de las cruces inferiores.

Punto de escapulario anudado

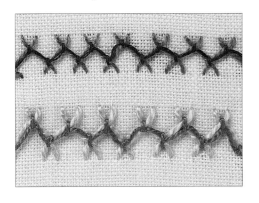

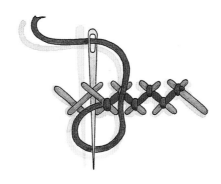

El punto de escapulario anudado crea una línea en zigzag con nudos. Se suele realizar en dos colores que contrasten. Es posible utilizarlo como línea de contorno, o como punto de relleno si realizamos varias filas seguidas.

Elaboraremos una fila de puntos de escapulario. Con un hilo diferente realizaremos las puntadas como se muestra en la ilustración, cuidando de no atravesar la tela con la aguja. Realizaremos la puntada donde se cruzan los puntos de escapulario.

Punto de escapulario doble

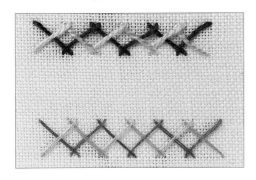

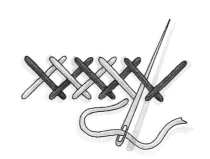

El punto de escapulario doble se utiliza también como punto base para puntadas decorativas más complejas.

Realizaremos una fila de puntos de escapulario. A continuación, haremos una segunda fila de puntos de escapulario encima, justo en los huecos. Podemos entrelazar las puntadas si lo preferimos. Para ello, pasaremos la aguja por debajo de las puntadas ya cosidas cuando realicemos las puntadas hacia arriba, como muestra la ilustración.

Banda de escapulario

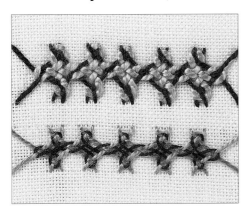

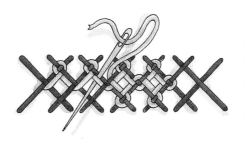

Esta clase de punto forma una cenefa muy llamativa. Realizaremos una fila de puntos de escapulario dobles, como la que se muestra en la imagen. Enhebraremos la aguja con un color diferente y la clavaremos en la tela de abajo a arriba en el lado izquierdo; la pasaremos rodeando la primera cruz superior. La enlazaremos alrededor de la mitad superior de los puntos de escapulario. Enrollaremos el hilo en la cruz central al final de la fila y trabajaremos de derecha a izquierda, entrelazando el hilo a lo largo de la mitad inferior de los puntos.

Punto Chevron

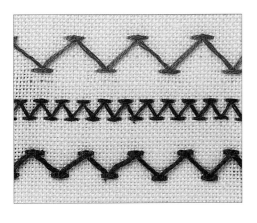

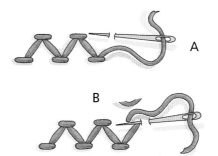

El punto Chevron se suele utilizar en el punto smock para elaborar rombos.

Clavaremos la aguja y la sacaremos por el derecho de la tela. Realizaremos una puntada diagonal de abajo arriba y de izquierda a derecha. Por el revés de la tela, daremos una pequeña puntada hacia atrás (A). Después, por el derecho, realizaremos una pequeña puntada recta hacia delante, sobrepasando la diagonal. Clavaremos la aguja y la sacaremos por el mismo agujero (B). Haremos la siguiente diagonal esta vez hacia abajo, y procederemos del mismo modo.

Puntos alzados

Estos puntos de bordado se suelen realizar solapando dos tipos de puntos o más para ganar altura. Se utilizan en las labores de bordado en relieve y en otras variantes decorativas de esta misma técnica. Los puntos que se explican a continuación son compuestos, es decir, se disponen en línea y los conforman más de un tipo de puntada y más de una capa de costura. Cuando los realicemos, podemos combinar hilos de colores diferentes para conseguir un resultado exquisito.

Punto Chevron alzado

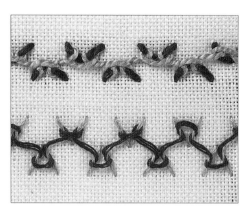

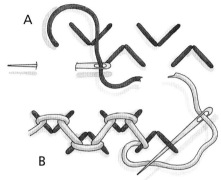

El punto Chevron alzado forma una línea fuerte y elevada, y suele emplearse para formar bordes o bandas si se realizan varias líneas seguidas.

Realizaremos una fila de puntadas en forma de «V» de derecha a izquierda, con movimientos de pespunte (A). Hilvanaremos la aguja con un hilo de un color diferente y la clavaremos hacia el derecho de la tela por la esquina superior izquierda de las puntadas de base (B). Realizaremos las puntadas a través de las puntadas en «V» pero sin clavar la aguja en la tela.

Punto de cadeneta alzado

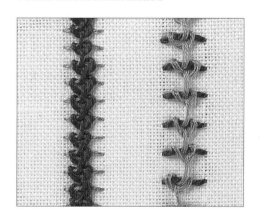

Para realizar el punto de cadeneta es necesario disponer la tela en un bastidor. Podemos probar a hacer las diferentes puntadas con hilos de grosor diverso.

Realizaremos una fila vertical con pequeñas puntadas horizontales. Sacaremos la aguja hacia el derecho de la tela justo por el centro de la puntada superior. Deslizaremos la aguja y la pasaremos por debajo de la puntada horizontal (barra). Después, la sacaremos por encima del lado izquierdo de la barra. Realizaremos una puntada horizontal muy holgada para formar un arco, como se muestra en la imagen, sin clavar la aguja en la tela. Sacaremos la aguja por debajo de la barra y pillaremos el arco. Después, realizaremos una puntada vertical hacia abajo como antes.

Punto de tallo con relieve

El punto de tallo con relieve forma una banda larga y densa con una superficie ovalada. Se utiliza como realce en los bordados más pesados.

Realizaremos un bloque de largas puntadas verticales muy juntas, del ancho que necesitemos. A continuación, realizaremos varias puntadas horizontales que crucen la base. Hilvanaremos una aguja de tapicería con hilo y la clavaremos hacia el lado derecho de la tela por la parte inferior del bloque. Realizaremos puntos de tallo sobre las puntadas horizontales.

Banda bicolor

Este punto se puede utilizar como punto de relleno y de contorno. Lo realizaremos con dos hilos de colores diferentes.

Realizaremos varias puntadas horizontales, formando una banda vertical. Hilvanaremos dos agujas y clavaremos las dos hacia el lado derecho de la tela por la esquina superior izquierda, justo encima de la primera puntada horizontal. Iremos entrelazando los hilos alternativamente por encima y por debajo de las puntadas horizontales, como muestra la imagen. Comenzaremos cada fila con el mismo color.

Banda con punto de escapulario entrelazado

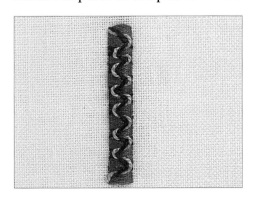

Estos puntos forman una banda muy compacta y atractiva. Podemos realizarla con hilos de diferentes grosores y colores. Trabajaremos con la tela en un bastidor.

Como base haremos un bloque con largas puntadas rectas verticales, realizando más puntadas en el centro para formar un perfil redondeado. Cubriremos la base con puntadas de satén muy apretadas. Realizaremos una fila de puntos de escapulario cruzados sobre las puntadas de satén.

Banda de punto de haz

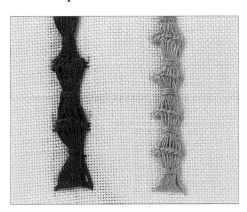

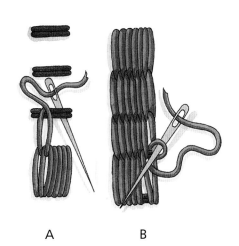

A   B

Como base, realizaremos puntadas horizontales en parejas, formando un bloque vertical, como muestran los hilos morados de la ilustración. Daremos puntadas de satén sobre las dos parejas inferiores. Después, haremos puntadas de satén pasando la aguja entre los hilos de las puntadas anteriores (A). Pasaremos la aguja entrelazándola entre los dos primeros puntos de satén, del primer bloque y del segundo bloque. Deslizaremos la aguja por el bucle (B) y tiraremos para formar un nudo. Realizaremos un nudo entre cada par de puntadas. Por último, haremos dos puntadas de satén para sujetar el haz.

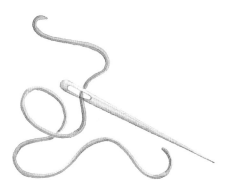

DERECHA: Esta labor, en la que se hace un uso innovador de los puntos de bordado tradicionales, exhibe una disposición de las puntadas muy inspiradora. Cuando aprendamos nuevos puntos, en lugar de realizar filas y más filas de puntadas pulcras y rectas, podemos añadir un toque interesante a nuestro trabajo cosiendo con hilos de distintos colores y grosores y creando texturas originales y variopintas.

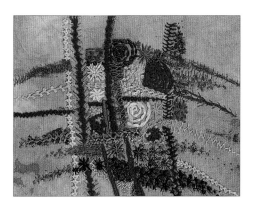

Puntos de ribete y de inserción

Los puntos de ribete se utilizan para rematar los bordes de una tela o realzar el contorno de una labor de appliqué, ya que resultan especialmente decorativos. Los puntos de inserción se emplean para unir dos trozos de tela realizando una costura abierta y decorativa. La técnica se empleó en un principio para unir tiras de lino y formar una pieza más grande. Tradicionalmente, este tipo de puntos se realizaban con hilos blancos sobre telas del mismo color para realizar delicados adornos en prendas de bautizo o de boda.

Punto de ribete con bucles

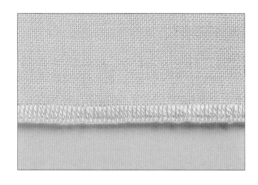

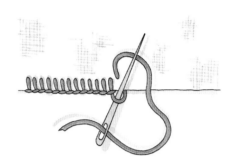

Realizaremos el punto de ribete con bucles trabajando de izquierda a derecha sobre el borde de una tela. Este punto tiene un aspecto parecido al punto de ojal.

Anudaremos el hilo muy cerca del extremo del revés de la tela. Insertaremos la aguja desde atrás hacia delante. Tiraremos del hilo a través y pasaremos la aguja por el bucle desde atrás, pasando por encima del hilo. Tiraremos para que el nudo quede tirante.

Punto de ribete veneciano

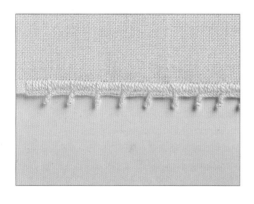

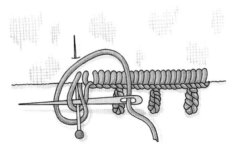

El punto de ribete veneciano se utiliza para decorar el borde de un ojal simple.

Realizaremos varios puntos de ojal. Insertaremos un alfiler por el pliegue al lado de la última puntada. Marcaremos un arco con el hilo por debajo del alfiler y comenzaremos otra puntada de ojal, pasando alrededor del alfiler. Pasaremos la aguja por debajo del otro bucle. Nos aseguraremos de pasar por encima del hilo con el que cosemos. Tiraremos para apretar el nudo. Realizaremos la puntada de ojal hasta el bucle.

Punto de ribete de Amberes

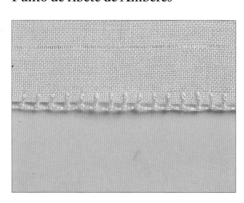

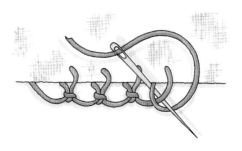

Este tipo de punto se realiza en una tela lisa y sirve de ribete decorativo suelto y anudado, al mismo tiempo. El resultado es elegante y delicado.

Realizaremos la puntada de izquierda a derecha. Pasaremos la aguja a través del pliegue. Haremos una puntada de ojal. Sujetaremos el hilo con el que estamos cosiendo cerca de la puntada con nuestro pulgar. Deslizaremos la aguja por detrás de las puntadas y por encima del hilo con el que estamos ciñendo. Tiraremos para que el nudo quede tirante y continuaremos a lo largo del borde.

Punto de inserción entrelazado

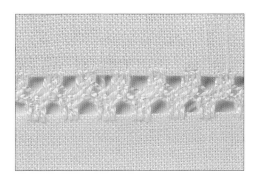

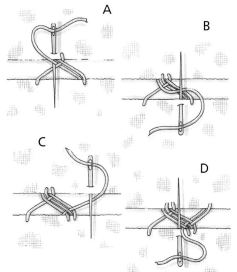

Este punto ofrece el atractivo aspecto de un encaje.

Realizaremos puntadas de dobladillo en los bordes de dos telas; después hilvanaremos las telas sobre una tira de papel dejando entre ellas un espacio de al menos 5 mm. Clavaremos la aguja para que salga por el pliegue de la tela inferior en el lado izquierdo. Haremos una pequeña puntada diagonal hacia la derecha y la clavaremos de arriba abajo atravesando la tela superior, muy cerca del pliegue. Realizaremos otra puntada hacia la derecha atravesando el pliegue inferior y, después, de nuevo hacia el pliegue superior. Deslizaremos la aguja a través de la puntada anterior para hacer una vuelta antes de insertarla en el pliegue superior desde atrás.

Inserción de escapulario anudado

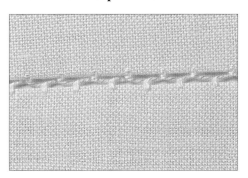

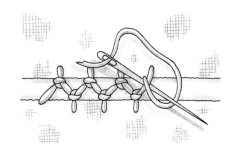

Este tipo de punto es algo más pesado y resistente que el anterior, y tiene bonitos nudos en lugar de vueltas. El espacio entre las dos telas puede ser algo mayor.

Prepararemos las telas dobladillándolas e hilvanándolas a una tira de papel marrón. Dejaremos un espacio de unos 9 mm entre ellas. Los nudos son iguales a los que se realizan en el punto de ribete de Amberes. Comenzaremos trabajando desde la izquierda, realizando las puntadas alternativamente en el pliegue inferior y superior. Una vez hayamos completado la fila, retiraremos los hilos de hilvanado y el papel marrón, y plancharemos por el revés.

Inserción de punto de ojal

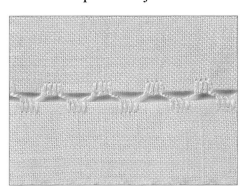

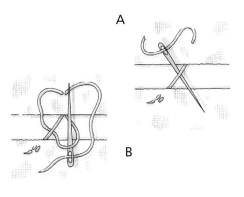

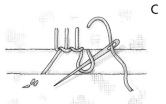

Este punto de inserción crea una junta firme y estrecha de apariencia delicada. Podemos obtener el mismo efecto con puntos de anudado y de ojal. Es un punto muy fácil de realizar.

Dobladillaremos dos telas y las hilvanaremos a una tira de papel marrón, separándolas unos 5 mm. Comenzaremos por el lado derecho y trabajaremos en grupos de cuatro puntadas, alternándolas entre el pliegue superior e inferior. Podemos alterar el efecto realizando más o menos puntadas, o dejando más o menos espacio entre las telas.

Retiraremos los hilos del hilvanado y el papel marrón con cuidado.

Puntos sueltos

Los puntos sueltos son muy versátiles. Podemos usar los más pequeños para elaborar detalles como ojos, cerezas y centros florales, o disponerlos aleatoriamente para decorar un fondo completo. Otra posibilidad es utilizarlos para crear textura sobre otras puntadas. Por su parte, los puntos sueltos más grandes son útiles para técnicas de bordado más consistentes. Antes de decantarnos por uno, experimentaremos con diferentes hilos y combinaciones cromáticas hasta que consigamos el efecto deseado.

Nudo Bullion

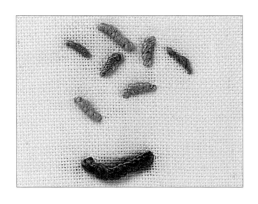

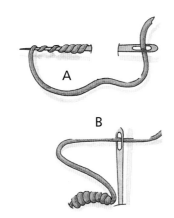

Para realizar el nudo Bullion utilizaremos una aguja con un ojal pequeño.

Sacaremos la aguja por el punto A y realizaremos un pespunte del tamaño requerido por el nudo (B). Sacaremos la aguja por A de nuevo. Enrollaremos el hilo alrededor de la aguja para dar siete vueltas y tiraremos ella a través de los bucles (C). Sujetaremos los bucles con el pulgar izquierdo y tiraremos del hilo para que los bucles se aprieten. Después, insertaremos la aguja por el punto C.

Nudo francés

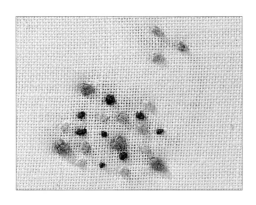

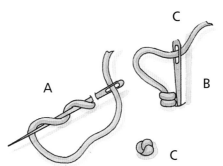

Los nudos franceses añaden color y textura si los esparcimos sobre la tela; también podemos disponerlos «en masa» para rellenar una figura con un juego de sombras y texturas rico y sutil.

Sacaremos la aguja de atrás hacia adelante y haremos una pequeña costura en ese punto. Enrollaremos el hilo alrededor de la aguja dos veces (A) y después pasaremos la aguja a través de los bucles. Insertaremos la aguja muy cerca del punto por donde había emergido y la empujaremos hacia el revés de la tela (B) de modo que las vueltas que le hemos dado queden en la superficie del tejido (C).

Punto recto

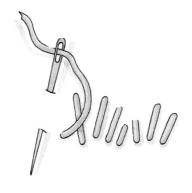

Los puntos rectos son una manera rápida y práctica de cubrir zonas amplias con diferentes texturas. Podemos añadir efectos de sombras y degradados utilizando hilos del mismo color más claros u oscuros, o enhebrando varios hilos finos de distintos colores en la misma aguja.

Realizaremos puntos rectos individuales sobre la tela, variando el tamaño y la inclinación. Podemos solapar las puntadas para crear una textura más densa.

Punto de mosca

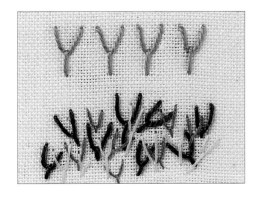

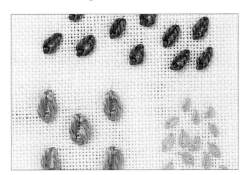

Podemos realizar el punto de mosca individualmente o en filas, espaciando las puntadas uniformemente. Variaremos la longitud del rabito para producir efectos diferentes.

Sacaremos la aguja a través de la tela en la parte superior izquierda y realizaremos una puntada horizontal, dejando el hilo suelto para que forme un lazo. Volveremos a sacar la aguja un poco más abajo en medio de la puntada horizontal y la pasaremos por dentro del lazo. Después, realizaremos una pequeña puntada vertical hacia abajo para formar el rabito.

Punto de margarita

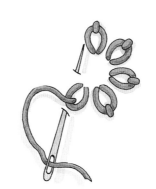

El punto de margarita es una puntada de cadeneta individual, fijada con una pequeña puntada recta en el extremo. Podemos realizar puntos de margarita en fila o en círculos, o dispersarlos por la tela a nuestro gusto para crear juegos de texturas. Con este tipo de punto podemos utilizar casi cualquier clase de hilo, teniendo en cuenta que el grosor de este variará el tamaño de la puntada.

Realizaremos el punto de margarita del mismo modo que un punto de cadeneta, pero anclaremos cada bucle con una pequeña puntada recta antes de comenzar el siguiente bucle.

Punto de margarita con punto recto

Se trata de una variante del punto de margarita, algo más compacto y con el aspecto de pequeñas hojas. Podemos combinarlo con el punto de margarita sencillo para ir variando la textura, o disponerlo en círculo para formar una flor.

Realizaremos un punto de margarita sencillo y a continuación le añadiremos un punto recto en el centro del pétalo. Podemos utilizar hilos de grosores y colores diferentes.

Punto de margarita con tallo

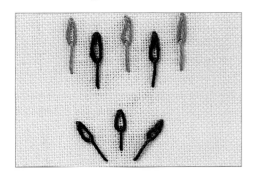

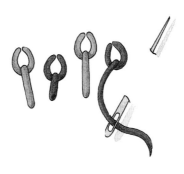

La margarita con tallo se puede realizar en forma de círculo, con los puntos rectos apuntando hacia fuera o hacia dentro, para dibujar una flor. Realizaremos los putos uno al lado de otro o con los pétalos colocados de manera diferente hacia arriba o hacia abajo.

Realizaremos este punto de la misma forma que el punto de margarita sencillo, pero haciendo que el punto de anclaje sea más largo.

Rueda en puntos tejidos

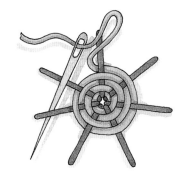

Las ruedas en puntos tejidos son unos atractivos motivos circulares con los que se pueden realizar telas de araña o flores grandes.

Realizaremos varios puntos rectos formando un asterisco. El número de puntos debe ser impar, normalmente siete o nueve. Enhebraremos la aguja con un hilo de un color diferente e iremos enrollándolo, pasando alternativamente por encima y por debajo de los puntos rectos, formando un círculo desde dentro hacia fuera. Utilizaremos una aguja de tapicería para evitar clavarla entre los puntos rectos.

Rueda sobrehilada

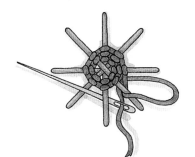

La rueda sobrehilada es una variación de la anterior. Forma un círculo con relieve del que irradian unas barras muy marcadas. Obtendremos un resultado más atractivo si la realizamos usando un hilo redondo con un acabado algo brillante, como el algodón perlé.

Realizaremos varios puntos rectos que vayan de dentro hacia fuera, formando un asterisco. En este caso, el número de puntos debe ser par; los más habituales son ocho o 12. Después realizaremos pespuntes sobre los puntos rectos, desde el centro hacia fuera. Utilizaremos una aguja de tapicería para evitar clavarla en la tela.

Rueda de ojal

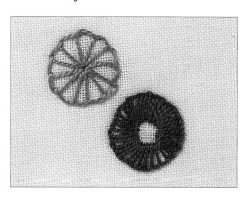

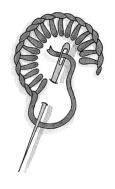

La rueda de ojal es una versión circular del punto de ojal. Si el tejido tiene el punto suelto, podemos hacer que las puntadas pasen por el mismo punto en el centro para hacer un ojal decorativo.

Realizaremos puntadas de ojal muy próximas la una a la otra, dejando un pequeño círculo en el centro, el cual remataremos con nudos franceses. Alternativamente, podemos colocar las puntadas de modo que cada punto recto pase por el mismo agujero en el centro.

Rueda Catherine

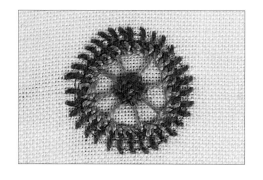

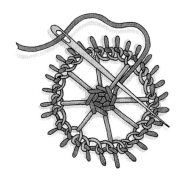

La rueda Catherine era originalmente un punto de encaje abierto.

Realizaremos un círculo de grandes puntadas de festón, con las barras rectas apuntando hacia fuera. Haremos una segunda fila de puntadas de festón a través de los bucles del primer círculo. Seguidamente, daremos cuatro puntadas rectas atravesando el centro del círculo para formar ocho radios. Por último, formaremos dos anillos de pespuntes sobre los radios en el centro del círculo.

Punto de triángulo alzado

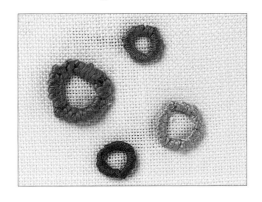

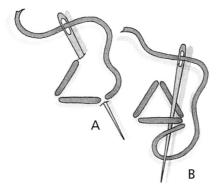

El punto de triángulo alzado forma un anillo con gran volumen. Se utiliza en el bordado con relieve o en el bordado jacobino.

Coseremos un triángulo equilátero en la tela y después sacaremos la aguja hacia adelante por una de las esquinas (A). Pasaremos la aguja por debajo de uno de los lados del triángulo y enrollaremos el hilo en la aguja antes de tirar (B). Realizaremos estos puntos alrededor de todos los lados del triángulo, sin clavar la aguja en la tela. Mantendremos las puntadas bastante tirantes.

Punto pata de gallo

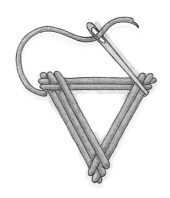

Este es un punto de sastre utilizado para reforzar una prenda, normalmente en la parte superior de los pliegues o bolsillos. También se puede utilizar como punto de bordado. Utilizaremos un bastidor para mantener la tensión uniforme.

Sacaremos la aguja hacia delante en el punto donde queramos situar la base del triángulo. Realizaremos una larga puntada recta hacia la esquina superior izquierda del triángulo. Realizaremos una segunda puntada hacia la esquina superior derecha, asegurándonos de que se solape con la primera puntada ligeramente. Cada puntada debe medir lo mismo. Continuaremos alrededor del triángulo, trabajando de fuera hacia dentro, para dar la sensación de que las líneas de costura se entrelazan entre sí.

ABAJO: Este jardín de flores de estilo impresionista está hecho a partir de puntos sueltos que forman una vibrante gama de colores.

Puntos de relleno

Los puntos de relleno pueden ser compactos o abiertos. Los primeros cubren la tela completamente y suelen realizarse sobre zonas pequeñas. A pesar de que las puntadas puedan parecer bastante sencillas, algunas, incluso el punto de satén, requieren práctica para realizarse a la perfección. Los puntos de relleno abiertos cubren áreas de la tela bastante amplias, tanto en una disposición calculada como aleatoria. Realizaremos los puntos abiertos con la tela en un bastidor, de modo que el hilo tenga siempre la tensión adecuada.

Punto de ladrillo

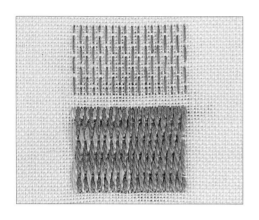

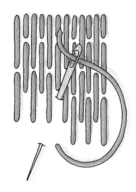

Este es un punto fácil de realizar que permite cubrir espacios grandes con bastante rapidez. Podemos realizar las filas de «ladrillos» en colores diferentes para crear un degradado sutil.

Realizaremos una fila de puntos rectos a lo largo de la parte superior del espacio que queramos rellenar, alternando entre una medida completa y otra intermedia. Trabajaremos hacia atrás añadiendo puntadas de medida completa debajo de las de medida intermedia. Continuaremos así hasta que hayamos cubierto toda la zona.

Punto de cesta

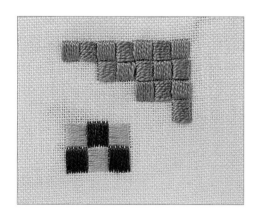

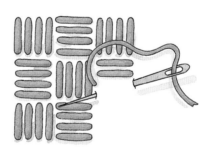

El punto de cesta se realiza mejor en tejidos con una trama uniforme. A pesar de que tradicionalmente se solía realizar en un único color, podemos utilizar dos colores para darle una atractiva disposición en damero.

El punto de cesta suele realizarse alternando bloques de cuatro puntos de satén horizontales y cuatro verticales. Podemos coser las filas en cualquier dirección, pero las puntadas deben mantener el mismo espacio entre ellas y ser del mismo tamaño.

Punto de helecho

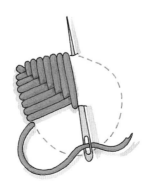

Este es un punto de relleno, pero lo podemos utilizar si queremos realizar un punto de contorno bastante denso. Utilizaremos un hilo mouliné y realizaremos puntadas que queden más tirantes que sueltas.

Marcaremos una línea en el centro de la figura que queramos rellenar. Si nos ayuda, realizaremos puntadas rectas y pequeñas para formar la línea del medio. Después, realizaremos puntadas diagonales desde el borde hasta la línea central, trabajando de lado a lado.

Punto de satén

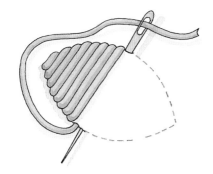

El de satén es un punto llano que parece fácil de realizar, pero lleva tiempo realizarlo pulcramente. Podemos formar bloques de puntos de satén con las puntadas en direcciones diferentes para crear áreas de luz y sombra.

Colocaremos la tela en un bastidor. Realizaremos puntadas rectas, muy próximas entre sí, atravesando la figura. Las puntadas de satén demasiado largas pueden parecer un poco irregulares. Para estos casos escogeremos una alternativa, como el punto rumano.

Punto de satén con relieve

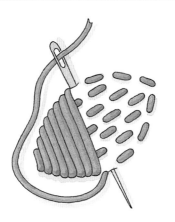

El punto de satén con relieve forma una figura con cierta altura. Se utiliza para resaltar algunas figuras, haciendo que sobresalgan de la tela. Realizaremos este punto manteniendo la tela sujeta en un bastidor para evitar que se formen arrugas.

Rellenaremos la forma con puntadas rectas, de cadeneta o de tallo. Después, realizaremos puntadas de satén sobre ellas, manteniéndolas muy próximas entre sí.

Punto matizado

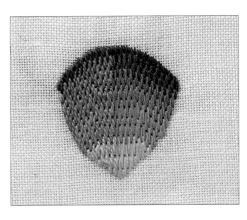

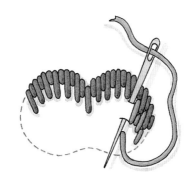

El punto matizado se realiza del mismo modo que el punto de satén, aunque el resultado final es muy diferente. Realizaremos el punto de satén sobre un bastidor.

Haremos la fila de base con puntadas rectas, cortas y largas alternativamente, siguiendo los contornos de la figura a rellenar y cubriendo a continuación la tela completamente con puntadas rectas muy apretadas. Realizaremos filas de puntadas del mismo tamaño hasta rellenar toda la figura.

IZQUIERDA: Estos pájaros se han elaborado a mano mediante puntadas rectas, cortas y largas, muy próximas entre sí.

Punto de semilla

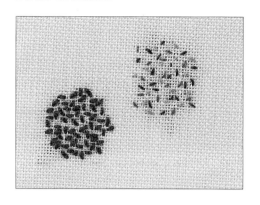

El punto de semilla es un punto de relleno muy bonito. Utilizaremos hilos de una sola hebra si queremos que el relleno sea muy ligero. Podemos utilizar el punto de semilla para dar volumen a otro punto, como el de satén con relieve. Elegiremos entre utilizar hilo de un solo color o varios de distintos tonos si queremos crear un efecto moteado.

Para elaborar un punto de semilla haremos pequeñas puntadas rectas en un orden aleatorio por una zona determinada de la tela. Les daremos la misma longitud y los agruparemos unos cerca de otros.

Punto de helecho abierto

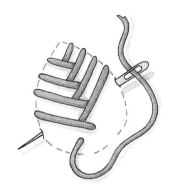

El punto de helecho abierto es una variación del punto de helecho sencillo.

Sacaremos la aguja hacia adelante justo a la izquierda de la línea central y de la parte superior y realizaremos una puntada diagonal hacia arriba a la derecha. Pasaremos la aguja por detrás y la clavaremos hacia adelante por la parte izquierda. Después, realizaremos otra puntada diagonal hacia abajo y hacia la derecha, pasando de la línea anterior. Continuaremos hasta rellenar la figura entera. Podemos realizar puntos de contorno para definir la forma.

Punto de relleno romano

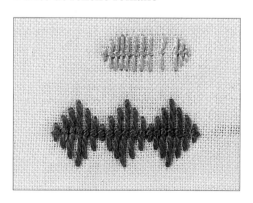

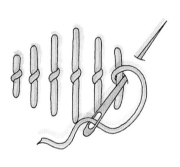

Tenemos la opción de realizar el punto de relleno romano cosiendo puntadas muy próximas entre sí o más separadas. Es posible variar su tamaño para realizar formas de rombo y con ellas el patrón para un mosaico.

Realizaremos una puntada recta y larga. Sacaremos la aguja hacia arriba a la mitad de la puntada y haremos una pequeña puntada sobre ella. Dejaremos un espacio entre cada punto de relleno romano o los dejaremos muy próximos si queremos cubrir un área de la tela.

Punto de hoja

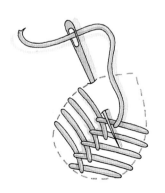

El punto de hoja es un punto abierto y ligero. Podemos realizar un punto de contorno para definir su forma.

Comenzaremos por abajo, sacando la aguja a la izquierda de la línea central. Trabajando hacia arriba, realizaremos una puntada diagonal hacia la derecha. Volveremos a sacar la aguja al lado de la línea central, debajo de la primera puntada, y realizaremos otra puntada diagonal hacia la izquierda. Así hasta cubrir toda la figura.

Punto de collalba

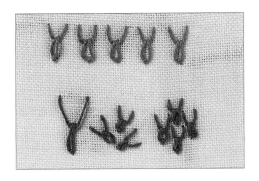

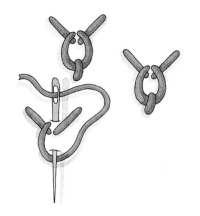

Podemos realizar el punto de collalba aisladamente o en filas para formar distintas figuras. Con el fin de mantener la forma de la puntada proporcionada, daremos puntadas más grandes con un hilo más pesado. Conseguiremos un resultado muy llamativo si utilizamos un hilo grueso y redondeado, como el algodón perlé.

Realizaremos dos puntadas rectas para formar una «V». Después, haremos un punto de margarita sobre la «V».

Punto lazado

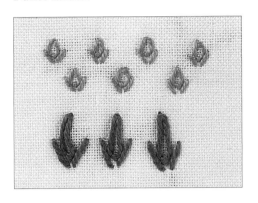

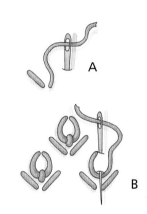

El punto lazado, o «de cabeza de búfalo», se distribuye aleatoriamente como relleno o en conjunto para crear diseños regulares. Podemos variar el tamaño del punto para crear diferentes efectos. Asimismo, también cabe realizarlo de manera muy uniforme para bordado de hilos contados.

Realizaremos dos puntadas rectas para que formen un ángulo recto (A). Después, haremos un punto de margarita encima (B). Situaremos las puntadas de la siguiente línea entre las puntadas de la línea anterior.

Punto mexicano

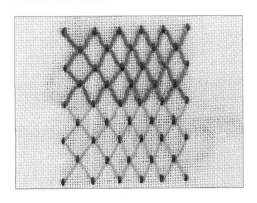

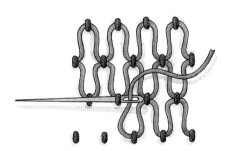

Este punto ligero y con aspecto de encaje sirve para rellenar figuras y cubrir fondos. Realizaremos las puntadas más cercanas o alejadas para variar el resultado.

Dispondremos filas de pequeñas puntadas rectas y verticales, separadas uniformemente y dibujando una cuadrícula compuesta por rombos que sirva de base. Enhebraremos una aguja de tapicería con un color diferente y la sacaremos por la parte superior derecha de la cuadrícula. Pasaremos la aguja entre cada fila de puntadas para formar un diseño en zigzag, como muestra la imagen.

Punto de adorno

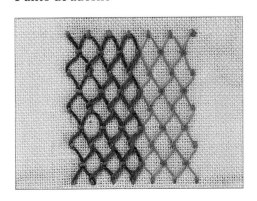

El punto de adorno es muy similar al punto mexicano. Lo elaboraremos con hilos de dos colores diferentes.

Realizaremos filas de puntadas rectas, unas verticales y otras horizontales, alternándolas, tal y como se muestra en la ilustración. Hilvanaremos una aguja de tapicería con un hilo de un color diferente y lo sacaremos por la parte superior izquierda de la cuadrícula. Tejeremos la cuadrícula formando un zigzag. Pasaremos por debajo del hilo con el que estamos tejiendo antes de volver a subir. Las filas siguientes se disponen con los mismos puntos horizontales y verticales.

Punto de relleno romano cargado

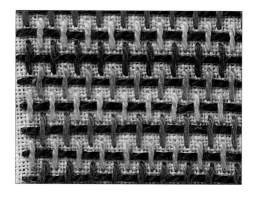

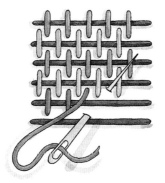

Este es un punto de relleno que cuenta con varias puntadas rectas largas y horizontales que se pueden realizar con una serie de hilos decorativos. Las pequeñas puntadas verticales dan mejor resultado si se realizan con un hilo suave.

Realizaremos una fila de líneas horizontales, espaciadas entre sí, como base. A continuación, daremos pequeñas puntadas verticales sobre ellas. Podemos colocar las puntadas verticales para formar puntos de ladrillo.

Punto de enrejado

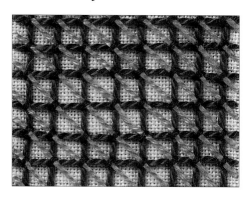

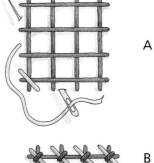

A

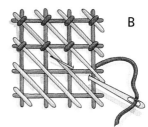

B

El punto de enrejado se elabora a partir de tres capas de puntos que pueden realizarse con hilos similares o que formen contraste. Tiene un efecto muy llamativo si en primera o segunda capa se trabaja con hilos metálicos. Utilizaremos una tela con una trama uniforme para lograr el mejor resultado.

Sujetaremos la tela en un bastidor y daremos puntadas horizontales y verticales para formar una cuadrícula. Después, añadiremos puntadas diagonales en un color diferente (A). Finalmente, anclaremos las puntadas con pequeñas puntadas diagonales que crucen cada intersección (B).

Punto de relleno cuadrado 1

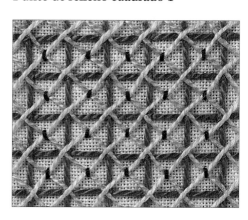

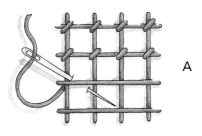

A

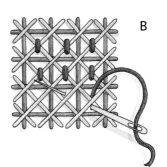

B

Este tipo de punto crea un delicado patrón enrejado. El resultado mejora mucho si una de las capas de puntadas largas se realiza con un hilo metálico. Esta puntada es bastante abierta una vez que se ha concluido. Si pintamos el fondo primero, mejoraremos la puntada si esta se va a aplicar en zonas muy amplias. Para enriquecer el efecto, variaremos el espacio entre las puntadas y utilizaremos hilos de diferentes grosores.

Daremos puntadas horizontales espaciadas uniformemente. A continuación, completaremos la cuadrícula con puntadas verticales. Anclaremos los hilos con pequeñas puntadas diagonales sobre cada intersección (A). Formaremos una tercera y cuarta capa de cuadrícula, trazando líneas diagonales en ambos sentidos, como se muestra en la ilustración. Aseguraremos las puntadas haciendo pequeñas puntadas verticales en cada intersección (B).

Punto de relleno cuadrado 2

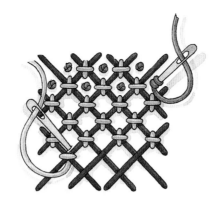

Este tipo de punto, bastante denso y con diferentes texturas, se realiza sobre una base en forma de cuadrícula diagonal. Para mejorar el resultado, utilizaremos un hilo metálico o llamativo para las líneas de cuadrícula diagonales.

Formaremos dos capas de líneas diagonales como en la tercera y cuarta capa del punto anterior. Haremos cruces sobre las intersecciones para anclar las puntadas. Completaremos el patrón realizando nudos franceses en el hueco de cada rombo.

Punto Griffin

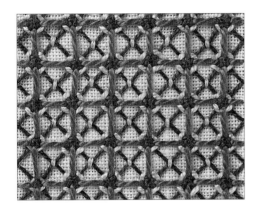

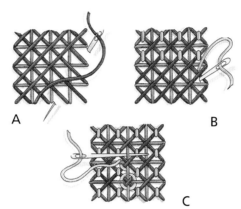

El punto Griffin forma una cuadrícula de varias capas. Podemos variar su aspecto cambiando el espacio entre las puntadas o el grosor de los hilos.

Realizaremos una cuadrícula con líneas horizontales y verticales, y, sobre ella, otra cuadrícula con líneas en diagonal, similar a la base del punto de relleno cuadrado 1 (A). Anclaremos las puntadas diagonales dando pequeñas puntadas verticales en cada intersección (B). Hilvanaremos una aguja de tapicería con un hilo diferente y lo enlazaremos sobre las cuatro capas (C).

Punto Bokhara

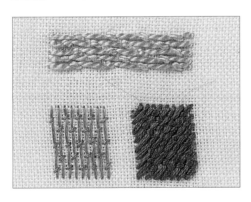

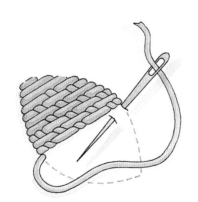

Emplearemos este punto para cubrir un fondo o para rellenar una figura. Utilizaremos el mismo hilo para realizar la línea de realce y el resto de puntadas.

Comenzaremos cosiendo desde la izquierda, dando puntadas rectas de satén para rellenar la figura que deseemos. Las anclaremos en el camino de vuelta con pequeñas puntadas oblicuas. Haremos pequeñas puntadas esparcidas por cada fila, solo en el caso de que estas sean suficientemente largas.

Punto rumano

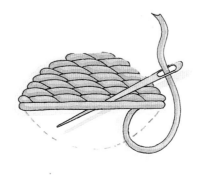

El punto rumano se elabora de una manera muy similar al punto Bokhara. Lo utilizaremos para cubrir un fondo o para rellenar figuras.

Comenzaremos a la izquierda dando puntadas largas y rectas a través del área a rellenar. Anclaremos las puntadas en el camino de vuelta con puntadas oblicuas espaciadas uniformemente. Si realizamos estas puntadas a la perfección, debería ser difícil distinguir entre los hilos de punto de satén y los posteriores.

Punto Cretán de relleno

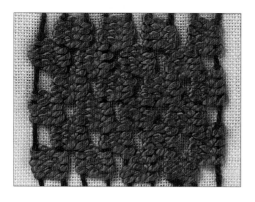

Este punto de aspecto abigarrado forma un patrón que recuerda a un tablero de ajedrez. Coseremos las primeras filas con un hilo firme. Utilizaremos un hilo más flexible para las puntadas superiores.

Realizaremos puntadas verticales uniformemente espaciadas a través de toda la zona a rellenar. Enhebraremos el segundo hilo y lo sacaremos por la esquina superior derecha. Coseremos bloques de puntos de Cretán sobre las puntadas verticales, sin clavar la aguja en la tela.

Punto Chevron de relleno

El punto Chevrón de relleno tiene el aspecto de una tela de tweed. Las líneas horizontales deben realizarse con un hilo firme. Podemos utilizar dos colores diferentes.

Haremos puntadas horizontales para la base. Hilvanaremos un hilo diferente y lo sacaremos por la parte inferior izquierda. Realizaremos puntadas de tallo en zigzag sobre las líneas horizontales. La aguja pasa a través de la tela al principio y al final de cada fila.

Punto de panal

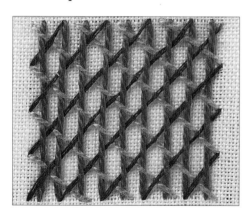

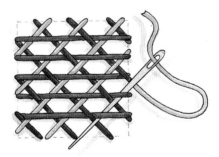

Este es un punto de relleno que forma un patrón geométrico hecho a partir de tres tipos de puntadas que se entrecruzan entre sí.

Realizaremos líneas rectas horizontales, espaciadas uniformemente, en la zona que deseemos rellenar. Sobre la parte superior practicaremos puntadas diagonales desde la parte inferior izquierda a la parte superior derecha. Prepararemos un tercer grupo de puntadas diagonales en la dirección opuesta, pasando la aguja por debajo de las líneas horizontales y sobre las diagonales.

Punto Ceilán

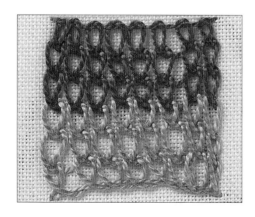

Podemos realizar este punto dejando los hilos muy sueltos para crear un relleno de encaje, o más apretados para que tenga el aspecto de un tejido de punto.

Haremos un puntada recta horizontal a lo largo del área que vayamos a rellenar; si es demasiado larga, la anclaremos con pequeñas puntadas. Realizaremos bucles espaciados uniformemente de izquierda a derecha sobre el hilo, sin clavar la aguja en la tela. Al final de la fila, clavaremos la aguja y la volveremos a sacar un poquito más abajo. Realizaremos la siguiente fila a través de la anterior.

Punto de almena

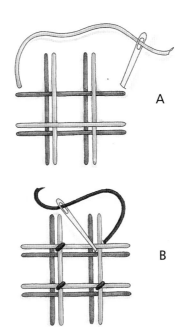

A

B

El punto de almena no se suele utilizar para rellenar figuras sencillas. Parece de una complicación impresionante, pero en realidad su elaboración es muy sencilla. Podemos realizarlo con un hilo del mismo color, pero mejora extraordinariamente si combinamos hilos de un solo color pero con tonalidades más claras y oscuras.

Daremos dos puntadas horizontales y, sobre ellas, dos puntadas verticales, creando una cruz doble (A). Continuaremos añadiendo parejas de líneas horizontales y verticales de esta manera, moviendo uno o dos hilos cada vez para crear un efecto de entramado. Cuando hayamos completado la cruz, anclaremos cada intersección de las cuatro puntadas superiores con pequeñas puntadas diagonales (B).

DERECHA: En este mural figurativo se han utilizado puntadas de realce y de panal.

El punto «shisha»

Las «shishas» son piezas irregulares de cristal de espejo que se utilizan en el bordado del Lejano Oriente. Existen diversas maneras de coser una «shishas» a la tela. Aquí se describen dos métodos. Utilizaremos un bastidor de bordado para mantener la tela tirante mientras añadimos el espejo «shishas».

Método 1

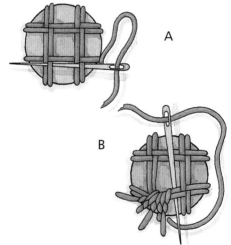

Utilizaremos un hilo resistente que no se deshilache o se rompa al hacer presión contra el extremo del cristal.

Crearemos un marco para las puntadas de bordado cosiendo dos hilos a través del cristal, de lado a lado. Coseremos otros dos, entrelazándose con los anteriores (A). Sacaremos la aguja por el lado derecho, muy próxima al espejo. Daremos una puntada por debajo del marco y la cruzaremos sobre el primer hilo. Realizaremos un pespunte a través de la tela (B). Seguiremos bordando alrededor del espejo, sacando la aguja entre los extremos de los bucles anteriormente cruzados.

Método 2

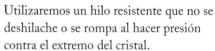

Esta es una forma bella y decorativa de sujetar un espejo «shisha». Realizaremos todas las puntadas de la misma longitud o las iremos intercalando entre largas y cortas.

Daremos cuatro puntadas rectas a través del cristal de espejo, agrupadas en parejas. Pasaremos el último par de puntadas por debajo del primer par, donde se crucen (A). Realizaremos el cuadrado central pequeño. Sacaremos la aguja a través de la tela, muy próxima al espejo, por el lado inferior izquierdo y la volveremos a insertar realizando una puntada muy pequeña. Daremos una pequeña puntada a través de la tela y sobre la parte superior del hilo que estamos utilizando. Tiraremos del hilo hacia el espejo para que el nudo quede cerca del extremo de este. Realizaremos una segunda puntada vertical a través del marco.

IZQUIERDA: Esta antigua pieza de «shisha» muestra el método tradicional de coser a la tela el cristal, rodeándolo de vibrantes colores y de una labor de bordado a mano muy decorativa.

Bordado con cintas

El bordado con cintas ha existido en una u otra variante desde la Edad Media, pero se hizo muy popular durante la época victoriana, cuando gozaron de gran aceptación las técnicas de bordado más decorativas y recargadas. Las flores eran uno de los elementos decorativos más utilizados, y lo siguen siendo en la actualidad.

La mayoría de los puntos de bordado pueden adaptarse al bordado con cintas, pero el resultado es algo diferente, ya que las cintas se abren en la superficie. Los puntos simples son los que mejor resultado dan.

El bordado con cintas puede parecer muy difícil. Pero, de hecho, los puntos utilizados en este tipo de bordado son puntos rectos adaptados o puntos muy conocidos como los de margarita, de satén o de tallo.

Existen lazos y cintas estrechas diseñadas especialmente para este tipo de bordado. Las podemos encontrar en una gran variedad de anchos y colores. Están hechos a partir de fibras sintéticas o de seda. Los lazos de seda son más caros, pero ofrecen el mejor resultado.

Podemos utilizar casi cualquier material para elaborar un bordado con cintas, pero es más fácil trabajar sobre una tela cuyo tejido no esté muy apretado. El lino y algunas telas de algodón son muy adecuados. El bordado con cintas es una técnica muy apropiada para los principiantes, ya que las cintas cubren grandes áreas de tela muy rápidamente, y los diseños pequeños se terminan enseguida.

Enhebrar una aguja

Escogeremos una aguja que permita que la cinta pase a través de la tela sin deshilacharse. Probaremos con agujas de distintos tamaños para ver cuál es el más adecuado. No nos preocuparemos mucho si la aguja hace un agujero demasiado pronunciado, porque la cinta se abrirá y lo cubrirá. Utilizaremos esta técnica para sujetar la cinta en una aguja larga sin necesidad de hacer un nudo, y, así, asegurarnos de que no tira del agujero mientras trabajamos.

1 Hilvanamos la aguja según el procedimiento habitual y a continuación clavamos el final de la cinta en la aguja, como se muestra la imagen. Tiramos del extremo hacia el ojal. Trabajamos con medidas cortas para que la cinta no termine por deshilacharse.

Comenzar y terminar

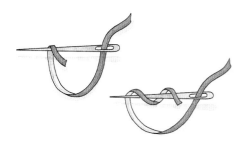

1 Para realizar un nudo, primero hilvanamos la aguja según el procedimiento habitual; a continuación, doblamos el extremo de la cinta sobre la aguja. Enrollamos la cinta alrededor de la aguja antes de tirar.

2 El bordado con cintas no tiene un aspecto muy ordenado por el revés de la tela, de modo que esconderemos la cinta entrelazándola bajo alguna de las cintas del revés de la tela.

DERECHA: El bordado con cintas da lo mejor de sí mismo cuando se realizan bodegones florales y se puede combinar con otras técnicas de bordado.

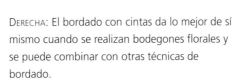

Flores del jardín

Podemos hacer nuestro propio borde floral utilizando alguno de los ejemplos de estas páginas. Rellenaremos los espacios con hojas sencillas realizando puntadas rectas con hilos de distintas tonalidades verdes.

Aciano

Realizaremos un círculo con puntadas rectas. A continuación, haremos otro círculo sobre este, como se muestra en la imagen. Daremos puntadas rectas para rellenar los huecos en el centro. Concluiremos con un punto de lazo para la hoja y puntos de tallo para el tallo.

Malvarrosa

Hacemos la forma de un cono. En la parte superior realizamos pequeños nudos franceses con hilo verde y cambiamos al color de la flor. Realizamos nudos franceses más grandes a medida que bajamos. Elaboramos pequeños nudos franceses sobre las flores más grandes.

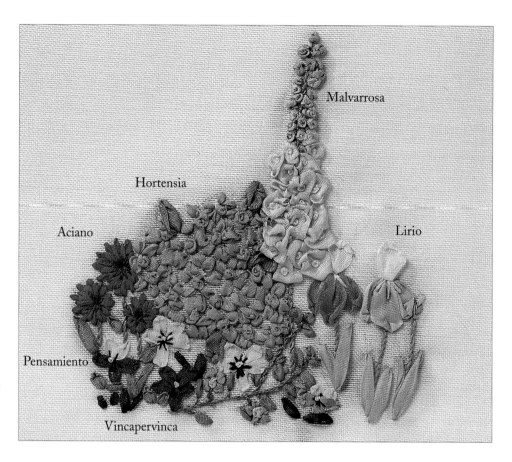

Malvarrosa

Hortensia

Aciano

Lirio

Pensamiento

Vincapervinca

Lirio

Realizamos una puntada de lazo vertical y otras tres más abajo con forma de abanico. El tallo se hace con puntos de tallo, mientras que las hojas se realizan con puntadas rectas vueltas.

Vincapervinca

Damos cinco puntadas rectas y cortas. Cubrimos el centro con un nudo francés. Las hojas están hechas con puntadas cortas y los capullos de las flores, con puntos de lazo.

Hortensia

Damos cuatro puntadas rectas para los pétalos y un pequeño nudo francés en el centro.

Pensamiento

Realizamos cinco puntadas de lazo, dos en amarillo y tres en morado. Añadimos puntadas rectas para los estambres y un nudo francés para completar el centro.

PUNTO DE LAZO

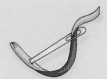

Sacaremos el lazo hacia fuera y realizaremos una puntada que atraviese el lazo justo por el centro.

Flores silvestres

Este precioso jardín incluye algunas de las flores silvestres más conocidas. Utilizaremos puntadas de lazo básicas para realizarla.

Amapola

Realizamos entre cuatro y seis puntadas de bucle rodeando un nudo francés. Utilizamos una pajita de plástico para asegurarnos de que el bucle que forma cada pétalo es del mismo tamaño. Preparamos un botón con nudos franceses en el centro.

Dedalera

Damos puntadas de tallo de abajo hasta arriba. Realizamos pequeños nudos franceses con hilo verde en la parte superior. Después, hacemos unos pocos nudos franceses algo más grandes en el color de los pétalos. Seguimos bajando y haciendo puntadas rectas. Las últimas flores, las más grandes, las realizamos con puntos de lazo.

Margarita

Realizamos puntadas rectas desde el centro hacia fuera, utilizando un hilo de color azul cielo. Rellenamos el centro con pequeños nudos franceses realizados con hilo amarillo.

Campanilla

Hacemos tres puntos de lazo para la flor, solo tirando de la cinta hasta que un pequeño giro aparezca al final de cada pétalo. Realizamos dos puntadas rectas encima para el cáliz y después puntadas de tallo para el tallo.

Botón de oro

Realizamos cinco puntadas de bucle (trabajando sobre un punto de cóctel) en círculo. Hacemos un gran nudo francés en el centro y lo rodeamos con pequeños nudos franceses sobre cada pétalo.

Campanilla de invierno

Damos tres puntadas rectas en forma de abanico y las rematamos con un nudo francés encima. Realizamos una puntada recta con hilo muy fino verde en la punta de cada pétalo.

Bordado de hilos contados

El punto de cruz, el «blackwork» (o bordado negro) y el bordado de Asís son técnicas de bordado de hilos contados que se realizan sobre telas de trama uniforme, como el lino o la tela Aída. Que un tejido tenga una trama uniforme significa que dispone del mismo número de hebras horizontal y verticalmente. El encaje se realiza sobre este tipo de tejidos.

Telas

Las telas de tejido abierto y uniforme se venden en una gran variedad de tamaños y densidad de trama. La densidad de la trama se refiere al número de hilos por cada 2,5 cm².

El lino es un tejido suave, de alta calidad y de trama uniforme. Como la trama además es muy fina, las puntadas suelen realizarse sobre dos hilos. El lino es una fibra muy cara, por lo que muchas de las telas llamadas «de lino» suelen ser una mezcla de diferentes fibras de algodón, viscosa y lino.

Las telas Aída, confeccionadas con algodón 100%, están hechas con grupos de cuatro hilos y forman agujeros característicos entre cada bloque. Esto convierte las telas Aída en tejidos excelentes para hacer bordado. Podemos conseguirlas en una gran variedad de colores y tamaños de trama, entre 6 y 18 hilos por cada 2,5 cm². Las telas de Aída solo están disponibles en 14 hilos, el tamaño más popular. Cabe la posibilidad también de comprar telas más decorativas como lurex o rústico, que tiene hilos metálicos o de lino atravesando la tela. Los agujeros en estos tejidos son algo menos pronunciados que los de las telas Aída.

El bordado Hardanger también se realiza sobre telas de trama uniforme. Puede bordarse sobre lino o sobre tela especial para esta técnica, de 22 hilos por cada 2,5 cm², en la que los hilos de la trama y la urdimbre van emparejados.

Utilizaremos cañamazo de una trama muy abierta como guía para realizar punto de cruz sobre una tela lisa. Una vez el punto de cruz esté completo, retiraremos los hilos del cañamazo aflojándolos con agua y tirando ligeramente de ellos con unas pinzas.

Los cañamazos de plástico no se deshilachan y se pueden utilizar perfectamente para el bordado de hilos contados. Los de trama más ancha son muy apropiados para el punto de cruz. Las tramas más abiertas son excelentes para puntos de cañamazo y podemos utilizarlas para realizar formas tridimensionales.

Telas para encaje de aguja

El encaje de aguja es un tipo de bordado que se realiza sobre un cañamazo de trama abierta. Podemos comprar distintos tipos de cañamazo y mallas de diversos tamaños. La malla o la densidad de la trama se refiere al número de hilos por cada 2,5 cm². La mayoría de estos tejidos se fabrican en colores blanco, beige y tierra.

El cañamazo sencillo tiene una trama plana que se deforma con facilidad. Para obtener los mejores resultados, estiraremos la tela y la mantendremos firme con ayuda de un bastidor, evitando realizar puntadas diagonales, como el punto de cruz o el *petit point*.

El cañamazo entrelazado es muy similar al sencillo, pero los hilos de la urdimbre están retorcidos alrededor de los hilos de la trama. Esto hace que la tela sea muy estable y adecuada para todo tipo de bordado en cañamazo, incluyendo las puntadas diagonales.

El cañamazo doble está tejido con pares de hilos en cada dirección, en lugar de hilos individuales. La malla subdividida hace que resulte más sencillo realizar fracciones de puntadas.

ABAJO: 1) Aída; 2) cañamazo entrelazado; 3) cañamazo rayado; 4) cañamazo sencillo; 5) Aída; 6) cañamazo de plástico; 7) cañamazo doble natural; 8) lino de trama uniforme teñido; 9) cañamazo doble; 10) Aida; 11) cañamazo rayado; 12) lino natural; 13) cañamazo sencillo; 14) cañamazo para *petit point* natural; 15) cañamazo entrelazado; 16) cañamazo sencillo natural.

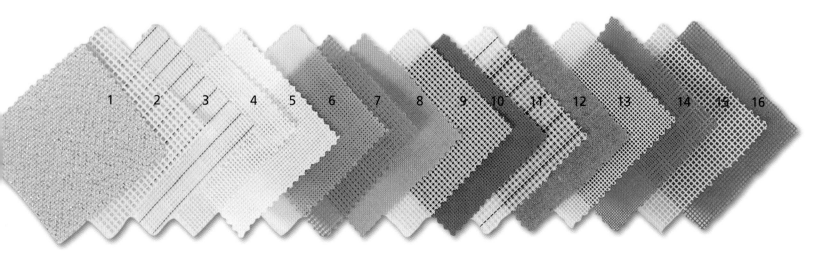

Hilos

Los hilos persas, de tapicería o de lana crewel son los más tradicionales a la hora de realizar un bordado de hilos contados, aunque podemos utilizar casi cualquier tipo de hilo. Los algodones de bordado como, por ejemplo, el algodón suave o el algodón perlé, son muy adecuados para los tejidos con una trama de 10 o 12 hilos por cada 2,5 cm². Los nuevos hilos metálicos se fabrican de modo que puedan coserse fácilmente sin deshilacharse o deshacerse. Es posible utilizar las trenzas más pesadas individualmente y unir los hilos metálicos muy finos con otros hilos.

La lana de tapicería está formada por cuatro cabos en una sola hebra, y se emplea sobre telas de cañamazo de 10 o 12 hilos por cada 2,5 cm². Utilizaremos dos hebras para cubrir cañamazos de siete hilos. La lana crewel es una lana de dos cabos por hebra. Utilizaremos tres hebras para cubrir un cañamazo de 12 hilos. Podemos mezclar dos o tres hilos de las hebras más finas, enhebrándolos a la vez, para crear un efecto interesante. El hilo persa consiste en tres hebras de dos cabos. Podemos separarlo para coser en tejidos con la trama más ajustada o juntarlos para cubrir agujeros más grandes.

DERECHA: Este diseño está compuesto por puntadas muy simples. Con la utilización de únicamente dos colores se pretende reproducir la atmósfera de los paisajes escandinavos.

Comenzar y terminar

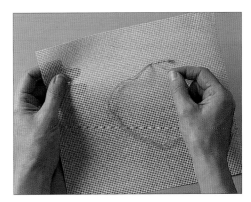

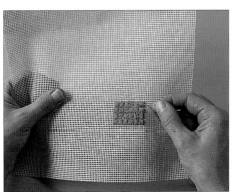

1 Los agujeros del cañamazo son bastante grandes, de modo que con un nudo no sujetaremos el extremo del hilo. En su lugar, realizamos un nudo en el lado derecho de la tela, a 2,5 cm de donde queramos empezar a coser. Sujetamos el hilo con las puntadas y después cortamos el nudo.

2 Es importante que el hilo cubra el cañamazo completamente para que no se vea la tela, aunque también es fundamental que no sea demasiado grueso. Cortamos hilos de 45 cm de largo. Si cortamos hilos más largos, estos acabarán deshilachándose antes de terminarlo.

3 Pasamos el hilo hacia el revés para sujetarlo. Deslizamos la aguja por debajo de las puntadas a unos 2,5 cm y después cortamos el extremo. Usamos un nuevo hilo como antes, pero evitando pasar por debajo de las mismas puntadas, ya que cogerán volumen y harán que la labor no quede uniforme.

Puntos para cañamazo

Los puntos para cañamazo se suelen realizar sobre dos hilos de lino o cañamazo o sobre un bloque de Aída. Podemos modificar la escala de las puntadas fácilmente, trabajando sobre más o menos hilos, y cambiando su grosor por el más adecuado. La tela debe cubrirse completamente sin que los hilos queden demasiado apretados o voluminosos. Si somos principiantes, escogeremos una tela con agujeros simétricos y fáciles de ver.

Punto de cruz

El punto de cruz es uno de los puntos de bordado más antiguos. Se realiza sobre cañamazo o tejidos de trama uniforme, por lo que las puntadas son siempre del mismo tamaño.

Realizaremos una fila de puntadas diagonales en una dirección y después las cruzaremos con una segunda fila de líneas diagonales en la dirección opuesta. Nos aseguraremos de que todas las puntadas superiores tengan la misma inclinación, a no ser que queramos crear un juego de luz y sombra.

Punto de cruz recto

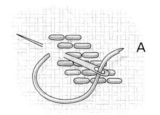

A

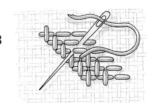

B

El punto de cruz recto es un punto muy limpio, adecuado para rellenar figuras pequeñas. Tiene un acabado muy similar a una tela con un tejido con textura. Para crear un efecto diferente, variaremos el espacio entre las puntadas y el grosor del hilo utilizado.

Realizaremos filas de puntadas horizontales separadas uniformemente entre sí, pasando sobre dos hilos del tejido, diagonalmente de izquierda a derecha hasta rellenar la figura (A). Después, daremos puntadas verticales sobre las puntadas anteriores, formando cruces (B). En piezas más pequeñas haremos las cruces completas una a una.

Punto de cruz alargado

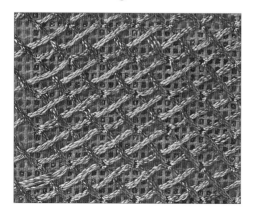

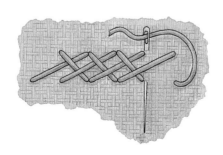

Este es un punto de relleno que crea una textura muy agradable; también podemos utilizarlo como punto de contorno.

Comenzaremos por la izquierda, realizando una larga puntada sobre ocho hilos verticales y cuatro hilos horizontales. Sacaremos la aguja hacia arriba cuatro hilos por debajo, en línea recta, y cruzaremos por encima de la puntada realizando una línea diagonal cuatro hilos hacia arriba y hacia atrás. Sacaremos la aguja cuatro hilos más abajo, preparados para realizar la siguiente puntada. Repetiremos a lo largo de la fila. Haremos las puntadas largas con el doble de longitud que las cortas.

Punto de cruz ancho

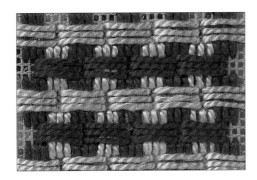

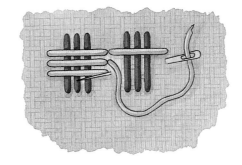

El punto de cruz ancho se realiza sobre cañamazo sencillo para rellenar grandes áreas de tejido. Una vez elaborado, forma un patrón con una suave textura. Los hilos de algodón dan la mejor cobertura.

Realizaremos tres puntadas verticales sobre seis hilos. Añadiremos tres puntadas horizontales del mismo tamaño que las crucen. Trabajaremos los bloques en filas horizontales, encajando las filas siguientes en los espacios de la fila anterior.

Medio punto de cruz

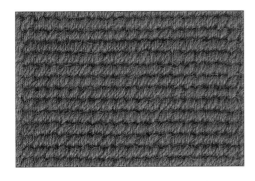

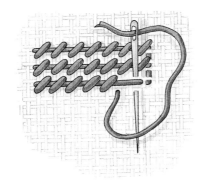

El medio punto de cruz se realiza sobre cañamazo doble. Las puntadas se cosen sobre un hilo recto cosido entre los hilos dobles de la trama.

Daremos una puntada larga de derecha a izquierda, pasando la aguja por entre los hilos dobles de cañamazo. Esto rellena y hace que sea más sencillo cubrir la tela. Realizaremos puntadas diagonales de izquierda a derecha sobre las puntadas horizontales y dos hilos verticales del cañamazo.

Petit point

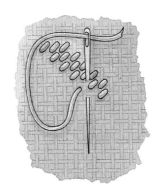

El petit point está formado por una pequeña puntada diagonal utilizada sobre todo en cañamazo sencillo. El pequeño tamaño de la puntada hace que sea muy apropiado para elaborar diseños complejos sobre cañamazos impresos con dibujos o patrones. El petit point es bastante fácil y rápido de hacer.

Trabajaremos a través de la figura en filas diagonales, como se muestra en la imagen, dando puntadas de medio punto de cruz. Podemos realizar este tipo de puntos en filas rectas, pero si cosemos diagonalmente, es más fácil que el cañamazo no se deforme.

Punto de lino

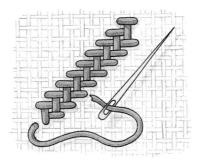

El punto de lino tiene el aspecto de un tejido de punto. Es adecuado para rellenar áreas grandes.

Comenzaremos por la parte superior derecha y realizaremos un pespunte horizontal sobre dos hilos del cañamazo. Haremos más pespuntes bajando diagonalmente por la tela, moviéndonos un agujero hacia atrás y hacia abajo cada vez. Daremos puntadas verticales debajo de las horizontales, rellenando el hueco debajo de cada una. Repetiremos para seguir construyendo la forma como muestra la imagen.

Punto de ladrillo

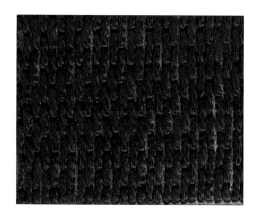

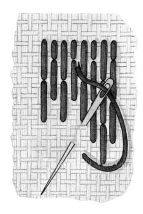

El punto de ladrillo sirve para rellenar un área grande rápidamente. Se puede realizar en distintos colores para crear un sombreado sutil. Cuando utilicemos colores diferentes, nos aseguraremos de que combinan bien entre sí.

Realizaremos una fila de puntadas rectas, alternando los tamaños completo y su mitad, a través de la parte superior del área que queramos rellenar. Debajo de ella, haremos filas de puntadas del tamaño completo. Cubriremos la última fila con puntadas de la mitad del tamaño.

Punto gobelino

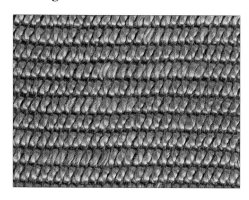

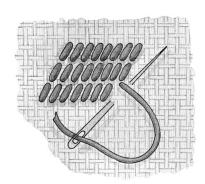

El punto gobelino solo puede realizarse sobre cañamazo sencillo. Produce un efecto de cordoncillo aplanado. Para completar, cubriremos el fondo con un hilo más grueso.

Comenzaremos cosiendo desde la izquierda, realizando filas de largas puntadas diagonales sobre dos hilos horizontales y uno vertical del cañamazo, insertando la aguja hacia arriba cada vez. Giraremos la tela y trabajaremos hacia atrás en la dirección opuesta, esta vez introduciendo la aguja hacia abajo.

Punto de mosaico

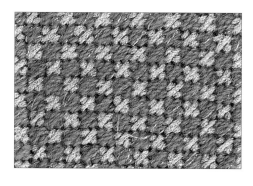

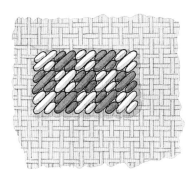

El punto de mosaico crea pequeños bloques que rellenan un área de nueve hilos de cañamazo. Podemos coser los bloques utilizando hilos de distintos colores para crear patrones más complejos. Utilizaremos un hilo suave para dar definición a la puntada. Este punto es rápido y fácil de realizar, y tiene un resultado excelente.

Cada mosaico se realiza con puntadas diagonales que cubren tres agujeros, con pequeñas puntadas paralelas a cada lado.

Punto de cojín al reverso

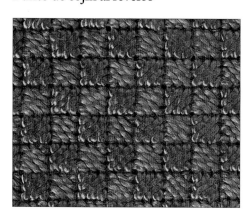

Se puede utilizar para rellenar grandes áreas del cañamazo. Si alternamos la dirección de las puntadas, crearemos un efecto curioso de sombreado. El hilo metálico aportará un toque muy distintivo a este tipo de punto.

Daremos puntadas de cojín al reverso sobre bloques cuadrados de 16 hilos de cañamazo. Trabajaremos realizando cinco líneas diagonales para formar cada pequeño cuadrado, comenzando con una pequeña línea diagonal que cubra dos agujeros. Realizaremos los bloques en filas, alternando la dirección entre las puntadas.

Punto húngaro

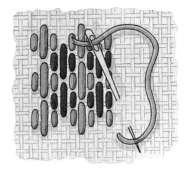

Podemos realizar el punto húngaro sobre tela de cañamazo sencillo o doble. Crea un patrón con bloques en forma de rombo.

El punto húngaro consiste en tres puntadas rectas verticales: dos puntadas cortas a los lados de una más larga hechas sobre dos o cuatro hilos del cañamazo. Elaboraremos las puntadas formando filas horizontales y dejando dos hilos verticales entre cada bloque. Realizaremos más filas horizontales debajo, cubriendo los huecos.

Punto de rombo recto

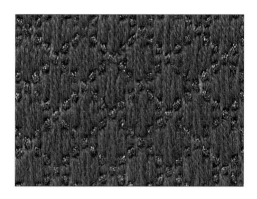

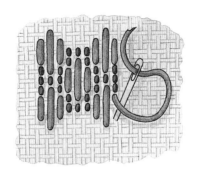

El punto de rombo recto, que solo puede realizarse sobre cañamazo sencillo, permite rellenar una figura bastante grande.

Cada rombo está formado por cinco puntadas verticales hechas sobre uno, dos o tres hilos del cañamazo. Realizaremos los rombos de modo que cada fila encaje limpiamente dentro de los huecos que deje la fila anterior, dejando el espacio de un hilo de cañamazo entre cada rombo, formando un enrejado. Rellenaremos el enrejado con un hilo de un color diferente.

Punto de gobelino trenzado

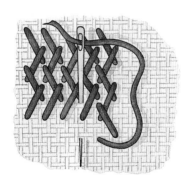

El punto de gobelino trenzado produce un patrón muy atractivo que se realiza muy rápidamente. Sirve para cubrir una figura grande o el fondo si utilizamos el grosor de hilo correcto.

Comenzaremos cosiendo desde la izquierda, y realizaremos una puntada sobre dos hilos verticales y uno horizontal del cañamazo. Coseremos con la aguja en posición vertical. Completaremos la siguiente fila como se muestra, de modo que las puntadas se inclinen en la dirección contraria.

Punto de Milán

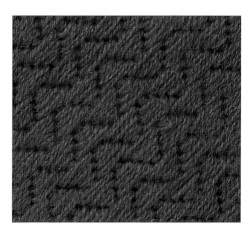

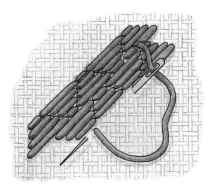

El punto de Milán crea un fondo suave que se realiza diagonalmente.

Comenzaremos por la parte superior y trabajaremos diagonalmente formando una fila de pespuntes, y haciendo que las puntadas cubran primero uno y después cuatro de los agujeros del cañamazo. Realizaremos una segunda fila a su lado, haciendo que las puntadas se alternen entre dos y después tres agujeros. En la tercera fila haremos que los pespuntes cubran tres y después dos agujeros. Realizaremos una cuarta fila, igual que la primera, comenzando con una puntada larga.

Punto de tejido

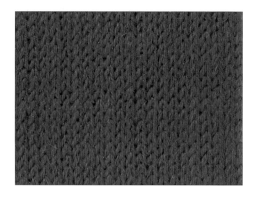

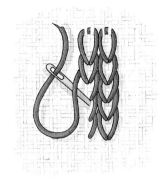

Este es un punto de relleno muy sólido que tiene un aspecto parecido al tejido de punto.

Trabajaremos hacia arriba y hacia abajo del cañamazo, comenzando por el lado inferior derecho. Completaremos cada columna en dos viajes. Trabajaremos la parte derecha de las puntadas inclinando hacia arriba sobre tres hilos horizontales del cañamazo, y a través de un hilo vertical. Realizaremos un segundo grupo de puntadas hacia abajo, inclinando las puntadas en la dirección opuesta.

Punto de estrella

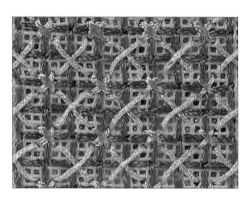

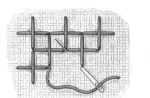

A

B

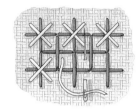

El punto de estrella sirve para rellenar un área formando un patrón de cruces con textura. Debe hacerse sobre tela de cañamazo sencillo.

Realizaremos puntadas hacia arriba en filas horizontales, con las cuatro líneas de cada cruz adyacente compartiendo los mismos agujeros en el cañamazo (A). Sobrehilaremos las cruces con otras cruces diagonales realizadas en otro color (B). Haremos pequeñas puntadas sobre dos hilos del cañamazo y las más grandes sobre cuatro.

Punto de Rodas

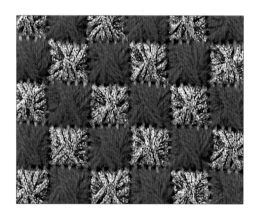

El punto de Rodas es un punto de relleno decorativo que se realiza formando bloques cuadrados.

Realizaremos una puntada recta diagonal a través de cinco hilos del cañamazo, desde abajo, a la izquierda, y subiendo hacia la derecha. Nos moveremos a lo largo del cuadrado en el sentido contrario a las agujas del reloj, realizando puntadas rectas diagonales hasta completar todos los agujeros del cuadrado. Para hacer un bloque más grande, realizaremos las puntadas sobre seis o siete hilos en lugar de cinco.

Medio punto de Rodas

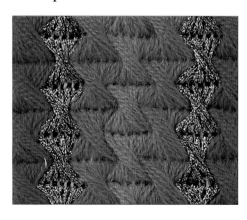

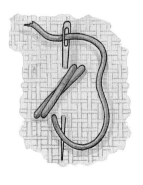

El medio punto de Rodas crea un patrón con forma de pajarita y un fondo con textura extraordinario si se realiza en distintos colores. Este punto puede realizarse con cualquier hilo sobre un cañamazo sencillo. Se trabaja sobre seis hilos del cañamazo.

Realizaremos el punto de Rodas solo por los lados superiores e inferiores del cuadrado. Haremos el siguiente punto compartiendo los mismos agujeros. Colocaremos columnas, unas al lado de otras, de modo que los puntos encajen en los espacios de los anteriores.

Punto Norwich

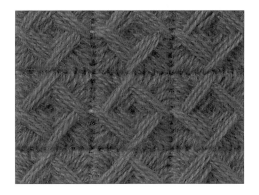

El punto Norwich consiste en un gran bloque cuadrado que tiene un rombo en el centro. Este punto siempre se realiza sobre un número impar de hilos del cañamazo. Utilizaremos un hilo redondeado.

Realizaremos puntadas diagonales siguiendo la ilustración como guía. Sacaremos la aguja por el punto 1 y la clavaremos en el 2, la volveremos a sacar en el 3 y la clavaremos en el 4. Continuaremos de esta manera, siguiendo los números, hasta completar todo el cuadrado.

Punto de arroz

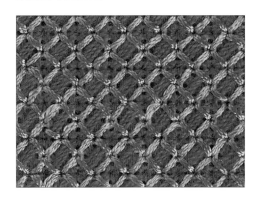

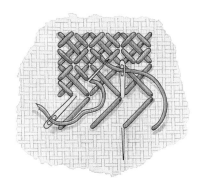

El punto de arroz crea un relleno decorativo cuando las cruces superiores se realizan con un hilo que contraste con el de la base. Esta suele realizase con un hilo más grueso.

Cubriremos la figura que queramos rellenar con una cuadrícula formada por grandes puntos de cruz realizados sobre cuatro hilos verticales y cuatro hilos horizontales del cañamazo. Realizaremos pequeñas puntadas diagonales, atravesando cada esquina en ángulo recto para hacer las cruces.

Punto de arroz encerrado

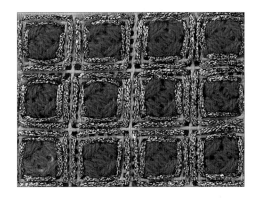

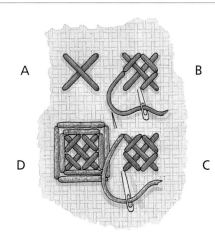

El punto de arroz es una variación del punto anterior; en este caso se rodea con un borde para formar el cuadrado. Podemos mezclar hilo metálico con lana.

Realizaremos un punto de arroz sobre cuatro hilos horizontales y verticales del cañamazo (A y B). Después, lo rodearemos con una doble capa de puntadas rectas formando un bloque, de modo que cubra un cuadrado de seis hilos de cañamazo (C y D). Rellenaremos el pequeño espacio sin coser entre cada punto de arroz cerrado con un punto de cruz.

Punto de cojín

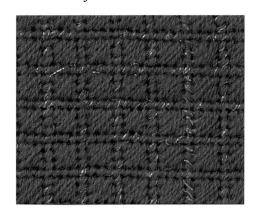

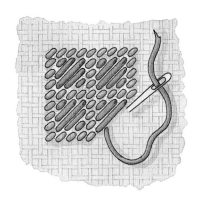

El punto de cojín es un punto de relleno que tiene forma cuadrada y crea una textura muy atractiva. Si lo realizamos en dos colores, podemos crear un patrón de tablero de ajedrez. Este tipo de puntada tiene un resultado más rico si se trabaja con hilos de dos colores complementarios.

Realizaremos bloques de puntadas diagonales de uno, tres y cinco agujeros de cañamazo. Todas las puntadas deben ser paralelas. Dejaremos el hueco de un agujero de cañamazo entre cada cuadrado. Finalmente, elaboraremos un borde con puntadas de petit point enmarcando cada cuadrado.

Punto de ajedrez

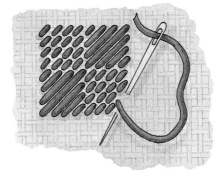

El punto de ajedrez forma un cuadrado con mucha textura. Generalmente se realiza sobre un fondo y con hilos de un solo color. Produce más efecto si se utiliza un hilo algo brillante, como el algodón perlé o el rayón de viscosa.

Realizaremos bloques de 16 puntos de petit point para formar un patrón de tablero de ajedrez. Cubriremos los espacios con siete líneas diagonales, como se muestra en la imagen. Haremos las puntadas de petit point y las puntadas rectas diagonales en la misma dirección, siempre paralelas.

Punto radiante

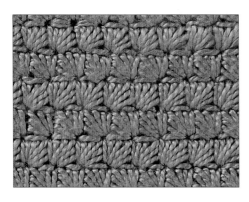

El punto radiante forma un patrón con la misma disposición que los rayos del sol. Realizaremos las filas en direcciones opuestas para crear un juego de luces y sombras. Elaboraremos este punto sobre cuatro, seis y ocho agujeros de cañamazo, utilizando un tejido bastante abierto.

Haremos siete puntadas rectas que irradien desde la esquina inferior izquierda del cuadrado. Dejaremos las puntadas tirantes para que formen un pequeño agujero en la esquina inferior.

Punto de bóveda

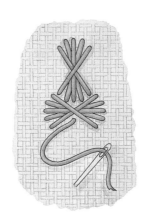

Los puntos de bóveda se realizan horizontal y verticalmente para formar una cuadrícula entrelazada.

Comenzaremos con un punto de bóveda vertical. Realizaremos una puntada recta sobre ocho hilos del cañamazo. Haremos un punto de cruz muy estrecho de la misma longitud encima, utilizando los agujeros a cada lado. Realizaremos una cruz más grande encima para completar el rectángulo. Iremos realizando puntos de bóveda verticales y horizontales para cubrir la zona que queremos rellenar.

Punto de terciopelo

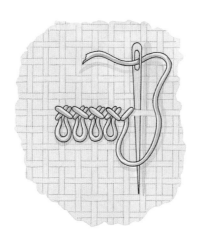

El punto de terciopelo tiene una textura de moqueta cuando se ha acabado. El resultado es fantástico si se realiza con hilos de lana.

Comenzaremos en la esquina inferior izquierda y realizaremos un pespunte diagonal sobre un hilo de cañamazo. Pasaremos la aguja por debajo del hilo horizontal y formaremos un bucle como muestra la ilustración. Haremos otra puntada diagonal que cruce la primera para anclar el bucle al cañamazo. Podemos cortar los bucles, una vez hayamos terminado, para que tenga aspecto de terciopelo.

Punto de vieira

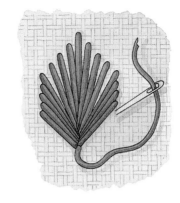

El punto de vieira produce un patrón de conchas entrecruzadas que podemos utilizar para rellenar grandes áreas de un cañamazo sencillo.

Realizaremos un punto de vieira sobre ocho hilos horizontales de cañamazo y 12 verticales. Haremos una puntada recta sobre 12 hilos hasta el centro. Haremos 15 líneas rectas diagonales hasta que irradien desde el centro, como muestra la imagen. Dispondremos las formas de conchas en líneas horizontales y encajaremos las filas siguientes.

Punto de abanico

El punto de abanico forma un patrón muy complejo, con el que podemos rellenar el fondo de un cañamazo sencillo.

Realizaremos el abanico sobre cinco hilos verticales y diez hilos horizontales del cañamazo. Haremos 15 puntadas rectas de distintas longitudes, todas saliendo desde el mismo agujero central. Debajo del abanico, daremos cinco puntadas que ocupen cuatro hilos horizontales y tres verticales del cañamazo. Debajo, haremos una puntada recta vertical sobre dos hilos del cañamazo.

Punto de pino

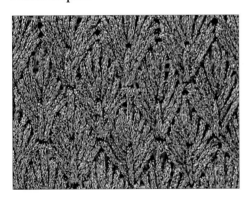

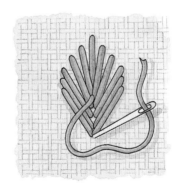

El punto de pino puede realizarse como punto suelto o de relleno. Podemos darle más gracia si utilizamos hilos de distintos colores.

Realizaremos una línea recta vertical en el centro sobre seis hilos de cañamazo. Después, haremos cinco puntadas diagonales de distintas longitudes hacia la izquierda y la derecha, utilizando los cinco agujeros del cañamazo que hay bajo la línea central. Para terminar, realizaremos una línea vertical sobre los cinco agujeros.

Punto de ojal

El punto de ojal tiene forma de diamante, aunque podemos convertirlo en un círculo o, también, en un cuadrado.

Realizaremos cada diamante en un bloque sobre diez hilos de cañamazo. Coseremos 18 puntadas de satén variando el tamaño, desde el centro hacia fuera. Podemos enmarcar el punto con pespuntes. Trabajaremos cada ojal circular en un bloque de seis hilos de cañamazo. Realizaremos 16 puntadas de satén, irradiando desde el mismo agujero central.

Bordado de Asís

El bordado de Asís es un tipo de punto de cruz originario de la ciudad italiana del mismo nombre. Para este caso las normas habituales del punto de cruz se invierten, de modo que el área del diseño se deja en blanco y lo que se borda es el fondo con filas de punto de cruz. Los motivos tradicionales del punto de Asís están relacionados con la heráldica, y a menudo en ellos aparecen pájaros, animales y flores, tanto reales como mitológicos. El bordado de Asís se hace normalmente con una combinación de colores azul, rojo o negro, sobre lino blanco o color crema.

Punto Holbein

Una característica fundamental en el bordado de Asís es el punto Holbein, que se utiliza para perfilar el punto de cruz y crear los bordes de las bonitas filigranas que a menudo decoran este tipo de labores. Antes de arrancarnos con el punto de cruz, perfilaremos la zona del diseño con punto Holbein.

ARRIBA Y ABAJO: Estas dos labores se han realizados mediante bordado Asís. Sin embargo, en la situada más abajo no se ha realizado el punto Holbein.

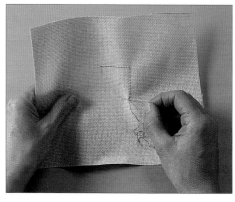

1 Para coser con punto Holbein, bordeamos el área alrededor de la zona que vamos a decorar con punto de cruz aplicando un punto seguido.

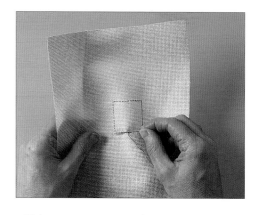

2 Volvemos a puntear sobre esta línea cubriendo los huecos entre los puntos en el recorrido inverso.

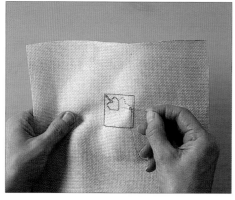

3 Perfilamos los motivos con punto Holbein de esta manera, y rellenamos el fondo con puntos de cruz.

4 Finalizamos todos los detalles y bordeamos con una fina filigrana de trenza dorada.

«Blackwork»

El «blackwork», o bordado negro, como indica su nombre, se realiza con hilo negro. Surgió probablemente en el seno de las comunidades musulmanas de Oriente Medio, donde las enseñanzas del Corán prohibían el uso de representaciones figurativas. Los árabes trajeron esta técnica a Europa durante su presencia en España, que se prolongó durante más de 700 años. Se cree que Catalina de Aragón popularizó en este tipo de bordado en el territorio del Reino Unido a comienzos del siglo XVI.

El *blackwork* puede apreciarse en muchas de las prendas que aparecen en las pinturas de la corte inglesa durante el reinado de Enrique VIII. Se cree que la moda del *blackwork* se inició con la llegada de su primera mujer, Catalina de Aragón. Un artista en particular, Hans Holbein el Joven, pintó los adornos en *blackwork* de los cuellos y puños con un detalle tan exquisito que se ha dado su nombre a uno de los tipos de puntada que se utilizan en esta modalidad de bordado.

Durante la era isabelina, el *blackwork* se vio muy influenciado por el bordado crewel jacobino. Durante esta época el oro también comenzó a usarse en los diseños, que se fueron haciendo cada vez más extravagantes, luciendo labores con ramas de oro enrollado y preciosas flores en *blackwork*.

El *blackwork* se realiza normalmente con seda o lino de calidad, aunque también es posible hacerlo con tela Aída usando hilos de algodón. Para estos delicados patrones de *blackwork* usaremos una única hebra de hilo. Utilizaremos un hilo más grueso, como algodón de bordar o algodón perlé, para siluetear el diseño. Además, emplearemos un hilo metálico fino o hebras muy delgadas para cualquier detalle dorado.

Cómo bordar en blackwork

Los patrones de blackwork se realizan mediante dos tipos de puntadas: pespunte y punto Holbein. Usaremos el pespunte para las líneas punteadas del patrón y el punto Holbein en las líneas continuas. Trataremos de encontrar los caminos más cortos entre las líneas del diseño, de forma que podamos coser tanto como nos sea posible con una sola hebra de hilo.

El punto Holbein consiste en una hilada doble de puntos seguidos. Coseremos una fila de puntos seguidos a lo largo de la línea del diseño (si es lino cada puntada debe de coger dos hilos de tela), dejando un hueco uniforme entre las puntadas visibles. A continuación, volveremos a coser en sentido inverso punteando al revés para rellenar los huecos. Para evitar que la línea parezca desalineada, sacaremos el hilo por encima de un punto seguido e insertaremos la aguja por debajo del siguiente.

Creando un patrón en «blackwork»

Los patrones de *blackwork* son fascinantes para bordar y sorprendentemente fáciles de diseñar. Estos diseños geométricos exquisitos se forman a partir de dibujos sencillos que se repiten de forma lineal o simétrica. Usaremos papel milimetrado o un sencillo programa de ordenador para elaborarlos.

Una buena manera de conservar una copia de los patrones para su uso posterior es cosiéndolos en un muestrario. Marcaremos una pieza de lino en cuadrados de 4 cm de lado y bordaremos un patrón diferente en cada uno de ellos. Los cuadrados en el muestrario que se ve al final de esta sección tienen degradado el fondo, desde más oscuro por arriba a más claro por abajo. Esto facilita seleccionar los patrones adecuados para los diseños.

DERECHA: El *blackwork* es muy apropiado para elaborar labores figurativas en las que la densidad del punto crea zonas de luces y sombras.

Crear un dibujo para «blackwork»

Los dibujos más llamativos para *blackwork* son de diseño sencillo y tienen perfiles marcados que se rellenan con diferentes tipos de puntadas.

Los patrones de *blackwork* muestran, por su naturaleza, tonos ligeros, medios y oscuros. La densidad de los puntos determina el grado de luz o de sombra en el patrón. Podemos adaptar fácilmente los patrones para hacerlos más oscuros o más claros añadiendo o eliminado algunas de las líneas. Los patrones de *blackwork* también pueden utilizarse para dar un efecto tridimensional. Elegiremos tonos más oscuros para crear un efecto de lejanía en determinadas zonas del diseño y tonos más claros si nuestra intención es la contraria. Prepararemos nuestro diseño con todo cuidado antes de empezar a bordar.

ARRIBA: Usaremos la plantilla que se adjunta al final del libro. Rellenaremos las diferentes zonas mediante algunos de los diseños de *blackwork* incluidos en la página siguiente.

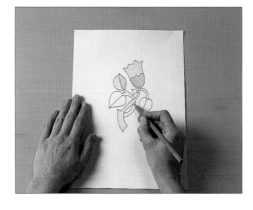

1 Dibujamos el motivo a lápiz. Decidimos qué zonas del diseño serán claras, oscuras o de una tonalidad intermedia. Dará la impresión de que las zonas más claras están delante de las oscuras. Sombrearemos las áreas del diseño para crear la densidad de tono deseada. Borraremos para aclarar u oscureceremos las distintas áreas hasta que encontremos el equilibrio de tonalidades deseado.

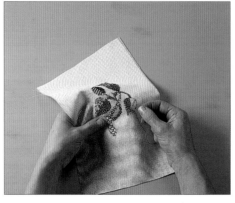

3 Realizamos los patrones de blackwork con punto Holbein o con pespuntes usando una única hebra de algodón de color negro. Trabajamos con cuidado los patrones, rellenando las formas con precisión.

PUNTO HOLBEIN

Daremos puntadas seguidas, uniformemente espaciadas, a lo largo de las líneas del diseño. A continuación, volveremos hacia atrás cubriendo los huecos con una segunda línea de puntadas seguidas.

2 Repasamos las líneas del diseño con rotulador negro y las calcamos directamente a la tela con un lápiz suave. Elegimos patrones de blackwork que usaremos para bordar en las zonas claras, medias y oscuras del diseño. Probamos los diferentes patrones en papel milimetrado para comprobar la densidad de color antes de empezar a bordar.

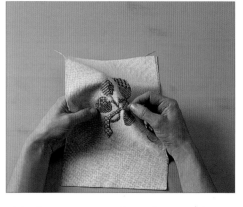

4 Bordeamos con una línea de punto de tallo a lo largo de todas las líneas del diseño usando un hilo de algodón negro grueso, por ejemplo algodón de bordar. Planchamos por el revés.

DERECHA: Esta es solo una pequeña selección de los cientos de patrones que se pueden crear en *blackwork*. Practicaremos haciendo las puntadas limpias y uniformes, desarrollando nuestros propios diseños en papel milimetrado o usando un programa gráfico de ordenador.

Bordado de Hardanger

Esta modalidad de bordado calado es originaria de la ciudad de Hardanger (Noruega). Está constituido por grupos de puntadas de satén (puntos planos) formando lo que se conoce como bloques planos, sobre los cuales se perfila una figura geométrica. La tela situada en el interior de los bloques se corta cuidadosamente, con excepción de unos pocos hilos que forman una cuadrícula. Estas barras de hilo se usan para decorar este espacio con motivos delicados.

Hacer un bloque plano

Un bloque plano se hace con cinco puntadas de satén (cinco puntos planos) dados en torno a cuatro hilos del tejido. La zona en torno al bloque plano se rellena normalmente con un bordado superficial de motivos geométricos, hechos mediante puntadas de satén (puntos planos) y otros puntos sencillos, como el «ojo argelino» o el punto de cadeneta.

El hardanger se realiza tradicionalmente sobre un tejido de lino pesado y de trama uniforme, o también sobre un tejido especial diseñado para esta técnica. Utilizaremos un hilo algo más pesado que el de la trama del lino. Conseguiremos mejores resultados con un hilo redondo, y el algodón para bordar es el más recomendado. La clave para dominar esta técnica es asegurarnos de que nuestras puntadas sean lo más precisas y perfectas que se pueda.

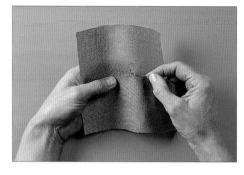

1 Damos dos pequeños pespuntes, dejando una hebra de hilo sobrante (que coseremos más tarde). Punteamos el primer bloque de cinco puntadas de satén (puntos planos). El siguiente bloque plano lo hacemos a continuación, dejando cuatro hebras de tejido entre medias. Para ello, desde donde ha salido la aguja del primer bloque, cogemos un punto diagonal largo, sacando la aguja cuatro hebras a la izquierda de donde el hilo salió la última vez, y hacemos el bloque siguiente.

2 Si el siguiente bloque va en diagonal, tras finalizar el bloque plano, daremos un pespunte sobre la última puntada de satén (punto plano). Esto hará que la aguja salga por la esquina del bloque plano, en posición para empezar las puntadas de satén (puntos planos) horizontales del siguiente bloque.

Completar el calado

Hilvanaremos el perfil del motivo que deseemos crear sobre la tela antes de hacer los bloques planos y lo usaremos como guía.

Si queremos cortar los hilos del interior, nos aseguraremos de que los bloques del contorno estén perfectamente enfrentados entre sí. Una vez acabado el contorno, tendremos que asegurar el hilo por el revés del bloque plano y recortar el sobrante. Descoseremos los pespuntes iniciales y los aseguraremos, también por el revés.

1 Usando unas tijeras afiladas, cortamos cuatro hilos a lo largo del borde de un bloque. Cortamos los mismos cuatro hilos en el otro extremo y tiramos de ellos para sacarlos de uno en uno con unas pinzas. Cortamos los hilos horizontales de la misma forma.

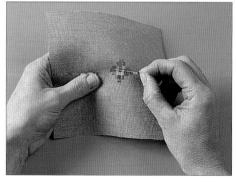

2 Dejamos los hilos donde no hay bloques planos. Los hilos que hay en el interior del calado se cubren decorativamente. La forma más sencilla de hacerlo es con un tupido sobrehilado, por ejemplo, con punto de cuerda.

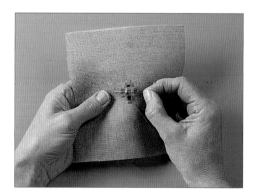

3 Los hilos sueltos entre los bloques se pueden tejer o liar. Para ello, enhebramos un hilo, lo aseguramos por el revés y tejeremos por encima y por debajo de dos hilos de tela hasta completar el lado. Pasamos el hilo hasta el siguiente lado a tejer a través del revés de los bloques.

Decorar el calado

Las ilustraciones de esta página muestran solo algunas de las técnicas utilizadas para la decoración de los bloques planos.

Crearemos un pequeño motivo de bloques planos y practicaremos rellenando los huecos con los diseños que aquí se muestran. Dejaremos algunos vacíos y rellenaremos otros con diseños de encaje. Cuando se nos esté acabando el hilo, lo tejeremos pasándolo por encima y por debajo del tejido y acabaremos asegurándolo por el revés.

ARRIBA: Detalle de una prenda mostrando los lados rematados con punto de cuerda, tejidos y con puntilla.

ARRIBA: En este caso se ha usado el bordado de Hardanger para cubrir una zona del tejido con motivos geométricos.

Barras envueltas

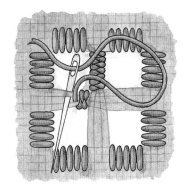

Sobrehilaremos las barras de hilos firmemente. Anclaremos el extremo del hilo por el revés y lo iremos tejiendo alrededor de los laterales que se van creando.

Puntilla

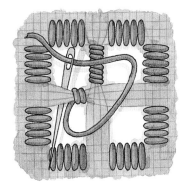

Las puntillas son pequeños nudos decorativos que se dan en la mitad de una barra. Insertaremos la aguja como se muestra en la imagen y enrollaremos el hilo, anudándolo, antes de tirar de él.

Punto de encaje

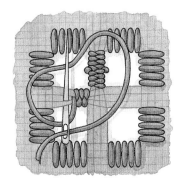

Podemos insertar puntadas para rellenar los espacios del bordado de Hardanger. Tomaremos una puntada en cada vértice entrelazando los hilos.

Barras tejidas

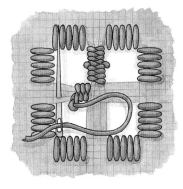

Tejeremos agrupando los cuatro hilos de dos en dos para crear un lateral sólido. Pasaremos el hilo bajo las puntadas por el revés para pasar al siguiente lateral.

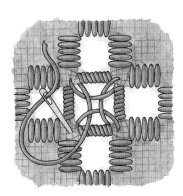

Tejeremos por debajo y por encima de los dos hilos y haremos otra puntilla en el lado opuesto. Completaremos el lado y pasaremos el hilo por el revés para empezar el siguiente lateral.

Puntos de relleno trenzados

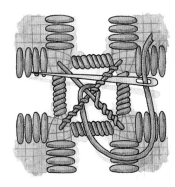

Haremos una cruz en diagonal del cuadrado y enrollaremos el hilo sin tensar. Este dibujo crea una estrella en el centro si tiramos de los hilos hasta los laterales.

Bordado de hilo tirante

El bordado de hilo tirante, también conocido como «punchwork», es una modalidad de bordado con hilos contados que crea atractivos dibujos de encaje en la tela. La rigidez del tejido usado y el grado de tirantez de los puntos determinarán la visibilidad de los agujeros que se formen en el diseño. El bordado de hilo tirante comenzó siendo una labor llevada a cabo por los campesinos para convertirse posteriormente en una técnica fina y exquisita, que requiere mucha práctica y destreza.

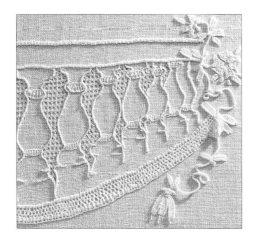

Los puntos con hilo tirante son más pronunciados en un lino tejido uniformemente; por el contrario, en una tela de malla o en una muselina se puede tirar tan fácilmente de los hilos que la forma y el patrón de los agujeros serán lo que más destaque. Normalmente, se trabaja con un hilo del mismo color que la tela para que el efecto de encaje sea visible. Tirando de la

IZQUIERDA: Esta balaustrada en bordado de Casalguidi está trabajada con bordado de hilo tirante en áreas concretas de la labor.

tela en una lazada se puede conseguir el efecto deseado.

Hay varios tipos de puntos con hilo tirante. Los puntos diagonales, tales como un cuadrado diagonal, crean un efecto de encaje. Los aislados también se pueden agrupar para formar un relleno. Los superficiales como, por ejemplo, los puntos de relleno, se hacen agrupando distintos puntos planos. Estos grupos de puntos no se tensan tanto como otros puntos en los que se tira del hilo, con lo que en este caso el bordado es más llamativo que los agujeros.

Punto de punzón

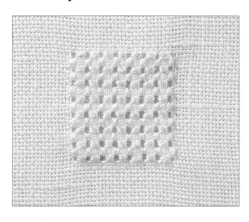

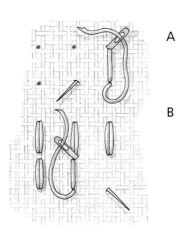

A

B

El de punzón es uno de los puntos de hilo tirante más habituales. A menudo, se realiza por sí mismo. Se trata de un punto cuadrado que se hace en dos pasos.

Primero tomaremos filas dobles de puntos rectos cogiendo cuatro hebras de tejido, usando como referencia la ilustración (A y B). A continuación, completaremos el cuadrado con una pareja de puntos rectos horizontales. El punto de punzón formará grandes agujeros si se tensan las puntadas y si el tejido tiene un entramado poco rígido.

Punto de tablilla

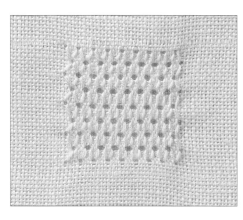

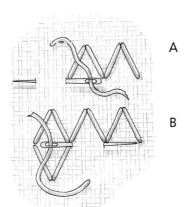

A

B

El punto de tablilla forma un patrón similar a un enrejado. Tiraremos de los hilos fuertemente para formar los agujeros.

Iremos de derecha a izquierda y viceversa, tomando dos hilos a lo largo y cuatro a lo alto, y pasando siempre la aguja en horizontal (A). Para empezar la siguiente fila, llevaremos la aguja ocho hebras de tejido más abajo y giraremos la tela 180º para seguir haciéndolo como en la fila anterior (B).

Punto Coll de relleno

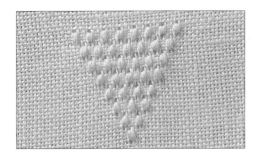

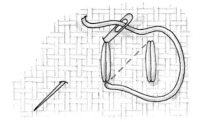

Este es un punto superficial que se realiza en filas de derecha a izquierda. Los hilos no se tensan tanto con esta puntada, haciendo que el bordado destaque más por el encaje que por los agujeros.

Daremos tres puntadas planas verticalmente en torno a cuatro hebras de tejido. Intercalaremos los puntos planos de la fila inferior entre los de la superior, para formar un patrón de intercalado uniforme.

Relleno oblicuo

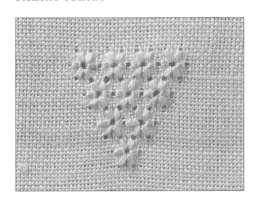

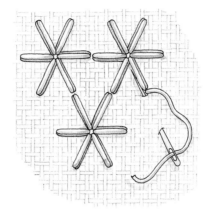

El relleno oblicuo puede crear agujeros bastante grandes cuando lo hacemos en un tejido poco denso y si tiramos fuerte de los hilos. Puede elaborarse como ojales o agrupado como un punto de relleno. Experimentaremos con distintos hilos.

Llenaremos un grupo de ocho hebras de tejido con seis puntos dobles, como se muestra en la ilustración. Haremos pasar cada puntada por el mismo agujero central y usaremos el mismo agujero del otro extremo para las estrellas adyacentes.

Punto de tres aristas

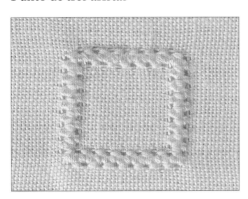

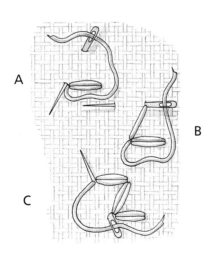

A

B

C

Este punto puede hacerse en filas como relleno, pero frecuentemente se realiza como un punto de bordeado. Este tipo de punto permite crear una atractiva esquina redondeada.

Realizaremos los puntos de tres aristas de derecha a izquierda, girando la tela alrededor para trabajar en una dirección distinta cada vez (A-C). El punto se crea con tres pares de pespuntes hechos en torno a cuatro hebras del tejido. Podemos emplear este tipo de punto para hacer un borde o para crear un bloque sólido añadiendo filas de puntadas que comparten los mismos agujeros hechos por la fila anterior.

Punto de ojal

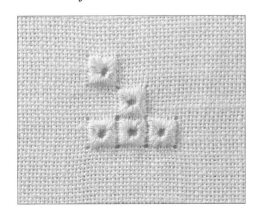

Los ojales se pueden hacer individualmente, en filas o como un patrón enrejado. El punto de ojal se puede realizar de diferentes tamaños, considerando que todas las puntadas pasan por el mismo punto central y se distribuyen uniformemente por los lados.

Para hacer un punto de ojal pequeño tomaremos cuatro hebras de tejido. Usaremos un hilo fuerte que no se rompa cuando tiremos de él para formar un agujero central más grande.

Puntos de hilo sacado

Existen varios tipos de bordado que se incluyen bajo la denominación de puntos de hilo sacado. Muchas veces se confunde con los bordados de hilo tirante, pero es una técnica completamente diferente. Se sacan algunos hilos de la tela de la urdimbre o de la trama y los restantes se decoran con técnicas de bordado creando delicados motivos. Esta técnica se emplea hoy en día para decorar manteles de lino.

Sacar los hilos

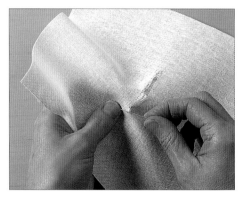

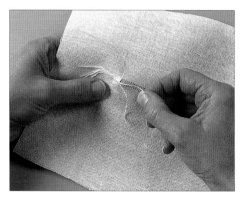

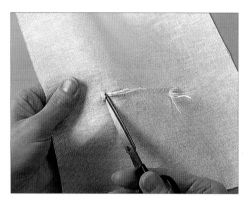

1 Insertamos la punta de unas tijeras pequeñas y afiladas de bordado entre dos hilos verticales de la tela, y cortamos a través de diez hilos horizontales. Utilizamos una aguja de tapicería para sacar los hilos uno por uno.

2 Si no tiramos de los hilos completamente, debemos rematarlos para que queden pulcros. Retiramos todos los hilos horizontales hasta el mismo hilo vertical. Le damos la vuelta a la tela y zurcimos el extremo de cada hilo a 1 cm.

3 También podemos rematar los extremos con puntadas de ojal. Las realizamos sobre cuatro o cinco hilos a lo largo del extremo del canal. Recortamos los hilos lo más cerca que podamos de las puntadas.

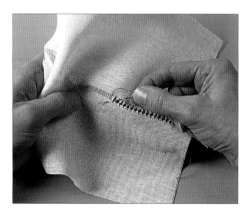

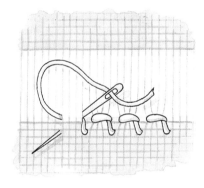

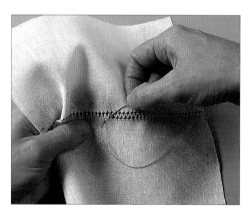

4 El punto de dobladillo es el punto básico de esta técnica. Se utiliza para agrupar los hilos en grupos y rematar el extremo. También podemos utilizarlo para sujetar un dobladillo por el lado opuesto.

5 Cosemos a lo largo de uno de los lados, de derecha a izquierda, agrupando los hilos en grupos de cuatro.

6 Realizamos puntadas de dobladillo a lo largo del otro lado. Los hilos pueden formar barras, o dividirse los grupos en dos para que formen zigzags.

EN LA PÁGINA SIGUIENTE: De izquierda a derecha, punto de dobladillo doble o italiano, punto de contorno Chevron, zigzag, barras torcidas, barras rectas, barras anudadas, dobles giros.

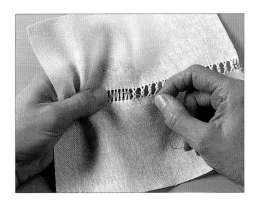

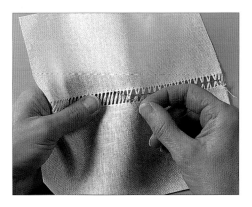

1 Retiramos 20 hilos y hacemos un borde de escalera más ancho. Anudamos en uno de los extremos. Realizamos puntadas de ojal para sujetarlo en medio de las barras. Levantamos la segunda barra sobre la primera con la aguja. Pasamos la aguja por debajo de la primera barra.

2 Podemos crear diversos patrones cruzando y torciendo las barras en grupos de dos o en filas dobles como se muestra en la imagen. Necesitaremos una banda más ancha, de entre 25 y 30 hilos sacados, para acomodar una fila cruzada adicional.

3 Podemos utilizar puntos de bordado para anudar las barras entre sí. Suelen usarse el punto de coral o el de cadeneta vuelta. Anudamos el hilo de bordado al final de la barra y trabajamos desde el lado derecho, asegurándonos de que las puntadas queden tirantes.

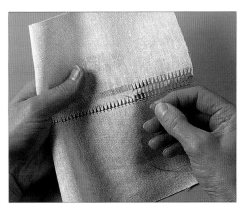

4 También podemos utilizar algunos puntos de bordado en lugar del punto de dobladillo. Escogemos puntos que suelan juntar los hilos en grupos. El punto Chevron o el punto de tallo son muy apropiados.

5 Reforzamos los bordes más anchos dejando una barra estrecha de hilos sin retirar entre dos pequeñas bandas. Las partes exteriores se rematarán con puntadas de dobladillo; con respecto a las interiores, podemos hacerlo con puntos de bordado decorativos.

ARRIBA: Este camisón se ha confeccionado con tela fina de algodón y se ha bordado con hilo de seda. En el corpiño se aprecian bordados de hilo sacado.

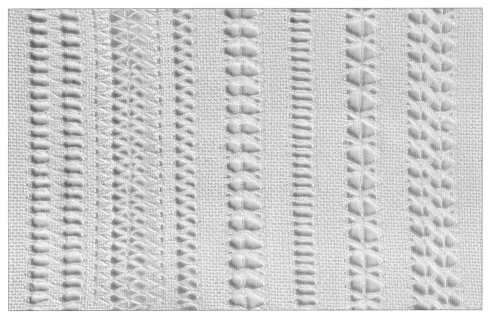

TRUCOS

- Utilizaremos una tela con una trama uniforme, como el lino, donde los hilos se distingan fácilmente.
- Siempre trabajaremos con una buena iluminación.
- Cuando retiremos los hilos, tiraremos de ellos de una sola vez a través de la tela, o pararemos justo antes del extremo.

Bordado ruso de hilos sacados

Como su nombre indica, esta técnica comenzó a utilizarse en Rusia. Es un tipo de bordado exquisito y muy fácil de hacer. Al contrario que otro tipo de bordado de hilos sacados, se realiza en bloques en lugar de en bandas, y la cuadrícula abierta se convierte en el fondo para diseños sencillos. El motivo se marca en el lino primero, y la línea de contorno se hace con puntadas de ojal. Los diseños más sólidos se bordean con puntadas de cadeneta compacta.

Comenzar

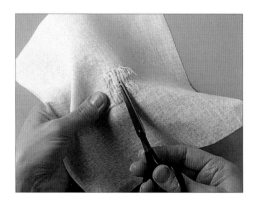

1 Marcamos el borde exterior de los hilos que vayamos a retirar con puntadas de hilvanado, asegurándonos de que el cuadrado tiene un número par de hilos en cada dirección. Cortamos los hilos en pares. Cortamos un par de hilos horizontales, después dejamos los siguientes dos sin cortar entre dos hilos verticales. Giramos y cortamos cada segundo par de hilos verticales.

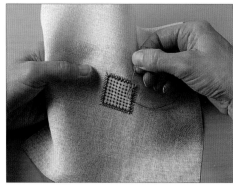

2 Recortamos los hilos lo más cerca posible de la tela, y realizamos puntadas de ojal muy uniformes alrededor de los lados del cuadrado. Cosemos a través de cada segundo hilo para evitar tirar de las puntadas. Utilizamos una lámpara con lupa para realizar las puntadas de ojal y el sobrehilado; así veremos exactamente dónde estamos cosiendo.

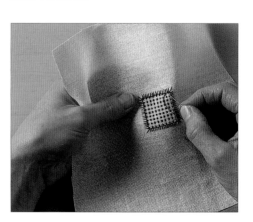

3 Comenzamos en el primer par de hilos de la parte superior, realizando dos puntadas de sobrehilado sobre las barras. Damos una puntada a través de la esquina y después otras dos en la siguiente barra.

4 Pasamos la aguja por debajo de la siguiente barra a lo largo de las puntadas de ojal del lado opuesto. Continuamos sobrehilando las barras en filas diagonales hasta que hayamos cubierto toda la cuadrícula.

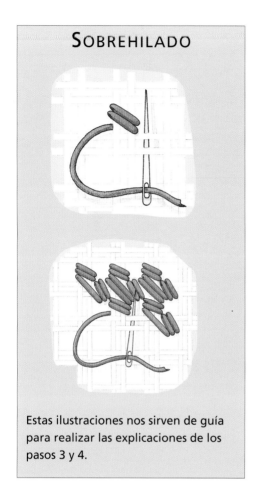

SOBREHILADO

Estas ilustraciones nos sirven de guía para realizar las explicaciones de los pasos 3 y 4.

ABAJO: El bordado ruso de hilos sacados suele utilizarse para decorar manteles de lino.

Tejido bordado

Este es un tipo de bordado de hilos sacados realizado en bandas estrechas. Las bandas de tejido bordado son más resistentes que las que se cosen con puntadas de dobladillo porque los hilos de la tela se cubren densamente con hilos de bordado. El tejido bordado suele realizarse con hilos de colores, y lo podemos combinar con otras técnicas de bordado, como el Hardanger.

COMENZAR Y TERMINAR

Comenzaremos de la misma manera que para el bordado de hilos sacados clásico, retirando los hilos de la trama de una banda ancha.

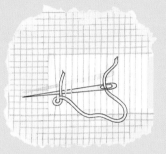

- Sujetaremos un bucle de hilo largo por debajo de las barras de hilos, y los cubriremos o tejeremos por encima para mantenerlos en su sitio.

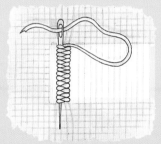

- Introduciremos el extremo del hilo por dentro de la barra y recortaremos el final para terminar.
- Remataremos los extremos de la banda con puntadas de ojal o cosiéndolos. Coseremos la parte superior con puntadas de dobladillo y la parte inferior como creamos que va a quedar mejor.

Patrón de escalera

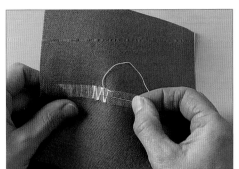

Sobrehilaremos grupos de hilos para crear un patrón de escalera, o tejeremos grupos de hilos juntos. Las barras se han decorado con puntillas.

Barras tejidas

1 Comenzamos en el centro, entre los grupos de hilos, y los tejemos de lado a lado hasta que las barras estén rellenas con puntadas.

Patrón de zigzag

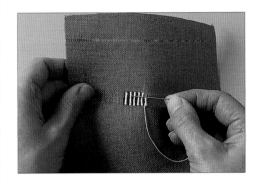

Realizaremos un patrón de zigzag envolviendo las barras completamente con el siguiente grupo de hilos.

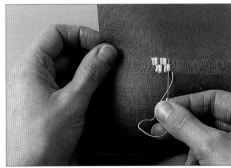

2 Podemos dividir las barras tejidas para crear diferentes patrones. Pasamos la aguja por dentro de las barras tejidas para llegar al siguiente punto de inicio.

Bordado inglés

Esta técnica pertenece a la categoría de «bordado en blanco», de la que también forman parte varias técnicas como el bordado de hilos tirantes, el bordado de hilos sacados, el bordado Mountmellick y el Casalguidi. Todos se realizan con hilo blanco sobre una tela del mismo color porque así se realizan trabajos de aspecto delicado y elegante que recuerden a épocas pasadas.

Bordado inglés

El bordado inglés es un bordado de encaje exquisito que combina unas puntadas de superficie muy finas con ojales de diferentes tamaños y formas. Los agujeros de la tela se cortan o perforan con un utensilio redondo, como un estilete, y después se sobrehilan. Está técnica se hizo muy popular en el siglo XVIII, cuando las capas, la ropa y el mobiliario se decoraban con patrones de bordado inglés. Este bordado se remata con bordes festoneados. Por lo general, los diseños están formados por composiciones florales sencillas. Marcaremos el diseño en tela de algodón o lino con la trama muy compacta.

Ojales

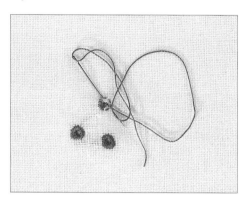

1 Para hacer ojales, realizamos una fila de pequeñas puntadas seguidas formando un círculo, de menos de 5 mm de diámetro. Perforamos pequeños ojales con un estilete o con la punta de unas tijeras de bordado muy finas. Damos puntadas de sobrehilado alrededor del borde y cosemos el extremo del hilo hacia dentro.

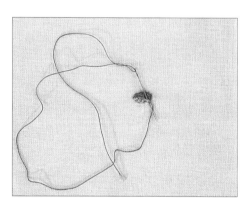

2 Contorneamos los agujeros más grandes con puntadas seguidas como antes, y después cortamos a través del centro del círculo, horizontal y verticalmente. Giramos la solapa de la tela hacia el revés y sobrehilamos el extremo. Recortamos el exceso de tela por el revés. Los ojales ovalados más grandes suelen rodearse con puntadas de satén con relieve.

Festones

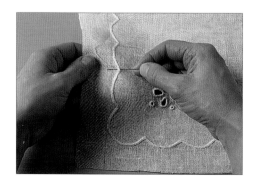

1 Contorneamos el área con puntadas de cadeneta con relieve. Realizamos puntadas de ojal muy compactas encima.

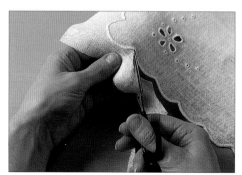

2 Cortamos muy cerca de la costura, utilizando unas tijeras pequeñas, finas y afiladas.

Puntilla

Este tipo de encaje suele asociarse con el «stumpwork» (bordado tridimensional), un estilo de bordado que se hizo muy popular en Inglaterra en el siglo XVII. Se utiliza para cubrir motivos de appliqué con volumen. Puede realizarse sobre alambre para crear pétalos y flores tridimensionales. La delicadeza y belleza de la puntilla se debe a la uniformidad y regularidad de las puntadas, por lo que debe realizarse con hilos muy firmes o con alambre.

La puntilla se realiza sobre una base para que las puntadas queden firmes. En el *stumpwork* esta base se conoce como cordonnet. El cordonnet y la puntilla se realizan sobre una pieza de PVC u otro tejido firme para que tenga la forma exacta. Una vez hayamos terminado, elevaremos la puntilla de la base temporal y la coseremos en su sitio en el bordado.

DERECHA: Los pájaros se han realizado con la técnica de bordado tridimensional con alambre para mantener las alas firmes. Las puntillas de la orilla están cosidas sobre una tela de fondo que ha sido teñida previamente.

HACER UN CORDONNET

- Dibujaremos el motivo sobre un papel, lo recortaremos y los situaremos sobre una pieza de calicó. Cortaremos una pieza de PVC algo mayor que el motivo, lo situaremos sobre el calicó y los hilvanaremos.
- Practicaremos pequeños agujeros para transferir el motivo al PVC. Si vamos a almohadillar el motivo, puntearemos algo más allá del perfil.
- Doblaremos un trozo largo de hilo fuerte por la mitad e insertaremos el pliegue del extremo sobre la línea marcada. Usaremos un hilo del mismo color que el que tenga el hilo

con el que estamos trabajando. Si el motivo va a destacar con respecto a la tela, por ejemplo, un pétalo, añadiremos un trozo de alambre sobre el hilo, que podremos cortar una vez que se haya terminado por completo el trabajo.
- Fijaremos el doble hilo a lo largo del motivo. Realizaremos las puntadas más próximas unas de otras en las curvas más cerradas y haremos dos para hacer una esquina. Deslizaremos los extremos del doble hilo sobre el bucle. Cortaremos los extremos a 1 cm y los doblaremos sobre sí mismos.

- Sobrehilaremos los extremos sobre el cordonnet para asegurarlos.
- Realizaremos la puntilla sobre el cordonnet sin atravesar el PVC.

Comenzar

Casi todos los puntos de puntilla se basan en un sencillo punto de festón o de bucle. Podemos crear diferentes patrones cosiendo un número de puntadas en bucles y dejando algunos espacios entre otros. Esta técnica se debe realizar delicadamente: en el pasado, los artesanos que se dedicaban a esta labor cosían cientos de pequeños agujeros ¡en 2,5 cm cuadrados! Existen centenares de tipos de puntos de puntilla para escoger. A continuación se describen algunos de los más habituales.

Comenzar un hilo nuevo

Es muy probable que necesitemos cortar más de una pieza de hilo para realizar un panel de puntilla. Es mejor que no utilicemos hilos que superen los 45-50 cm en nuestra aguja de tapicería porque lo más probable es que se nos salgan los nudos y se deshilache a medida que trabajamos. Como regla general, lo más seguro es continuar

trabajando si nuestro hilo dobla en longitud la fila que vayamos a comenzar. Si fuese más corto, necesitaremos utilizar un hilo nuevo. Enrollaremos el hilo anterior en el cordonnet y dejaremos un pequeño extremo sobre el contorno de la forma. Introduciremos el hilo nuevo enrollándolo doblemente en el contorno para asegurarlo. Los extremos se mantendrán en su sitio realizando puntadas de ojal al final.

Aumentar y reducir

Podemos aumentar y reducir el número de puntadas al final de una fila. Para aumentarlas, realizaremos puntadas adicionales en el último bucle. Después, nos aseguraremos de que comenzamos en el bucle exacto para mantener el patrón correctamente cuando trabajemos hacia atrás a lo largo de la fila. Para reducir el número de puntadas, nos saltaremos el primer bucle y coseremos a lo largo de la

fila hasta el último bucle. Después, enrollaremos el hilo en un lado del cordonnet y comenzaremos como antes.

Terminar

Una vez hayamos completado la figura, retorceremos los finales del cable juntos, y retiraremos lo que sobre. Realizaremos puntadas de ojal muy compactas alrededor del extremo de la puntilla, cosiendo por debajo del cordonnet pero no a través del PVC.

Desde el lado contrario (el lado del calicó), cortaremos los hilos enrollados. Levantaremos la puntilla del cordonnet cuidadosamente. Utilizaremos unas pequeñas pinzas para retirar los hilos. Realizaremos puntadas invisibles para coser la puntilla a la tela, haciéndolas de manera que resulten imperceptibles. Moldearemos el cable para darle forma si fuese necesario.

Punto de Bruselas

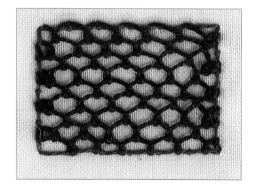

El de Bruselas es uno de los puntos de puntilla más versátiles porque puede elaborarse para ser doble o triple, o bien sobrehilarse.

Enrollaremos el hilo dos veces en un lado del cordonnet y realizaremos un punto festón uniforme cosiendo a lo largo de la parte de arriba del cordonnet. Enrollaremos el hilo alrededor del cordonnet al otro lado antes de continuar hacia atrás a lo largo de la última fila de bucles. Mantendremos el mismo número de puntadas en cada fila saltándonos el último bucle.

Punto de Bruselas doble

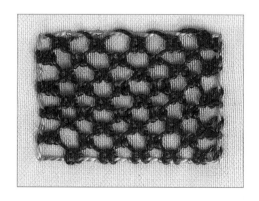
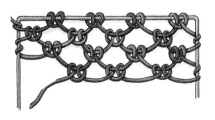

Realizaremos dos puntadas de festón a lo largo de la parte superior del cordonnet. Después, dejaremos un espacio igual a dos puntadas, y realizaremos otro par de puntadas de festón. Continuaremos a lo largo de la fila hasta alcanzar el lado opuesto. Enrollaremos el hilo alrededor del cordonnet y después volveremos hacia atrás del mismo modo. Continuaremos hasta donde deseemos.

Punto de Bruselas triple

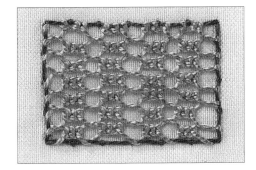

Realizaremos grupos de tres puntadas de festón a lo largo de la parte superior del cordonnet, dejando un espacio de dos puntadas entre cada uno. Trabajaremos a lo largo de la fila, de izquierda a derecha. Enrollaremos el hilo alrededor del lateral del cordonnet. Cuando volvamos hacia atrás, de derecha a izquierda, pasaremos el hilo por dentro de los bucles. Al llegar al otro extremo, enrollaremos el hilo en el cordonnet y volveremos hacia la derecha realizando de nuevo las puntadas de festón sobre los bucles.

Punto de Amberes

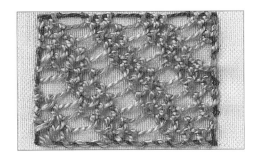

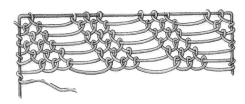

Realizaremos grupos de tres puntadas de festón a lo largo de la parte superior del cordonnet; dejaremos entre cada uno un espacio igual a tres puntadas y haremos otras tres puntadas. Enrollaremos el hilo en el cordonnet. Volveremos hacia atrás, haciendo una puntada de festón dentro del bucle más grande y otras entre los tres bucles pequeñitos.

Variación del punto de guisante

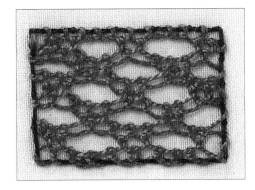

Realizaremos festón a lo largo de la parte superior del cordonnet. Enrollaremos el hilo alrededor del lateral del cordonnet. Daremos dos puntadas de festón dentro de los primeros dos bucles. Nos saltaremos dos bucles y realizaremos otras dos puntadas en los dos siguientes, continuando así hasta el final de la fila. Enrollaremos el hilo en el lateral del cordonnet. Haremos una puntada en el pequeño bucle entre las dos últimas puntadas y después tres puntadas en el bucle más largo, hasta el final. Enrollaremos el hilo en el cordonnet dos veces y completaremos el patrón.

Punto de Bruselas con cuerda

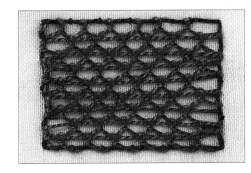

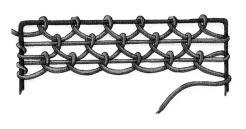

Este punto es una variante del punto de Bruselas común más estable y densa. Podemos adaptarlo para realizar el punto de Bruselas doble y triple. Realizaremos una fila de puntadas de festón, como en el punto de Bruselas. Enrollaremos el hilo en el lateral del cordonnet y lo llevaremos de vuelta hacia el otro lateral sin dar ninguna puntada, donde lo enrollaremos dos veces. Después, realizaremos una nueva serie de puntadas de festón dentro de cada bucle de la primera fila, pasando la aguja para pillar el hilo de la segunda fila. Continuaremos hasta completar la forma.

Bordado de oro

Actualmente, con el término genérico de «bordado de oro» nos referimos a todos los tipos de bordados elaborados con hilos de metal. Los hilos normales, como el «Japan gold», el «Russian braid» y el cordón de oro, tienen una cierta proporción de oro que crea un efecto precioso cuando la luz se proyecta sobre el hilo. Resultan sumamente decorativos y ofrecen muchas posibilidades.

Materiales

ARRIBA: Existe una extraordinaria variedad de hilos de seda y metálicos entre los que elegir para realizar bordados.

1. Japan Gold
El *Japan gold* se hacía tradicionalmente con filamentos de oro enrollados alrededor de un hilo de seda. Actualmente los hilos lurex de oro o plata se enrollan sobre un hilo. Debemos adherir el *Japan gold* al tejido, ya que se rompería si lo cosiésemos directamente.

2. Trenzados y cordones
Hay muchos hilos metálicos gruesos diferentes que se pueden adherir sobre el tejido. Con ellos se crea un amplio rango de texturas. Podemos adquirirlos en una gran variedad de colores.

3. Hilos metálicos
Algunos hilos metálicos se pueden coser a mano y otros, incluso, a máquina. Para probar la flexibilidad de un hilo, rasgaremos con la uña a lo largo. Si se enreda, solo se puede adherir, nunca coser porque el efecto no será bueno.

4. Purl
El *purl* está hecho de un alambre muy fino que se enrolla para formar un hilo. Cuando se fabrica el hilo, es de una gran longitud; puede cortarse al tamaño deseado y coserse como un abalorio. El *purl* áspero tiene una apariencia pulida y suave, y el *purl* suave, un acabado muy pulido y brillante. Comprobaremos que el *purl* tiene una apariencia brillante porque el alambre está retorcido. El *purl* de perla o de metal es más grueso y normalmente se estira para luego adherirse a la tela.

5. Piel de oro
Son una especie de piezas de cuero brillantes y metálicas que pueden cortarse y utilizarse para el bordado de oro. Usaremos trozos pequeños y coseremos por encima para colocarlos sobre el diseño. La piel de oro de imitación tiene un forro sintético.

6. Fieltro
El fieltro se usa como relleno para la piel de oro y el *purl*. Usaremos fieltro amarillo cuando vayamos a utilizar hilos dorados y fieltro gris con los plateados. Colocaremos varias piezas, una encima de otra, cuando queramos crear mayor volumen en algunas partes.

7. Hilo de seda
Usaremos hilos de seda para adherir los hilos de oro. Estos hilos tienen un brillo precioso, además de ser fuertes y elásticos. Utilizaremos hilos de color amarillo con oro y de color gris con plata.

HILOS

- Los primeros hilos metálicos que existieron estaban hechos de tal manera que era físicamente imposible coser con ellos través de la tela.

- Recientemente, se ha logrado fabricar nuevos hilos metálicos sintéticos que pueden coserse de la misma forma que un hilo de bordar. Son muy fáciles de usar y no pierden el brillo, aunque este es uniforme y, por desgracia, no tiene nada que ver con la suavidad y calidez que ofrece el oro verdadero.

- Es fundamental comprar hilo de oro de calidad, ya que las imitaciones baratas pierden el brillo muy rápidamente. Lo mismo ocurre con la tela sobre la que vayamos a coser y con el resto de los materiales que utilicemos en el diseño escogido.

- Podemos utilizar hilos y tejidos naturales como el algodón o el lino, pero la seda es, sin lugar a dudas, la fibra más adecuada para este tipo de trabajos. Tiene un brillo precioso, y es muy resistente y elástica. Además, los colores son muy ricos y combinan muy bien con el brillo dorado.

- Casi todos los hilos metálicos se colocan sobre la tela y se cosen a ella con unas puntadas. Los hilos que utilicemos para adherirlos pueden resultar casi invisibles, o aprovecharse para crear contrastes y añadirle riqueza al diseño. Todo dependerá del efecto que deseemos.

Sujetar

En la Edad Media se desarrolló un método para sujetar *(couching)* los hilos de oro rígidos a la tela mediante puntadas inferiores. Este método de fijación, mediante el cual se realizaban las puntadas por el revés de la tela y se tiraba de los hilos metálicos hacia atrás, ha quedado obsoleto. Sin embargo, sujetar los hilos con puntadas (desde el derecho de la prenda) sigue siendo la forma principal de fijar los hilos metálicos a la tela.

Para empezar, tensaremos la tela utilizando un bastidor y frotaremos un trozo de hilo de seda sobre un bloque de cera. Esto ayuda a evitar que se enrede mientras cosemos. Cortaremos el trozo de hilo de oro que vamos a sujetar y rodearemos los extremos con cinta para evitar que se deshilache.

1 Fijamos el de hilo de oro con alfileres sobre el diseño, dejando una cola de 2,5 cm. Clavamos la aguja enhebrada con el hilo de seda hacia el derecho de la tela, muy próxima al hilo de oro, y realizamos una puntada recta que atraviese el hilo en ángulo recto. Realizamos más puntadas rectas, separadas 5 mm entre sí. Los hilos de oro finos suelen adherirse a la tela en parejas, de modo que queden juntos.

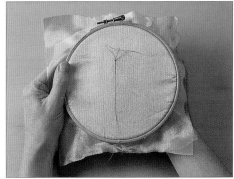

2 Dejamos unos 2,5 cm en el extremo. Usamos una aguja de bordar con un ojo grande para pasar el hilo de bordar hacia el revés de la tela. Es mejor hacer un agujero grande, ya que quedará cubierto por el hilo de oro, en lugar de rasgar la tela si forzamos para que el hilo de oro pase a través de un agujero muy pequeño.

Usar una cuerda

Usaremos una cuerda para resaltar y dar volumen a ciertas zonas. La cuerda puede ser de distintos grosores; también cabe la posibilidad de alterar el espaciado para crear distintos efectos. Si es posible, utilizaremos una cuerda que tenga un color similar al hilo metálico. Si nos fuese difícil encontrar el color, la teñiremos.

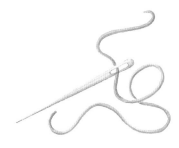

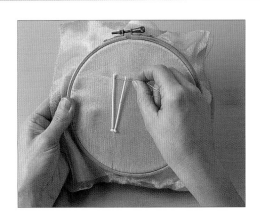

1 Cortamos un par de trozos de cuerda de la misma longitud y los cosemos en paralelo sobre la tela, dejando un hueco entre ambos. Aseguramos los extremos de las cuerdas con puntadas dobles de sobrehilado.

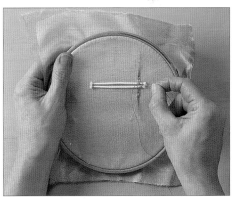

2 Fijamos los hilos dorados sobre la cuerda dando puntadas dobles a cada lado. Llevamos los extremos del hilo al lado del revés, como en el caso anterior. Podemos crear un patrón de cesta fijando pares de cuerda alternados.

DERECHA: El secreto del bordado de oro se basa en la manipulación cuidadosa de los hilos. Lleva tiempo y esfuerzo realizar una labor con esta técnica. Aunque es bueno ser innovador, no debemos deformar, estirar o estrujar los hilos metálicos en un intento de ser originales.

MÁS A LA DERECHA: Podemos combinar las labores de bordado de oro con otro tipo de puntos de bordado, como los nudos Bullion, que tienen la misma forma que el *purl* cortado y son muy eficaces.

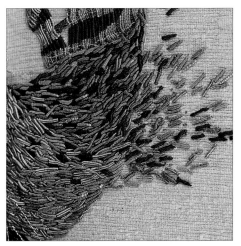

CREAR PATRONES O FORMAS CON «COUCHING»

Crear patrones

Podemos sujetar hilos metálicos creando diferentes patrones, según dónde realicemos las puntadas. Estas se pueden hacer entre las puntadas anteriores, a un lado, o más pegadas o separadas. Debajo se muestran algunos ejemplos.

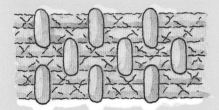

LADRILLOS

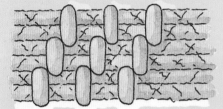

ESCALONES

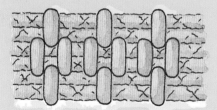

PATRONES REPETIDOS

Círculos

• Para realizar círculos doblaremos un hilo dorado por la mitad.

• Sujetaremos el extremo plegado en el centro del círculo.

• Enrollaremos el hilo doble alrededor, sujetándolo en ángulo recto al hilo dorado.

• Cuando cosamos los extremos del hilo, los colocaremos para que el contorno sea suave y uniforme.

Formas en ángulo

Las formas puntiagudas se contornean con un hilo doble. Si la punta es muy afilada, colocaremos un hilo sobre cada hilo dorado.

• Sujetaremos las parejas de hilos dorados a cada lado de la forma, dejando una cola de 2,5 cm. Continuaremos sujetando los hilos a cada lado, alternándolos hasta haber rellenado la figura entera.

• Una vez que hayamos finalizado la figura, pasaremos los hilos dorados hacia el revés de la tela y los anudaremos.

ABAJO Y DERECHA: Utilizaremos hilo fino para crear patrones de sujeción.

«Purl»

El *purl* es un hilo metálico con forma de muelle, fabricado especialmente para las labores de bordado de oro. Podemos cortarlo y coserlo como si fuese un abalorio, o pegarlo a la tela con puntadas, al igual que un hilo de oro. El *purl* es muy maleable y flexible, y es posible cortarlo en piezas de 1 cm para coserlo sobre áreas con relieve. Existen varios tipos de *purl* que reflejan la luz para crear diferentes efectos.

El *purl* tiene un aspecto muy llamativo si se cose aleatoriamente sobre fieltro para relleno. Si lo cortamos en trozos más pequeños, también podemos utilizarlo como una fina capa sobre el fondo del diseño.

1 Utilizamos unas tijeras de manualidades para cortar los trozos de *purl*. Cortamos el *purl* en ángulo recto, realizando un corte rápido y limpio. Dejamos que el *purl* vaya cayendo en un pequeño recipiente para no perder las pequeñas piezas.

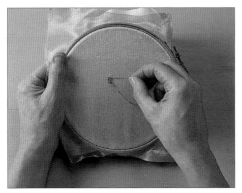

2 Utilizamos un hilo resistente o un hilo de seda doble. Cogemos el trozo de *purl* con la punta de la aguja. Pasamos la aguja hacia el revés. Podemos coser el *purl* para que quede plano o trabajar sobre otras piezas de *purl* o de cuerda.

Relleno

Uno de los rasgos más importantes del bordado de oro son los atractivos juegos de luces que crean los diferentes tipos de hilo. Para acentuar este efecto, podemos rellenar algunas zonas y cubrirlas con hilos de oro, piel de oro o *purl*. Para el relleno podemos utilizar cuerdas o cartulina, pero el mejor material, y el más habitual, es el fieltro. Escogeremos un color para el relleno que combine con el color del hilo: amarillo para los hilos dorados y gris para los hilos plateados.

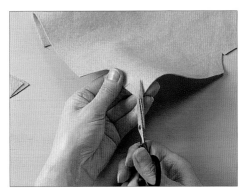

1 Decidimos la forma y el tamaño de la zona que queramos rellenar. Cortamos el fieltro y, a continuación, dos o tres formas más pequeñas para meter debajo.

Pegar la piel

1 Cortamos un trozo de piel de oro o plata, del tamaño y la forma deseada. La sujetamos en su sitio con el pulgar. Pasamos el hilo desde el revés hacia arriba, justo al lado de la forma, y la cosemos a través de la piel hacia el revés de la tela. Trabajamos alrededor de la forma, cosiendo cada 5 mm.

2 Colocamos la pieza más pequeña en el centro de la forma y la sujetamos con puntadas. Cosemos todas las capas de la misma manera.

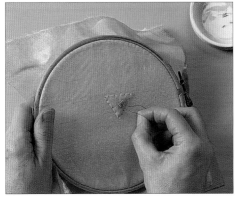

3 Cosemos el *purl,* la piel o los hilos de oro encima. Lo cosemos sobre el fieltro en la mitad, y sobre todas las capas.

DERECHA: Este bordado de oro condensa varias técnicas. La gasa de relleno forma un contraste delicado con el hilo de oro y la piel de cabrito.

Labores con abalorios

Los abalorios evocan siempre imágenes de exquisitos vestidos de noches ricamente recubiertos de pedrería y bellos accesorios, como bolsos o zapatillas. También podemos utilizar abalorios para añadir textura a las labores de bordado, como el punto de cruz, a los trabajos sobre cáñamo, el appliqué o el bordado libre. La combinación de colores es una de las claves para que este tipo de labores sea un éxito.

Existen abalorios de todas las formas y tamaños, que podemos coser individualmente, en fila o en grupos. Sea cual sea su tamaño, la forma de coserlos suele ser la misma. No necesitamos un equipo especial, aunque los abalorios hechos de semillas y algunas cuentas tienen unos agujeros muy pequeños, para cuya manipulación quizá necesitemos una aguja especial.

Las agujas especiales para abalorios son muy largas y finas, ideales para coser este tipo de adornos. Aún así, podemos coser casi todos los abalorios con una aguja normal. Probablemente, con las agujas más cortas nos sentiremos más cómodos. Si una cuenta se queda enganchada dentro de la aguja, no la forzaremos para que pase por el ojo. Si no podemos volverla a sacar hacia delante, la partiremos con unos pequeños alicates y escogeremos otra.

Comenzar

Utilizaremos, siempre que sea posible, un hilo doble para coser las cuentas. Doblaremos el hilo por la mitad cuando metamos la aguja y anudaremos el final, tirando para que el nudo quede tirante. Esta es una manera muy segura de comenzar a coser. Si utilizásemos una sola hebra, la anudaremos y realizaremos un pespunte por encima del nudo para que sea algo más segura. Pondremos varios abalorios dentro de un recipiente para tenerlos a mano. Es más fácil coger las cuentas con la punta de la aguja, empujándolas contra el extremo del recipiente.

Sujetar («couching»)

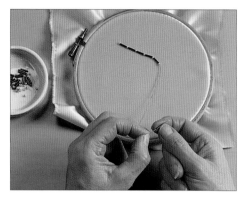

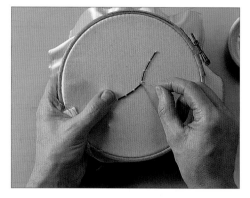

1 El *couching*, como vimos en la página anterior, es una manera limpia y rápida de adherir una larga fila de abalorios. También podemos ver cómo quedarán los abalorios antes de coserlos y utilizar cualquier abalorio que combine bien junto a otros. Enhebraremos dos agujas para *couching*. Enhebraremos la primera aguja para usar un hilo doble y la anudaremos al principio de la línea que vayamos a cubrir. Enhebraremos las cuentas en el orden deseado.

2 Pasaremos la segunda aguja enhebrada hacia el derecho de la tela, entre las dos primeras cuentas. Pasaremos el hilo sobre la tira de abalorios y lo volveremos a clavar por el otro lado. Realizaremos puntadas de *couching* entre cada cuenta. Al final de la línea, retiraremos las cuentas que sobren y pasaremos todos los hilos al revés de la tela, cosiendo los extremos y anudándolos.

DERECHA: Los abalorios, cuidadosamente seleccionados, le dan un efecto sutil a este abanico bordado a mano.

Hacer una red de abalorios

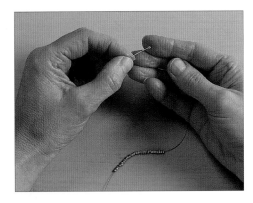

1 Enhebramos una aguja fina con un hilo largo y encerado. Para la primera fila, hilvanamos un número impar de cuentas: 25 es un buen número. Dejamos las cuentas tendidas sobre la mesa, de modo que no lleguen hasta el final del hilo.

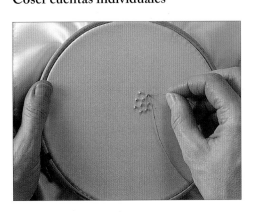

3 En la siguiente fila, añadimos dos cuentas entre los pares anteriores.

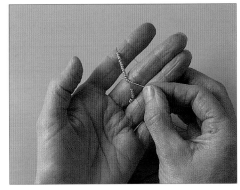

2 Para realizar la segunda fila, enhebramos dos cuentas y pasamos la aguja por la cuarta cuenta (la segunda de la primera fila). Continuamos añadiendo dos cuentas y pasando el hilo por la cuarta, hasta llegar al final.

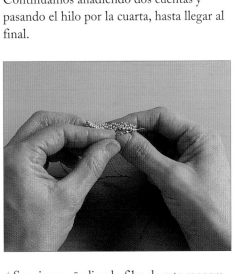

4 Seguimos añadiendo filas de esta manera hasta que se forme el patrón.

ARRIBA: Este bolso con bordado de abeja se ha decorado con borlas y una malla de cuentas.

Coser cuentas individuales

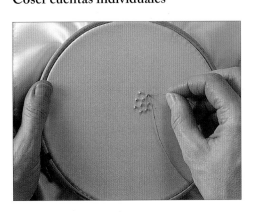

Pasaremos la aguja hacia el derecho de la tela, y cogeremos una cuenta. Dejaremos que la cuenta caiga hasta el final del hilo y volveremos a clavar la aguja en la tela.

Coser cuentas cilíndricas

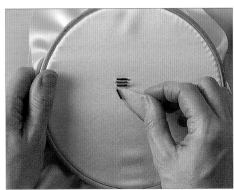

Las cuentas más largas y cilíndricas se cosen del mismo modo que las cuentas pequeñas. Enhebraremos una de las cuentas y coseremos hacia donde termine la siguiente cuenta. Sujetaremos la primera cuenta en su sitio con el pulgar. Pasaremos el hilo a través del final del lado derecho y coseremos como antes.

Lentejuelas y abalorios

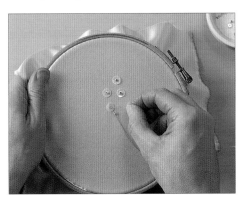

Podemos coser lentejuelas con una pequeña cuenta. Pasaremos el hilo hacia el derecho de la tela y enhebraremos primero una lentejuela y después una pequeña cuenta. Pasaremos la aguja de nuevo a través del mismo agujero en la lentejuela; la cuenta tapará el agujero.

Bordado a máquina

Tanto si nuestra máquina de coser es un prodigio de la tecnología más vanguardista como si poseemos un modelo antiguo y humilde, nos servirá para bordar a máquina. Los avances técnicos han permitido fabricar máquinas capaces de realizar las puntadas más sofisticadas e interpretar diseños creados por ordenador, pero lo cierto es que en el bordado a mano se trabaja fundamentalmente con puntadas rectas y de zigzag que se adaptan a las capacidades de la mayoría de las máquinas de coser que existe en el mercado.

Utilizar el pie prensatelas

Existen dos métodos para realizar bordado a máquina: con el pie prensatelas en su sitio en la máquina de coser, o utilizando un pie prensatelas para zurcir. Esta segunda modalidad se conoce como bordado a máquina de estilo libre. Ensayaremos primero las diferentes técnicas sobre pequeños retales que no nos sirvan y anotaremos el resultado con el fin de disponer de una referencia.

Cuando bordamos a máquina con el pie prensatelas, el movimiento es algo restringido, ya que la máquina de coser solo nos permitirá trabajar hacia adelante y hacia atrás, y no de lado a lado, pero podemos crear una gran variedad de efectos realizando puntadas rectas; bastará con un poco de imaginación para poder realizar trabajos increíbles.

Bordar con zigzag

El punto de zigzag o de satén se suele asociar normalmente con el trabajo de appliqué, sobre todo en los casos en que los motivos se adhieren con malla fusible y el extremo de estos es visible. Las puntadas de zigzag muy compactas, realizadas sobre el borde sin rematar de la aplicación, crean un contorno claro y limpio.

Utilizar un pie diferente

La mayoría de las máquinas de coser cuentan con una selección de pies prensatelas para bordar a máquina. Un pie prensatelas normal nos servirá para realizar puntadas rectas y de zigzag, pero necesitaremos cambiar a un pie de dedo abierto si queremos coser a lo largo de una curva o en una dirección precisa. Utilizaremos un pie de bordado especial que tiene un hueco debajo para realizar puntadas de satén, ya que uno normal las aplastaría. Un pie prensatelas para

cordoncillos tienen una ranura debajo para guiar el cordoncillo.

Cordones enrollados a máquina

Los cordones enrollados a máquina tienen un aspecto muy atractivo y son bastante fáciles de realizar. Los utilizaremos como una decoración añadida al bordado, es decir, como un complemento de este. Podemos realizarlos utilizando un pie prensatelas normal y disponiendo el ancho de la puntada en el máximo que ofrece la máquina. Como alternativa utilizaremos un

pie con una ranura más ancha para dejar que el cordón pase con fluidez, especialmente si es muy grueso. Sirve cualquier cordón suave y redondo, incluyendo hilos de lana gruesos.

ABAJO: Se han incorporado a este abanico cordones enrollados a máquina, decoraciones de appliqué y bordado realizado tanto a máquina como a mano.

Bordado a máquina de estilo libre

Este tipo de bordado se realiza con un pie prensatelas para zurcir, que es un pie especial para bordar y no tener que limitarse a la costura recta. La tela queda lisa sobre la plancha para la aguja, de modo que las puntadas se forman correctamente. Estiraremos la tela en un bastidor antes de comenzar a coser. Sin la restricción del pie prensatelas, el movimiento resulta mucho más flexible y podemos realizar las puntadas en múltiples direcciones.

Aunque estemos acostumbrados a coser a máquina, dominar este tipo de bordado requiere tiempo y práctica. Pensaremos en esta técnica como si se tratara de dibujar con lápiz sobre papel, aunque aquí el papel (la tela) es el que se mueve, en lugar del lápiz (aguja).

Bastidores

Hay dos tipos de bastidores adecuados para el bordado a máquina: los de madera tradicional o los más modernos de metal o plástico, diseñados especialmente para el bordado a máquina. Caben perfectamente debajo del pie prensatelas para zurcir, y mantienen la tela tensa para que el bordado quede perfecto.

Crear diferentes texturas

Modificar la tensión de la máquina permite cambiar la apariencia de una línea simple de puntadas rectas. Si apretamos la tensión superior, elevaremos el hilo hacia arriba y crearemos una textura. Podemos resaltar este efecto utilizando hilos de colores diferentes en la canilla y en la bobina.

La tensión superior siempre se afloja ligeramente antes de realizar bordados de estilo libre, por lo que se crea un efecto bastante diferente si la apretamos en lugar de aflojarla. Nos aseguraremos de que la tensión superior no quede demasiado tirante como para hacer que la aguja se doble o se parta.

Si queremos crear aún más textura, aflojaremos la tensión inferior girando el tornillo de la caja de la canilla. Si nos provoca ansiedad cómo volver a ajustar todo en su posición correcta, probaremos este truco. Antes de cambiar la tensión inferior, encajaremos una canilla en su sitio y dejaremos que cuelgue del hilo. Deberíamos ser capaces de hacer que la canilla baje poco a poco sacudiendo el hilo ligeramente. Esta es la tensión inferior adecuada.

El efecto de la tela de base

El bordado a máquina tiene un resultado bastante diferente dependiendo del tipo de tela que utilicemos. Por ejemplo, un diseño cosido en una tela lisa tiene un acabado liso, comparado con uno cosido sobre terciopelo o tela gruesa, donde las puntadas parecen hundirse en el fondo. El fondo afecta de alguna manera al tipo de bordado que decidamos realizar. Sobre telas transparentes, como la gasa, los hilos se pueden ver por el revés de la tela, y las puntadas tienden a tirar de la tela creando pequeños agujeros. Las puntadas de satén en tejidos muy sueltos tiran de los hilos y los agrupan, creando un efecto de encaje. Las puntadas rectas tienen mejor aspecto sobre una malla, donde el contraste entre la tela y las puntadas es muy notable.

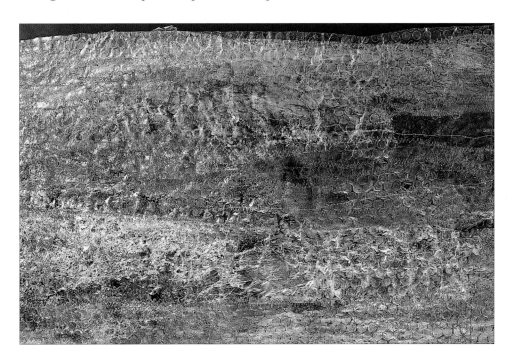

Izquierda: Este bordado realizado sobre plástico de embalar con burbujas es muy original, ya que no está realizado sobre una tela convencional.

Plantillas

Ampliaremos las plantillas al tamaño deseado utilizando una fotocopiadora. También podemos calcar el dibujo en un papel y realizar una cuadrícula encima; después dibujaremos una cuadrícula más grande en un papel aparte y copiaremos el dibujo cuadrado a cuadrado.

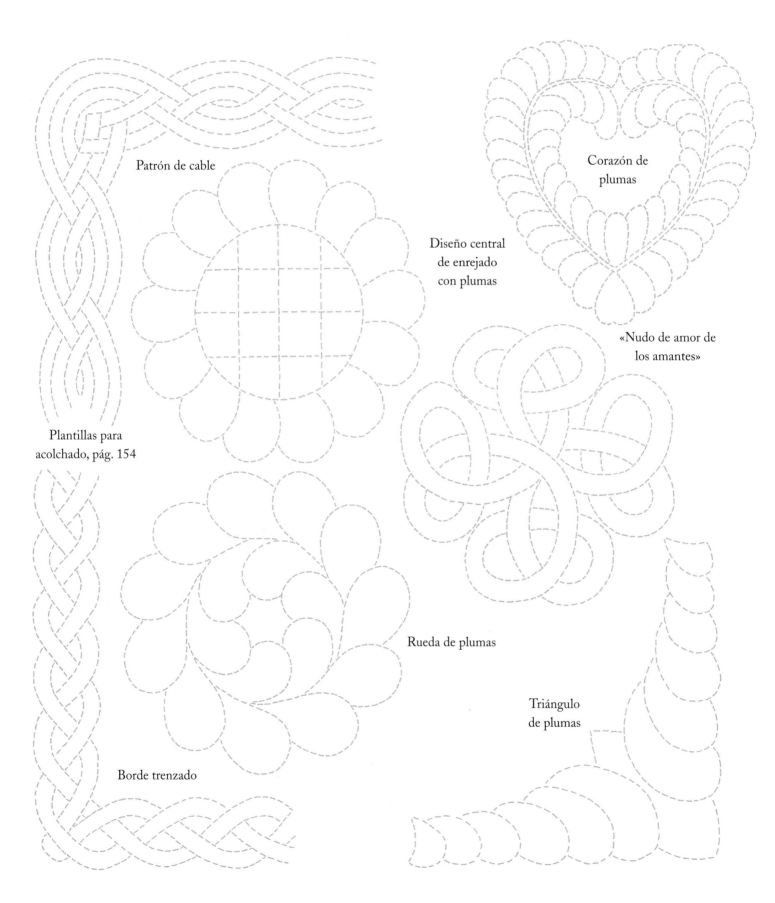

Patrón de cable

Corazón de plumas

Diseño central de enrejado con plumas

«Nudo de amor de los amantes»

Plantillas para acolchado, pág. 154

Rueda de plumas

Triángulo de plumas

Borde trenzado

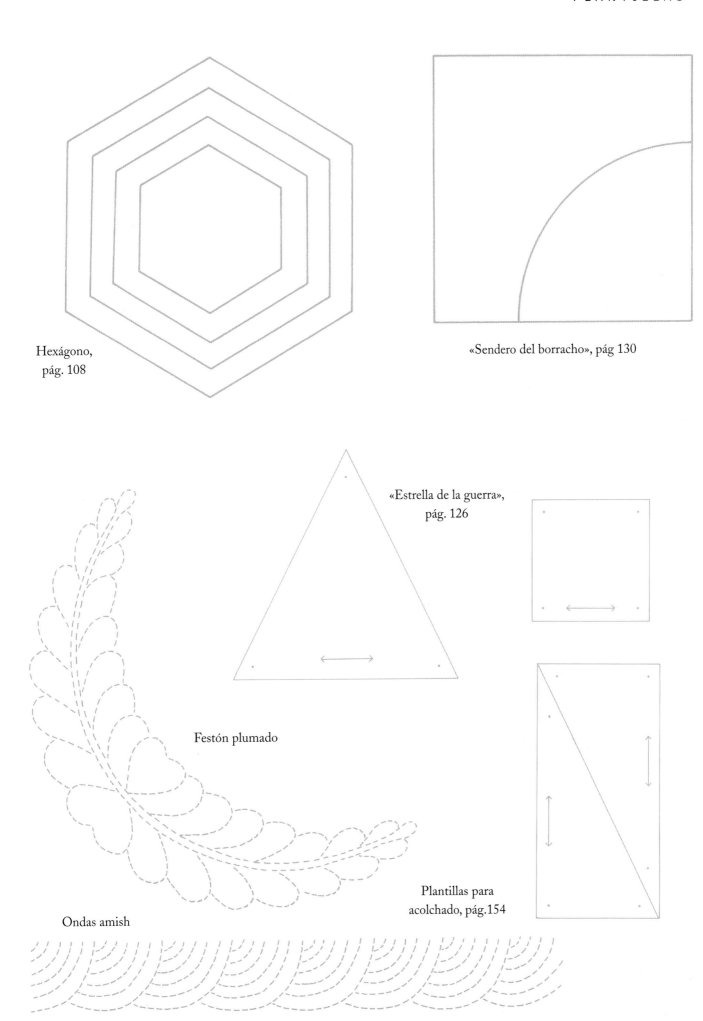

Hexágono,
pág. 108

«Sendero del borracho», pág 130

«Estrella de la guerra»,
pág. 126

Festón plumado

Plantillas para
acolchado, pág.154

Ondas amish

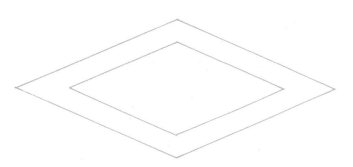

«Estrella Le Moyne» y «Estrella de Virginia», pág. 128

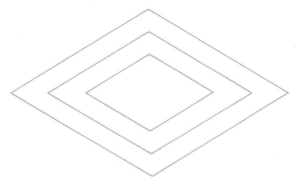

«Bloques que caen», pág. 107

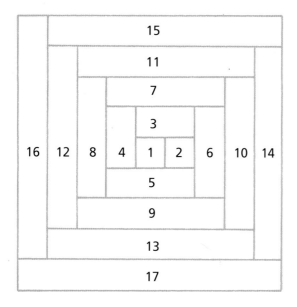

«Log Cabin», pág. 135

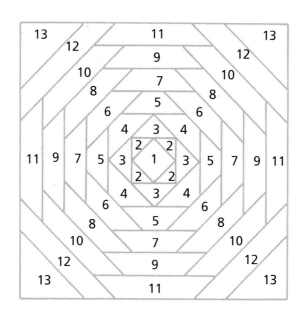

«Log Cabin» en forma de piña, pág. 136

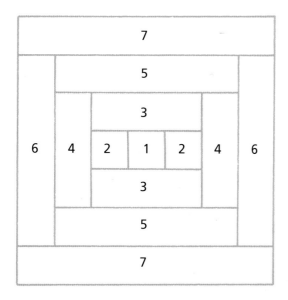

«Escaleras del juzgado», pag. 137

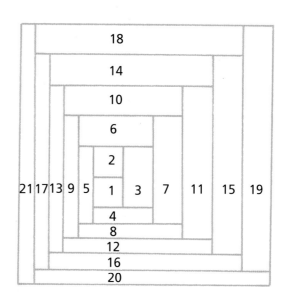

«Log Cabin» descentrado, pag. 137

Appliqué en vidriera,
pág. 148

«*Quilt* Baltimore», pág. 144

Appliqué al reverso, pág. 150

«*Blackwork*», pág. 220

Mountmellick, pág. 230

Acolchado Trapunto o
italiano, págs. 160-161

Appliqué en sombra,
pág. 146

Índice

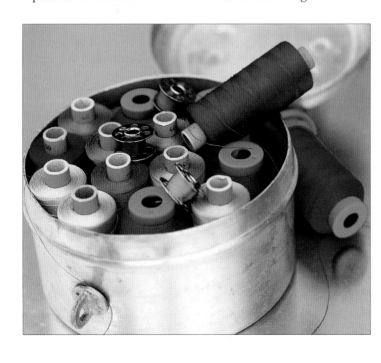